Business Chinese
20 Essential Topics

商务汉语20必学话题

Yinghong Huang, Carrie Wei

Cypress Book Co. UK Ltd.

Business Chinese 20 Essential Topics

By Yinghong Huang, Carrie Wei

First published in Great Britain in Feb 2009 by Cypress Book Co. UK Ltd.

13 Park Royal Metro Centre

Britannia Way

London NW10 7PA

Tel: (44) 020 84530687

Fax: (44) 020 84530709

Visit our website at www.cypressbooks.com

ISBN978-1-84570-026-3

Printed in China

Acknowledgements

Our great thanks to Martin Buck, without whose proof reading, invaluable support and help throughout, this book would not have been possible.

We are grateful to Dr Susan Baxter for her hours of work polishing our English, giving us comments and advice. Our gratitude also goes to Cass Business School MBA/EMBA 2006/07 students and staff for their participation in the pilot lesson and the questionnaire for UK Business, especially to Dr Andreas Crede, Mark Pulmano, Chiara Viani and Girish Ramadurgam for their first hand knowledge and suggestions.

Our special thanks to Liz Merchant and Justin Silver for their encouragement and support throughout the project and to Dr Kenji Okuse for his help with the technical problems we encountered. Finally, we wish to thank Zhansheng Xia and Jing Ru at Cypress Book Company for their constructive comments and support.

The authors

Yinghong Huang grew up in Shanghai and was educated in Shanghai and London. She is a Chinese lecturer formerly working at the Language Training, Foreign & Commonwealth Office. She is also a visiting lecturer in Business Chinese at Cass Business School and London Business School. In addition to her teaching career, Yinghong works as a freelance translator and a business cultural trainer. She has been working with the Chartered Institute of Linguists since 2002. In 2008, Yinghong had her first film experience that working as the production translator and Mandarin coach for a Working Title film "Lost For Words".

Carrie Wei grew up and was educated in North West China. Since she came to the UK in 2001, she has been working as a business Mandarin trainer and interpreter for a number of North West companies with business links in China. She teaches Mandarin for different colleges in Greater Manchester, as well as working as a National Examiner for Edexcel. In 2007 she co founded Sale Language School in Cheshire and in 2008 celebrated the birth of her first child, Samuel.

4

Contents

Topic Units

Presenting Yourself and Your Business:

Contents

Contents

Contents

About the Book

Learner Suitability

This book is designed for business professionals and students who have no prior knowledge or have little knowledge of Chinese Mandarin, but wish to learn to communicate with Chinese native speakers in business settings. It is an ideal textbook to use for intensive in-company training, for business school students keen to lay a foundation in modern business Chinese, or for people who are interested in Chinese language with a business orientation. It can be effectively used for classroom teaching, company staff training or self study.

Topics

20 of the most essential topics for conducting business in China have been introduced in this book under 4 main themes:

- *presenting yourself and your business*
- *establishing business relations*
- *dealing with a partner company*
- *promoting your business and products*

Each theme includes 5 topics, each of which focuses on language for a specific business situation/context.

Topic Layout

Each of the 20 topic units contains 8 sections, which are learner friendly and designed to gradually consolidate and build on the skills and knowledge from earlier pages. There is a clear focus throughout on applying the skills and language to a business setting. The 8 sections are:

~~~~~~

Snowball in Business Communication

Each topic unit starts with key business expressions in order to highlight the general learning aims of the topic.

Situational Dialogue

Each Topic dialogue is connected and follows representatives of two companies working out a business deal together. The dialogues lead the learner through the whole process, from initial meetings to concluding the deal.

New Words and Expressions

Clear vocabulary lists are included for each Topic Unit.

Language Reminder

Key language points from each Topic Unit are not only explained clearly and concisely, but also dealt with in a more 'learner-friendly' way. This is done by limiting the linguistic and grammatical definitions where possible, in favour of providing additional examples in context.

Additional Words and Phrases

Learners are equipped with more key related words and expressions for each Topic.

Try it Yourself, Step One

Here the learner consolidates the language and structures learnt through a number of problem solving exercises. These are designed to help learners identify the appropriate language to use for key business situations. Model answers are included at the back of the book.

Try it Yourself, Step Two

Key scenes from the Topic Unit are repeated with slight variations. Learners can identify differences and increase their understanding of real Chinese usage, thus developing more flexible language skills.

Business Cultural Tips

The book provides a unique insight into the business culture of China and gives friendly and useful advice on "dos" and "don'ts".

Recommended Learning Hours

Each unit is designed for 2—3 hours instructed learning or 3—4 hours self-learning. It takes approximately 60—80 hours to study the book, including the pre-study of Pinyin and its necessary revision and consolidation. Approximately 300 basic sentence structures and 700 words will be learnt in this book.

About the Audio CD

The CD of this book includes Pinyin sounds and the four tones within the Pinyin System; The main Dialogue of each Topic Unit; The New words and Expressions of each topic.

Other

Literal translation is only given when it is essential for explaining the language points.

Words and phrases from the Additional Words and Phrases of each Topic Unit will be stated again in New Words and Expressions if they are used in later Dialogues.

Words and phrases from the Additional Words and Phrases of each Topic Unit are not listed in the Chinese-English and English-Chinese vocabulary at the end of the book.

Each definition and explanation for each word or phrase in both Chinese and English applies to its meaning in the particular context where used. This also applies to the vocabulary at the end of the book.

Pinyin- The Chinese Phonetic System

Putonghua and Pinyin

It is not difficult to imagine that China has numerous dialects within its vast geographical area. During the last century, under different Chinese government initiatives there have been attempts to unify Chinese speech, promoting Guanhua (official language), Guoyu (national language) and Putonghua (common speech). Putonghua was the latest attempt, introduced and enforced together with *Pinyin* in the 1950's by the Chinese Communist government.

The Chinese language we refer to in this book is Putonghua, also known as Mandarin. It is spoken by the majority of Chinese people and is the Chinese language that foreign students are increasingly being attracted to learn. Putonghua, or Mandarin was borne out of a combination of the Beijing dialect and the other influential Northern Chinese dialects.

Chinese is not an alphabetical language, but there have been various Romanised writing systems developed with a view to standardising and aiding the correct pronunciation of Putonghua. *Pinyin* is the official alphabetised system corresponding to Chinese pronunciation. It is relatively easy to learn and offers great assistance for those wishing to study Mandarin. It consists of 23 initials and 36 finals as well as 4 different tones. Each syllable in *Pinyin* represents one Chinese character.

Initials

The initial is a consonant that begins the syllable.

b	p	m	f
d	t	n	l
g	k	h	
j	q	x	
z	c	s	
zh	ch	sh	r
Y	w		

• b p m f d t n l g k h s sh

The above consonants are broadly pronounced the same as in English, except that "g" is only pronounced as in "girl", never as in "giraffe".

• zh ch z c j q x r

The 8 consonants listed above (especially j, q, x, r) need more attention and practice.

j   as in <u>g</u>enius

q   as in <u>ch</u>eese

x   as in <u>sh</u>eep

zh   as in <u>j</u>ob

ch   as in tea<u>ch</u>

z   as in be<u>ds</u>

c   as in ca<u>ts</u>

r   as in <u>r</u>ot

Finals

A *final* can be a single vowel, compound vowel or a nasal vowel. A few *finals* can exist on their own as a syllable (ie. ài: love). Each syllable always ends with vowel, except for two nasal vowels ending with -n, -ng.

	i	u	ü
a	ia	ua	
o		uo	
e	ie		üe
ai		uai	
ei		uei	
er			
ao	iao		
ou	iou		
an	ian	uan	üan
en	in	uen	ün
ang	iang	uang	
eng	ing	ueng	
ong	iong		

Compound vowels do not present great difficult to pronounce once you have a grasp of pronouncing single vowels correctly:

a   as in father

o   as in or

e   as in her

i   as in bee

u   as in shoe

ü   as in pneumonia

er as in sister (American pronunciation)

- When z, c, s, zh, ch, sh and r, each combines with vowel i (-ee) only, i (-ee) is silent, only each consonant itself is pronounced.
- When j, q, x and i, each combines with üe, üan and ün, the umlaut is omitted.
- If i, üe, üan and ün each exists as a syllable on its own, each is written down proceeded by a Y.
- When syllables end with the nasal sound -n, -ng, -n is not stressed and -g is not pronounced respectively.

Tones

Spoken Mandarin uses 4 different tones within our normal speaking voice range. Tone is very important in Chinese, because there are only about 400 different sounds/syllables in Chinese. Using different tones for the same syllable therefore increases the number of different words. However, many words have to share the same sound and the same tone and are therefore understood in context.

There are 4 tones in Chinese:

- First tone ā: a higher flat tone which you linger on or extend slightly.
- Second tone á: a rising tone stretched from a low to high pitch and then cut short. It sounds like "Eh?" in English when people signal you to repeat something.
- Third tone ǎ: starting low, dropping slightly and then rising.
- Fourth tone à: starting from a high pitch and dropping very sharply and quickly, like an affirmative "yes".

Using the correct tones is the key to speaking Chinese well. For example you don't want to confuse Chinese people with words like: tāng (soup), táng (sugar), mǎi (to buy), mài (to sell).

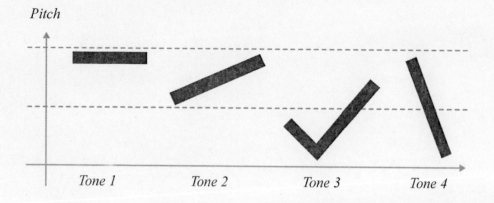

Pitch

Tone 1   *Tone 2*   *Tone 3*   *Tone 4*

Tone Variations

The neutral tone is a syllable not stressed or emphasised in any way, very much like pronouncing an unstressed English syllable. Some combinations of syllables require an adjustment to the tones. A tone may become neutral when combined with other syllables in a sentence. E.g. wǒ lái gěi tā dǎ diànhuà. In this sentence, wǒ and dǎ normally have the Third tone, but they have become neutral here. In many two syllables words, the second syllable has a neutral tone. E.g. xiānsheng (Mr., Sir), xièxie (thanks), māma (mum).

A tone can also be changed to a different tone. For example, when two Third Tone syllables are pronounced together, the first Third Tone changes to a Second tone. E.g. nǐ hǎo → ní hǎo (hello).

The word yī (number 1) often has its original First tone changed when combined with other syllables. It changes to a Second tone if followed by a Fourth tone syllable; if followed by a first, second or third tone syllable, it changes to Fourth tone.

Once mastered, *Pinyin* gives the Mandarin learner a key to pronouncing any Chinese word correctly. Use this chapter to refer to and check the sounds you hear against their written (*Pinyin*) form and in no time at all you will be pronouncing words clearly and accurately.

TOPIC 1

GREETING PEOPLE

Business Communication Skill
Snowball

▶ Greeting people:

Nín hǎo / Nǐ hǎo!

您 好/你 好!　　　　　　　Hello!

▶ Giving your identity:

Wǒ shì Liú Lán.

我 是 刘岚。　　　　　　　I am Liu Lan.

▶ Confirming someone's identity:

Nín shì Qióngsī xiānsheng ma?

您 是 琼斯 先生 吗?　　Are you Mr. Jones?

▶ Greeting someone throughout the day:

Nǐ hǎo ma?

你 好 吗?　　　　　　　　How are you?

Dialogue — Adam Jones (J) is the head of department working at JFY Group, he has just arrived at the office of one of his clients in Shanghai. Liu Lan (L) is an office secretary and she is expecting Adam's visit.

Nín hǎo,　wǒ shì Liú Lán.

L: 您 好, 我 是 刘岚。

Nín hǎo!

J : 您 好！

Nín shì Qióngsī xiānsheng ma?

L : 您 是 琼斯 先生 吗？

Duì, wǒ shì Adam Jones.

J : 对，我 是 Adam Jones。

➤ ⎡ At that moment, Liu Lan's colleague Huang Ling (H) rushes
  ⎣ into the office, apparently late for work.

Zǎoshang hǎo, Liú Lán.

H : 早上 好，刘岚。

Zǎoshang hǎo, Huáng Líng.

J : 早上 好，黄 玲。

Zǎoshang hǎo, Shǐmìsī jīnglǐ.

H : 早上 好，史密斯经理。

Duìbuqǐ, wǒ bú shì Shǐmìsī jīnglǐ, wǒ shì Adam Jones.

J : 对不起，我不是史密斯经理，我是 Adam Jones。

Ò, duìbuqǐ. Qióngsī xiānsheng, nǐ hǎo ma?

H : 哦，对不起。琼斯 先生，你 好 吗？

Wǒ hěn hǎo!

J : 我 很 好！

New Words and Expressions

你/您	nǐ/nín	you (see language reminder)
好	hǎo	good
我	wǒ	I, me
是	shì	is, am, are (see language reminder)
刘岚	Liú Lán	Liu Lan
琼斯	Qióngsī	Jones
先生	xiānsheng	Mr.
吗	ma	question word (see language reminder)
对	duì	yes, correct
早上	zǎoshang	morning
黄玲	Huáng Líng	Huang Ling
史密斯	Shǐmìsī	Smith
经理	jīnglǐ	manager
对不起	duìbuqǐ	sorry
不	bū	no, not
哦	ō	oh (modal particle)
很	hěn	very

Language Reminder

1. 是 (shì)

是(shì) is the verb *to be*, meaning *is/am/are etc*. The negative form is 不是(bú shì). However, 是(shì) is not used as much in Chinese as in English. For example, we don't use 是(shì) in Chinese for:

→ 我很好。(Wǒ hěn hǎo.)
I am very well.

→ 我很忙。(Wǒ hěn máng.)
I am very busy.

→ 我二十岁。(Wǒ èrshí suì.)
I am 20 years old.

2. 吗 (ma)

Any declarative statement can be changed to a closed question (i.e. *a question you can answer with* "*yes or no*") by adding 吗(ma) at the end of the sentence. However in spoken Chinese, people often use the affirmative and negative *to be or not to be* together to ask questions, instead of 吗(ma). Generally the 吗(ma) type question is more polite and a somewhat softer form of speech.

3. 你 (nǐ) & 您 (nín)

您(nín) is the respectful form of 你(nǐ). It is normally used for addressing people senior to you (in age or position) and it is how customers should be addressed in a service environment.

Additional Words and Phrases

你早	nǐ zǎo	good morning
不错	búcuò	pretty good
不好意思	bù hǎoyìsi	sorry
秘书	mìshū	secretary
总经理	zǒng jīnglǐ	managing director
助理	zhùlǐ	assistant

Try It Yourself   ▌1▐ PROBLEM SOLVING

1. You met your director Jack Douse at the company entrance in the morning. How do you greet him?

2. When you meet your new client Mr. Li, how do you confirm his identity?

3. If you were Secretary Li, what would you say if you were mistaken for Assistant Zhang?

Try It Yourself   ▌2▐ SPOT THE DIFFERENCE

The scene of Liu Lan meeting Adam & Huang Ling is replayed here, but slightly different. Can you spot the 7 differences in the language they have used?

Nín hǎo,   wǒ shì   Liú Lán.
L：您 好，我 是 刘岚。   ◀┈┈┈┈┈┈┈┈┈

Nín hǎo!
J：您 好！   ◀┈┈┈┈┈┈┈┈┈

Nín shì bú shì Qióngsī xiānsheng?
L：您 是 不 是 琼斯 先生？   ◀┈┈┈┈┈┈┈┈┈

Shì, wǒ shì   Adam   Jones.
J：是，我 是 Adam Jones。   ◀┈┈┈┈┈┈┈┈┈

Nǐ zǎo,　Liú Lán.

H : 你早，刘岚。 ◄···

Nǐ zǎo,　Huáng Líng.

J : 你早，黄 玲。 ◄···

Nín zǎo,　Shǐmìsī jīnglǐ.

H : 您早，史密斯经理。 ◄···

Duìbuqǐ,　wǒ bú shì Shǐmìsī jīnglǐ,　wǒ shì Adam Jones.

J : 对不起，我不是史密斯经理，我是 Adam Jones。 ◄···

Ò,　bū hǎoyìsi.　Qióngsī xiānsheng, nǐ hǎo ma?

H : 哦，不好意思。琼斯 先生，你 好 吗? ◄···

Wǒ búcuò!

J : 我 不错! ◄···

Try It Yourself ❸ MATCH THE SENTENCE

Can you match the sentences which have the same meaning?

Nín shì Qióngsī xiānsheng ma?　① 　Ⓐ　Nǐ zǎo.
您 是 琼斯　先生 吗? 　　　　你早。

Zǎoshang hǎo.　② 　Ⓑ　Nín shì bú shì Qióngsī xiānsheng?
早上　 好。 　　　　您 是 不是 琼斯 先生?

Ò,　duìbuqǐ.　③ 　Ⓒ　Ò,　bū hǎoyìsi.
哦，对 不起。 　　　　哦，不 好意思。

Business Cultural Tips

▶ Chinese names follow the opposite order of English names, which is that the surname comes before the first name. Surnames are more commonly shared, rather than first names. Most Chinese surnames are a one-syllable word. It is not appropriate to address Chinese people by their first name, especially at first business meetings. Saying the title or profession with people's surnames is common practice for addressing people on formal occasions, i.e.: Miss Liu (Liú xiǎojiě), Manager Smith (Shǐmìsī jīnglǐ). The informal way to address someone is to use lǎo (old, senior) and xiǎo (young, junior) in front of people's surnames, i.e.: lǎo Liú (old Liu), xiǎo Huáng (little Huang). This is favoured among colleagues and friends.

TOPIC 2

GETTING TO KNOW EACH OTHER

Business Communication Skill
Snowball

▶ Saying who you are visiting:

Wǒ lái jiàn Zhāng jīnglǐ.

我 来 见 张 经理。 I am here to see Manager Zhang.

▶ Meeting people:

Hěn gāoxìng rènshi nín.

很 高兴 认识 您。 Very pleased to meet you.

▶ Introducing someone:

Zhè wèi shì JFY gōngsī de Qióngsī xiānsheng.

这 位 是 JFY 公司 的 琼斯 先生。

This is Mr. Jones from a company called JFY.

▶ Giving your name:

Wǒ xìng Zhāng, wǒ jiào Zhāng Jīng.

我 姓 张, 我 叫 张 京。

My surname is Zhang, my name is Zhang Jing.

**Dialogue** ⎡ Adam Jones (J) takes out two of his business cards and
└──➤ hands them over to Liu Lan (L) and Huang Ling (H).

Liú xiǎojiě, wǒ lái jiàn Zhāng jīnglǐ, zhè shì wǒ de míngpiàn.

J : 刘 小姐, 我 来 见 张 经理, 这 是 我 的 名片。

Huáng xiǎojiě, hěn gāoxìng rènshi nín.

黄 小姐, 很 高兴 认识 您。

Xièxie nǐ,   Qióngsī xiānsheng.

H: 谢谢你，琼斯 先生。

Bú   kèqi,   jiào wǒ Adam ba.

J: 不 客气，叫 我Adam 吧。

Adam,   zhè biān qǐng.

L: Adam, 这 边 请。

→ Liu Lan (L) accompanies Adam Jones (J) to see Zhang Jing (Z), the managing director of the company, in his office.

Zhāng jīnglǐ,   zhè wèi shì JFY gōngsī de Qióngsī xiānsheng.

L: 张 经理，这 位 是 JFY 公司 的 琼斯 先生。

Nín hǎo! Wǒ xìng Zhāng, wǒ jiào Zhāng Jīng, rènshi nín hěn gāoxìng.

Z: 您 好! 我 姓 张，我 叫 张 京，认识 您 很 高兴。

Rènshi nín wǒ yě hěn gāoxìng, Zhāng jīnglǐ.

J: 认识 您 我 也 很 高兴，张 经理。

Zhè shì wǒ de zhùlǐ,   Liú Lán.

Z: 这 是 我 的 助理，刘岚。

Wǒmen yǐjīng rènshi le.

L&J: 我们 已经 认识 了。

Tài hǎo le, qǐng zuò!

Z: 太 好 了，请 坐!

🎧 *New Words and Expressions*

小姐	xiǎojiě	Miss, young lady
来	lái	to come
见	jiàn	to meet, to see
张京	Zhāng Jīng	Zhang Jing
这	zhè	this
的	de	grammatical marker (see language reminder)
我的	wǒ de	my
名片	míngpiàn	business card
高兴	gāoxìng	happy, to be pleased
认识	rènshi	to know (a person)
谢谢	xièxie	thank you
不客气	bú kèqi	you're welcome
叫	jiào	call, to be called
吧	ba	modal particle (see language reminder)
这边	zhè biān	this side, this way
请	qǐng	please
位	wèi	measure word (Its abbreviation MW will be used in all later Topics.) (see language reminder)
公司	gōngsī	company
姓	xìng	surname, to be surnamed
也	yě	also, too
助理	zhùlǐ	assistant
我们	wǒmen	we, us

已经	yǐjīng	already
了	le	grammatical marker (see language reminder)
太好了	tài hǎo le	great
坐	zuò	to sit

Language Reminder

1. 的 (de)

的(de) works like apostrophes 's in English, to make a possessive. Please also refer to *Language Reminder Note 3 of Topic 8* for more on its use.

→ 我的名片 (Wǒ de míngpiàn)

my business card

→ JFY公司的Jones先生 (JFY gōngsī de Jones xiānsheng)

Mr Jones is from Company JFY. (Lit.: JFY Company's Jones)

("Lit." stands for "Literal translation" in this book.)

2. 吧 (ba)

吧(ba) is used to form an imperative or to politely encourage the listener to do what the speaker requires. It is placed at the end of the statement.

→ 叫我Adam吧。 (Jiào wǒ Adam ba.)

Call me Adam, please.

→ 请坐吧。 (Qǐng zuò ba.)

Sit down, please.

3. 位 (wèi)

位(wèi) is a Measure Word or Classifier, in this case for *people*. Measure Words (MW) are an extremely important language phenomena in Chinese and are placed *before the noun or thing you are referring to*, in order to classify that particular person or thing. You will encounter more MW in the following Units.

→ 这位先生是Adam。 (Zhè wèi xiānsheng shì Adam.)
This is Adam.

→ 这位是(Zhè wèi shì)······
This is...

→ 这是(Zhè shì)······
This is (*no measure word used*)...

When introducing a guest or a person senior to you (in age or position), 位(wèi) should be used to show respect or courtesy to the person you are introducing. In contrast, you can be more relaxed and miss out the measure word when you introduce your colleague, because you are more familiar with them.

4. 了 (le)

了(le) is one of the grammatical markers used with high frequency in modern Chinese. It is commonly used at the end of a sentence to indicate the action has taken place/is completed. Please also see *Topic 6* for its negative form and *Topic8, Topic 10* for more of its use.

→ 我们已经认识了。 (Wǒmen yǐjīng rènshi le.)
We have already met. (Lit.: We have already got to know each other.)

→ 张经理已经来了。 (Zhāng Jīnglǐ yǐjīng lái le.)
Manager Zhang has already come.

→ 她去开会了。 (Tā qù kāihuì le.)
She has gone for the meeting.

了(le) also frequently appears in a number of commonly used fixed expressions/sentence patterns such as in Note 5 below.

5. 太 ······ 了 (tài... le)

This exclamation phrase is formed by the pattern 太(tài) + **adjective/adverb** + 了(le) which means *too/extremely*.

→ 太好了! (Tài hǎo le!)
Excellent! (Lit.: Too good!)

→ 太客气了! (Tài kèqi le!)
(You) are so kind! (Lit.: Too courteous!)

→ 太晚了! (Tài wǎn le!)
Too late!

🎧 Additional Words and Phrases

请跟我来	qǐng gēn wǒ lái	please come with me, please follow me
可以	kěyǐ	may, can, OK
名字	míngzi	name
部门经理	bùmén jīnglǐ	section manager, head of department
董事长	dǒngshìzhǎng	company president, chairman of the board
总经理	zǒng jīnglǐ	managing director

Try It Yourself   🔟 PROBLEM SOLVING

1. How do you correctly introduce yourself to the Section Manager (surnamed Zhang)? Say hello, give your name, present your business card and make a pleasant greeting.

2. How do you tell the receptionist at a company who you wish to see?

3. How do you politely encourage people to address you the way you would like to be addressed?

Try It Yourself   **2** SPOT THE DIFFERENCE

The scene of Adam meeting Zhang Jing is replayed here, but slightly different. Can you spot the 3 differences in the language they have used?

Liú xiǎojiě, wǒ lái jiàn Zhāng jīnglǐ, zhè shì wǒ de
J: 刘 小姐，我 来 见 张 经理，这 是 我 的

míngpiàn. Huáng xiǎojiě, hěn gāoxìng rènshi nín.
名片。黄 小姐，很 高兴 认识 您。

Xièxie nǐ, Qióngsī xiānsheng.
H: 谢谢你，琼斯 先生。

Bú kèqi, nǐ kěyǐ jiào wǒ Adam.
J: 不 客气，你 可以 叫 我 Adam 。

Adam, qǐng gēn wǒ lái.
L: Adam, 请 跟 我 来。

Zhāng jīnglǐ, zhè wèi shì JFY gōngsī de Qióngsī xiānsheng.
L: 张 经理，这 位 是 JFY 公司 的 琼斯 先生。

Nín hǎo! Wǒ de míngzi jiào Zhāng Jīng, hěn gāoxìng rènshi nín.
Z: 您 好！我 的 名字 叫 张 京，很 高兴 认识 您。

Rènshi nín wǒ yě hěn gāoxìng, Zhāng jīnglǐ.
J： 认识 您 我 也 很 高兴， 张 经理。

Zhè shì wǒ de zhùlǐ,   Liú Lán.
Z： 这 是 我 的 助理， 刘岚。

Wǒmen yǐjīng rènshi   le.
L&J： 我们 已经 认识 了。

Tài hǎo le,   qǐng zuò!
Z： 太 好 了，请 坐！

Try It Yourself   ❸ MATCH THE SENTENCE

Can you match the sentences which have the same meaning?

Zhè biān qǐng.
这 边 请。   ①   Ⓐ Wǒ de míngzì jiào Zhāng Jīng.
                                        我的名字 叫 张 京。

Wǒ xìng Zhāng, wǒ jiào Zhāng Jīng. ②   Ⓑ Qǐng gēn wǒ lái
我 姓 张， 我 叫 张 京。   请 跟 我 来。

Jiào wǒ Adam ba.   ③   Ⓒ Nǐ kěyǐ jiào wǒ Adam.
叫 我 Adam 吧。   你 可以 叫 我 Adam。

Business Cultural Tips

▶ Like in the West, shaking hands is common practice for first time meetings in China, followed by the presentation of business cards. Your business card should be presented with both hands (in fact you should also receive cards/gifts with both hands). Make sure the front of your card is facing the receiver.

China perhaps remains more conservative in terms of physical contact between members of the opposite sex, particularly for first time meetings. Things are changing quickly in economically developed areas, where people have become much more open and relaxed with their social behaviour. Be careful when visiting small towns or more rural areas though, where people hold a more traditional view.

TOPIC 3

INTRODUCING YOUR BUSINESS

Business Communication Skill
Snowball

▶ Giving information about your company:

Wǒmen gōngsī yǒu bā gè bùmén.

我们 公司 有 八个部门。 We have eight departments in the company.

▶Giving information about yourself:

Wǒ cóng Měiguó de fēn gōngsī lái.

我 从 美国 的分 公司来。 I am from the US company branch.

▶Giving your nationality:

Wǒ shì Yīngguó rén.

我 是 英国 人。 I am British.

▶Talking about the languages you speak:

Wǒ huì shuō Hānyǔ.

我 会 说 汉语。 I can speak Chinese.

**Dialogue** After discussing possible cooperation between the two companies, Zhang Jing (Z) is showing Adam Jones (J) around his company — Jiabao Electronics Ltd.

Jiābǎo gōngsī yǒu bā gè bùmén. Zhè shì shìchǎng bù, nà shì

Z: 嘉宝 公司 有 八个部门。这 是 市场 部,那是

cáiwù bù.

财务 部。

Nǐmen yǒu fēn gōngsī ma?

J: 你们 有 分 公司 吗?

Wǒmen yǒu liǎng gè fēn gōngsī,

Z: 我们 有 两 个 分 公司,

Měiguó yǒu yí gè, Yīngguó hái yǒu yí gè.

美国 有 一 个, 英国 还 有 一 个。

→ They walk into the marketing department, where some foreign employees are having a meeting with their Chinese colleagues.

Zhāng jīnglǐ, nǐmen gōngsī yǒu hěn duō wàiguó yuángōng a.

J: 张 经理,你们 公司 有 很 多 外国 员工 啊。

Duì, tāmen dōu shì cóng Měiguó hé Yīngguó de fēn gōngsī

Z: 对, 他们 都 是 从 美国 和 英国 的分公司

lái de.

来 的。

Tāmen dōu shì Měiguó rén hé Yīngguó rén ma?

J: 他们 都 是 美国 人 和 英国 人 吗?

Bù dōu shì, hái yǒu yí gè Fǎguó rén hé yí gè Ruìdiǎn rén.

Z: 不 都 是,还 有 一 个 法国 人 和 一 个 瑞典 人。

Tāmen dōu huì shuō Hànyǔ ba.

J: 他们 都 会 说 汉语 吧。

Shì a, tāmen de Hànyǔ dōu hěn hǎo!

Z: 是 啊,他们 的 汉语 都 很 好!

New Words and Expressions

嘉宝	Jiābǎo	Jiabao
有	yǒu	to have, there is (see language reminder)
八	bā	eight
个	gè	measure word (see language reminder)
部门	bùmén	department
市场部	shìchǎng bù	marketing department
那	nà	that
财务部	cáiwù bù	accounting department
你们	nǐmen	you (plural)
分公司	fēn gōngsī	company branch
两/二	liǎng/èr	two
美国	Měiguó	the United States
一	yī	one
英国	Yīngguó	Britain
还	hái	also, still
多	duō	many, much
外国	wàiguó	foreign (counry)
员工	yuángōng	employee
啊	a	modal particle (see language reminder)
他们	tāmen	they, them
都	dōu	all, both (see language reminder)
(是)从……来 (的)	(shì)cóng...lái(de)	come from ...
和	hé	and, with

人	rén	person, people
法国	Fǎguó	France
瑞典	Ruìdiǎn	Sweden
会	huì	be able to, can (see language reminder)
说	shuō	to speak
汉语	Hànyǔ	Chinese language

Language Reminder

1. 有 (yǒu)

1.1 有(yǒu) means *to have* and it can also mean *there be* in English in the appropriate context.

→ 他有一个妹妹。(Tā yǒu yí gē mēimei.)

He has a younger sister.

→ 我们公司有八个部门。 (Wǒmen gōngsī yǒu bā gē būmén.)
There are eight departments in our company.
(Lit.: Our company has 8 departments.)

→ 美国还有一个分公司。 (Měiguó hāi yǒu yí gē fēn gōngsī.)
There is one branch company in America.

1.2   The negative form of 有(yǒu) is 没有(méiyǒu).

→ 他没有妹妹。(Tā méiyǒu mēimei.)

He does not have a younger sister.

→ 我们公司没有广告部。(Wǒmen gōngsī méiyǒu guǎnggào bū.)

Our company does not have an advertising department.

1.3   The structure ⋯⋯有⋯⋯吗(...yǒu...ma) is the same as ⋯⋯有没有⋯⋯(...yǒu méiyǒu...).

Remember the similar method of using 是不是(shìbushì) in *Topic 1*, instead of the sentence ending with 吗(ma) without changing its meaning.

2. 个 (gè)

2.1 Note down this "universal" measure word in Chinese! There are lots of measure words you will need to learn for different groups of things, but when you are lost for the right measure word to use, use this one and you will make yourself understood.

个(gè) is a neutral MW for people (as opposed to 位[wèi] in *Topic 2*) and for things which are not easily classified into certain groups.

→ 这个人(zhège rén)

this person

→ 一个手机(yí gè shǒujī)

one mobile phone

→ 这个包(zhège bāo)

this bag

2.2 Measure words can be used on their own to refer to earlier things in the conversation. They are so important that using the wrong one is better than not using one at all.

→ 我要这个。(Wǒ yào zhège.)

I want this one (object).

→ 美国有一个，英国还有一个。(Měiguó yǒu yí gè, Yīngguó hái yǒu yí gè.)

There is one (branch company) in America, and there is also one in Britain.

3. 啊 (a)

In Chinese there are a number of one-character words at the end of sentences to express different moods. In *Topic 2* there was 吧(ba) to suggest something or encourage the listener to do something. In this topic we have seen how 啊(a) is used as a complimentary exclamation.

→ 你们公司有很多外国员工啊！(Nǐmen gōngsī yǒu hěn duō wàiguó yuángōng a!)

Your company has lots of foreign employees.

(Implication: The speaker was impressed by the diversity of employees.)

4. 都 (dōu)

→ 他们都是从美国和英国的分公司来的。(Tāmen dōu shì cóng Měiguó hé Yīngguó de fēn gōngsī lái de.)

4.1   Although 都(dōu) can be translated as *both/all* in English, it is used very differently in Chinese. 都(dōu) is placed before the verb in a sentence and can never appear at the beginning of a sentence as in English.

→ 他们都是美国人和英国人吗？(Tāmen dōu shì Měiguó rén hé Yīngguó rén ma?)
Are they all American and British?

→ 他们都会说汉语。(Tāmen dōu huì shuō Hànyǔ.)
They all speak Chinese.

4.2   The negative form of a 都(dōu) sentence can have two variations and each carries a different meaning. When 不/没(有)(bù/méi [yǒu]) is placed before 都(dōu), the sentence works to say *not all of* ... . However, when 都(dōu) is followed by 不/没 (有)(bù/méi [yǒu]), the sentence means *none of* ...

→ 我们都不是美国人。(Wǒmen dōu bù shì Měiguó rén.)
None of us is American.

→ 我们不都是美国人。(Wǒmen bù dōu shì Měiguó rén.)
Not all of us are American.

5. 会 (huì)

会(huì) means *be able to/can* in terms of one's skills or abilities.

→ 他们都会说汉语。(Tāmen dōu huì shuō Hànyǔ.)
They can all speak Chinese.

→ 我不会开车。 (Wǒ bú huì kāichē.)

I can not drive.

→ 你会滑雪吗？ / 你会不会滑雪？ (Nǐ huì huáxuě ma?/ Nǐ huì bú huì huáxuě?)

Can you ski?

Additional Words and Phrases

办事处	bānshì chù	branch office (usually located in a different city or country)
广告部	guǎnggào bù	advertising department
人事部	rénshì bù	personnel department
技术部	jìshù bù	IT department
日本	Rìběn	Japan
日语	Rìyǔ	Japanese language
新加坡	Xīnjiāpō	Singapore
香港	Xiānggǎng	Hong Kong
东南亚	Dōngnányà	Southeast Asia
南非	Nánfēi	South Africa
欧洲	Ōuzhōu	Europe
这儿	zhèr	here
在	zài	in, at, on
那儿	nàr	there
不少	bùshǎo	many (Lit.: not a few)
来自	láizì	come from
中文	Zhōngwén	Chinese language

Try It Yourself   **1** PROBLEM SOLVING

1. Introduce the number of departments your company has. Can you give the names of 2—3 different departments?

2. Can you say where (city or country) your branch company or office is located?

3. Talk about the nationality of your foreign employees and what languages they can speak.

Try It Yourself   **2** SPOT THE DIFFERENCE

The scene of Zhang Jing showing Adam around his company is replayed here, but slightly different. Can you spot the 6 differences in the language they have used?

Jiābǎo gōngsī yǒu bā gè bùmén.   Zhèr shì shìchǎng bù,

Z: 嘉宝 公司 有 八 个 部门。这儿 是 市场 部，

nàr shì cáiwù bù.

那儿 是 财务 部。

Nǐmen yǒu fēn gōngsī ma?

J: 你们 有 分 公司 吗?

Wǒmen yǒu liǎng gè fēn gōngsī,   yí gè zài Měiguó,

Z: 我们 有 两 个 分 公司，一 个 在 美国，

háiyǒu yí gè zài Yīngguó.
还有一个在 英国。

Zhāng jīnglǐ, nǐmen gōngsī yǒu bù shǎo wàiguó yuángōng a.
J: 张 经理, 你们 公司 有 不少 外国 员工 啊。

Duì, tāmen dōu láizì Měiguó fēn gōngsī hé Yīngguó fēn
Z: 对, 他们 都 来自 美国 分 公司 和 英国 分

gōngsī.
公司。

Tāmen dōu shì Měiguó rén hé Yīngguó rén ma?
J: 他们 都 是 美国 人 和 英国 人 吗?

Bù dōu shì, hái yǒu yí gè Fǎguó rén hé yí gè Ruìdiǎn rén.
Z: 不 都 是, 还有 一个 法国 人 和 一个 瑞典 人。

Tāmen dōu huì shuō Zhōngwén ba.
J: 他们 都 会 说 中文 吧。

Shì a, tāmen dōu huì shuō hěn hǎo de Zhōngwén!
Z: 是 啊, 他们 都 会 说 很 好 的 中文!

Try It Yourself

3 MATCH THE SENTENCE

Can you match the sentences which have the same meaning?

Měiguó yǒu yí gè, Yīngguó hái yǒu   ①
美国 有一个，英国 还有
yí gè.
一个。

Ⓐ Tāmen dōu láizì Měiguó fēn gōngsī
他们 都 来自美国 分 公司
hé Yīngguó fēn gōngsī.
和 英国 分 公司。

Tāmen de Hànyǔ dōu hěn hǎo!   ②
他们 的 汉语 都 很 好!

Ⓑ Yí gè zài Měiguó, hái yǒu yí gè
一个 在美国，还有一个
zài Yīngguó.
在 英国。

Tāmen dōu shì cóng Měiguó hé   ③
他们 都 是 从 美国 和
Yīngguó fēn gōngsī lái de.
英国 分 公司 来 的。

Ⓒ Tāmen dōu huì shuō hěn hǎo de
他们 都 会 说 很 好 的
Zhōngwén!
中文!

Business Cultural Tips

▶ In line with many oriental countries, hierarchical etiquette can dominate relationships, between parents and children, between employers and employees, much more than in western countries. So please take care when shaking hands, presenting your business card or gift. The general rule is always to start with the older looking person if you are unsure about what position each of your hosts has within the company.

Maintaining a good degree of eye contact is very important in the West. However, some of the Chinese people may feel uneasy with your particular level of eye contact and look away during conversation. This is not meant as a sign of unfriendliness or inattentiveness. It is simply that levels of direct eye contact are generally lower in China.

TOPIC 4

MAKING A BUSINESS APPOINTMENT

Business Communication Skill Snowball

▶ Starting off the introduction:

Wǒ lái jièshào yíxià!

我 来 介绍 一下!　　　　Let me introduce.

▶ Finding out the length of staying:

Nǐ dǎsuàn zài Zhōngguó dāi jǐ tiān?

你 打算 在 中国 呆 几天?

How many days will you stay in China?

▶ Introducing someone to your friend:

Wǒ xiǎng jièshào nǐ rènshi yíxià Adam.

我 想 介绍 你 认识 一下Adam。

I'd like to introduce you to Adam.

▶ Asking if you have some free time:

Nǐ yǒu shíjiān ma?

你 有 时间 吗?　　　　Will you be free?

 **Dialogue** — Zhang Jing (Z) introduces Adam Jones (J) to some of his colleagues (C) in the marketing department.

Gèwèi, wǒ lái jièshào yíxià. Zhè wèi shì Yīngguó JFY

Z: 各位,我 来 介绍 一下。这 位 是 英国 JFY

gōngsī de Qióngsī xiānsheng.

公司 的 琼斯 先生。

Nǐ hǎo, nǐ hǎo, nǐ hǎo ...

C: 你好，你好，你好……

Hěn gāoxìng rènshi dàjiā.   Wǒ míngtiān xiàwǔ yǒu yí gè

J: 很 高兴 认识 大家。我 明天 下午 有一个

jièshào wǒmen JFY gōngsī de yǎnjiǎng, huānyíng dàjiā lái!

介绍 我们 JFY 公司 的 演讲， 欢迎 大家 来！

Yǎnjiǎng zài sān lóu sān hào huìyì shì.

Z: 演讲 在 三楼 三 号 会议 室。

———————————→ ☐ Zhang Jing (Z) talks to Adam Jones(J) back in his office.

Qióngsī xiānsheng, Shǐmìsī jīnglǐ dǎsuàn jǐ yuè jǐ hào lái

Z: 琼斯 先生，史密斯 经理 打算 几 月 几 号 来

Zhōngguó?

中国？

Èr yuè shíwǔ hào.

J: 二 月 十五 号。

Tài hǎo le,   tā dǎsuàn zài Zhōngguó

Z: 太 好 了，他 打算 在 中国

dāi jǐ tiān?

呆 几 天？

Yí gè xīngqī zuǒyòu.

J: 一 个 星期 左右。

Wǒ xiǎng jièshāo nǐmen rènshi yíxià Jiābǎo de sān wèi dǒngshì,

Z: 我 想 介绍 你们 认识 一下 嘉宝 的 三 位 董事,

nǐmen yǒu shíjiān ma?

你们 有 时间 吗?

Yǒu.

J: 有。

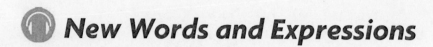 # New Words and Expressions

各位	gèwèi	everyone (see language reminder)
介绍	jièshāo	to introduce
一下	yíxià	once, briefly (see language reminder)
大家	dàjiā	everyone (see language reminder)
明天	míngtiān	tomorrow
下午	xiàwǔ	afternoon
演讲	yǎnjiǎng	presentation
欢迎	huānyíng	to welcome
在	zài	in, at, on (see language reminder)
三	sān	three
楼	lóu	floor
号	hào	number, date (see language reminder)
会议室	huìyìshì	meeting room
打算	dǎsuàn	to plan, plan
几	jǐ	which (see language reminder)
月	yuè	month

中国	Zhōngguó	China
十五	shíwǔ	fifteen
呆	dāi	to stay
天	tiān	day
星期	xīngqī	week
左右	zuǒyòu	approximately, about (see language reminder)
想	xiǎng	to want, would like
董事	dǒngshì	board member
时间	shíjiān	time

Language Reminder

1. 各位(gēwèi) & 大家(dàjiā)

→ 各位，我来介绍一下。(Gēwèi, wǒ lái jièshào yíxià.)

Let me introduce, everyone.

→ 很高兴认识大家。 (Hěn gāoxìng rènshi dàjiā.)

Very pleased to meet everyone.

1.1 各位(gēwèi) and 大家(dàjiā) both mean *everyone*. 各位(gēwèi) is usually used in a formal setting as a pronoun to address people, while 大家(dàjiā) indicates everyone in a certain area or group and it is less formal and more friendly.

→ 各位请起立。(Gēwèi qǐng qǐlì.)

All rise. (Everyone, please rise.)

→ 大家明天有什么打算？ (Dàjiā míngtiān yǒu shénme dǎsuàn?)

What plan do you have for tomorrow, everyone?

1.2 各位(gēwèi) can be attached with more information as a pronoun to address people, while 大家(dàjiā) can only be used independently. In the following examples 大家

(dàjiā) can be exchanged to 各位(gèwèi) *but not the other way round.*

→ 各位先生，女士好！(Gèwèi xiānsheng, nǚshì hǎo!)

Hello, ladies and gentlemen!

→ 大家好！ (Dàjiā hǎo!)

Hello, everyone!

1.3 In the following situations, it is only correct to use 各位(gèwèi) to proceed a sentence.

→ 各位，我来介绍一下……(Gèwèi, wǒ lái jièshāo yíxià...)

Everyone, let me introduce ...

→ 各位，我今天要讲一下……(Gèwèi, wǒ jīntiān yào jiǎng yíxià...)

Everyone, I am going to talk about ...

2. 一下 (yíxià)

→ 我想介绍你认识一下Adam. (wǒ xiǎng jièshāo nǐ rènshi yíxià Adam.)

I would like to introduce you to Adam.

→ 我来介绍一下。(wǒ lái jièshāo yíxià.)

Let me introduce.

一下(yíxià) in each of the above two sentences exists as a part of the verb function. It indicates the action is brief and sometimes also implies the speaker is encouraging others to try out something.

→ 我去问一下张总。(Wǒ qù wèn yíxià Zhāng zǒng.)

I am going to ask Managing Director Zhang.

→ 请看一下菜单。(Qǐng kàn yíxià càidān.)

Please take a look at menu.

Quite often following a verb in a sentence there are one or two little words, which is a common Chinese language phenomena. Having these words in the sentence conveys a more courteous tone.

Common situations with "little words" attached to different verbs:

→ 你吃/喝点儿什么？ (Nǐ chī / hē diǎnr shénme?)
   What would you like to eat/drink?

→ 今天休假，你想干些什么？ (Jīntiān xiūjià, nǐ xiǎng gàn xiē shénme?)
   It is a day off today, what do you want to do?

3. 的 (de)

→ 我明天下午有一个介绍我们 JFY公司的演讲。 (Wǒ míngtiān xiàwǔ yǒu
   yí gè jièshào wǒmen JFY gōngsī de yǎnjiǎng.)
   Tomorrow afternoon I have a presentation introducing our company, JFY.

的(de) is also used for joining a noun and its attributive clause, as shown in above example. In modern Chinese, an attributive clause is always placed BEFORE the noun with a 的(de) in between. *More examples will be found in the future topics such as Topic 9, Topic 11 and Topic 12.*

→ 来见李经理的先生是英国人。 (Lái jiàn Lǐ jīnglǐ de xiānsheng shì Yīngguó rén.)
   The gentleman who came to see Manager Li is British.

→ 你认识叫Adam的先生吗？ (Nǐ rènshi jiào Adam de xiānsheng ma?)
   Do you know the gentleman called Adam?

4. 在 (zài)

→ 演讲在三楼三号会议室。 (Yǎnjiǎng zài sān lóu sān hào huìyì shì.)
   The presentation will be in meeting room 3 on the third floor.

在(zài) is a preposition, indicating location or position.

→ 他打算在中国呆几天？ (Tā dǎsuàn zài Zhōngguó dāi jǐ tiān?)
   How many days does he plan to stay in China?

Chinese sentence order is — the when, where and how of carrying out an action normally appears before the verb.

→ 我明天在餐厅和Adam见面。 (Wǒ míngtiān zài cāntīng hé Adam jiànmiàn.)

I am meeting Adam at the canteen tomorrow.

(Lit.: I tomorrow at the canteen with Adam meet up.)

(Please see more examples in Topic 5.)

5. 几 (Jǐ)

几(Jǐ) is a question word for asking *which month* and *what date*. It also means *how many* and it is only used when predicting that the answer could be within 10. Please compare with 多少(duōshǎo) in *Topic 8*, which means *how many/much* in general.

→ 几月几号? (Jǐ yuè jǐ hào?)

Which month which day?

→ 你们公司有几个经理? (Nǐmen gōngsī yǒu jǐ gè jīnglǐ?)

How many managers are there in your company?

6. 月 (yuè) & 号 (hào)

Saying months is very easy in Chinese. Each month of the year is formed by the word 月 (yuè) preceded by the cardinal number 1—12 in order.

→ 一 月 (yī yuè)

January

→ 二 月 (èr yuè)

February

→ 十二月 (shí'èr yuè)

December

In the same way numbers followed by 号(hào) indicate the day of the month. When in English the order of a date is day/month, it becomes month/day in Chinese, starting with the bigger unit of time. Someone's address in Chinese would be given following the same pattern, country first followed by province, city, street etc.

→ 五月九号(wǔ yuè jiǔ hào)

9 May

→ 十一月六号(shíyī yuè liù hào)

6 November

号(hào) can also be used for room numbers but in reverse order to English.

→ 三号会议室(sān hào huìyì shì)

Meeting Room No. 3

→ 三楼三七八号房间(sān lóu sānqībā hào fángjiān)

Room 378 on the third floor

7. 左右 (zuǒyòu)

左右(zuǒyòu) is an interesting word, as 左(zuǒ) means *left* and 右(yòu) means *right*, but 左右(zuǒyòu) combined together means *about, approximately*. 左右(zuǒyòu) is placed *after the estimated number or time*, rather than before as in English.

→ 我在中国呆一星期左右。(Wǒ zài Zhōngguó dāi yì xīngqī zuǒyòu.)

I will stay in China about a week.

→ 他八月左右有时间。(Tā bā yuè zuǒyòu yǒu shíjiān.)

He is free around August.

Additional Words and Phrases

员工休息室	yuángōng xiūxi shì	staff common room
接待室	jiēdài shì	reception room
餐厅	cāntīng	restaurant, canteen
让	ràng	to ask, to let
关于	guānyú	about, regarding

计划	jìhuà	to plan, plan
什么时候	shénme shíhou	when (Lit.: what moment)
日	rì	day
多长时间	duōcháng shíjiān	how long (time)
差不多	chàbuduō	nearly, more or less
空	kòng	spare/free time
去	qù	to go

Try It Yourself   **1** PROBLEM SOLVING

1. How do you start off your sentence when you introduce somebody to a group of people?

2. Tell your Chinese colleague on what month and what day you plan on travelling to China and for how long you plan to stay there.

3. Give the floor and room number of the staff common room in your company.

Try It Yourself   **2** SPOT THE DIFFERENCE

The scene of Adam meeting Zhang Jing and his staff is replayed here, but slightly different. Can you spot the 7 differences in the language they have used?

Duìbuqǐ,   gè wèi,   ràng wǒ lái jièshào yíxià.

Z: 对不起，各位，让 我 来介绍 一下。 ◀ ⋯⋯⋯⋯⋯⋯

Zhè wèi shì Yīngguó JFY gōngsī de Qióngsī xiānsheng.

这 位 是 英国 JFY 公司 的 琼斯 先生。 ◀ ⋯⋯⋯⋯⋯⋯

Nǐ hǎo, nǐ hǎo, nǐ hǎo …

C：你好，你好，你好……

Hěn gāoxìng rènshi dàjiā.　Wǒ míngtiān xiàwǔ

J：很 高兴 认识大家。我 明天 下午

yǒu yí gè guānyú wǒmen JFY gōngsī de

有一个 关于 我们 JFY 公司 的

yǎnjiǎng, huānyíng gèwèi lái!

演讲， 欢迎 各位 来!

Yǎnjiǎng zài sān lóu sān hào huìyì shì.

Z：演讲 在三楼三 号会议室。

Qióngsī xiānsheng, Shǐmìsī jīnglǐ jìhuà shénme shíhou lái

Z：琼斯 先生，史密斯经理计划 什么 时候来

Zhōngguó?

中国?

Èr yuè shíwǔ rì.

J：二月十五日。

Tài hǎo le, tā jìhuà zài Zhōngguó dāi duōcháng shíjiān?

Z：太好了,他计划在 中国 呆 多长 时间?

Chàbuduō yí gè xīngqī.

J：差不多 一个 星期。

Wǒ xiǎng jièshào nǐmen rènshi yíxià Jiābǎo de sān wèi dǒngshì,

Z： 我 想 介绍 你们 认识一下嘉宝的三 位 董事, ◀ ·····································

nǐmen yǒu kōng ma?

你们 有 空 吗? ◀ ·····································

Yǒu.

J： 有。 ◀ ·····································

Try It Yourself   **3 MATCH THE SENTENCE**

Can you match the sentences which have the same meaning?

Yí gē xīngqī zuǒyòu.
一个 星期 左右。   ① ⒜ Nǐmen yǒu kōng ma?
你们 有 空 吗?

Shǐmìsī jīnglǐ dǎsuàn jǐ yuè jǐ hǎo ②   ⒝ Chàbuduō yí gè xīngqī.
史密斯经理 打算 几月几号   差不多 一 个 星期。
lái Zhōngguó?
来 中国?

Nǐmen yǒu shíjiān ma?   ③ ⒞ Shǐmìsī jīnglǐ jìhuà shénme shíhou
你们 有 时间 吗?   史密斯 经理 计划 什么 时候
lái Zhōngguó?
来 中国?

Business Cultural Tips

▶ In some cultures people make schedules for specific times and dates and strictly work around that timetable, such as in Britain. But in other cultures, people seem to be more relaxed about making schedules. Chinese people's attitude tends towards the latter, especially with internal company arrangements. For example, they may plan to have a meeting or company dinner tomorrow, but time may not be specified beforehand or only a rough schedule was given as a guide. Although sometimes you might want to know what exactly the arrangement is the next day, the answer you probably get is "don't worry, I will call you tomorrow before we leave". If that's the case, all you can do is to keep your patience and relax. "When in China, do as the Chinese do"!

With time schedules not being strict, punctuality is not common practice in China. However, in most joint ventures and foreign invested and managed companies, strict schedules tend to be kept and this has influenced other Chinese companies as a result.

TOPIC 5

DISCUSSING A BUSINESS SCHEDULE

Business Communication Skill
Snowball

▶ Responding to compliments:

Guò jiǎng le.

过 奖 了。   I am flattered.

▶Talking about the schedule:

Wǒ xiǎng tǎolūn yíxià wǒmen de rìchéng ānpái.

我 想 讨论 一下 我们 的 日程 安排。

     I would like to discuss our schedule.

▶Proposing a meeting with someone:

Wǒ xiǎng gēn Adam jiàn ge miàn.

我 想 跟 Adam 见 个 面。

     I would like to meet with Adam.

▶Inviting opinions:

Nǐ kàn zěnmeyàng?

你看 怎么样?   What do you think?

**Dialogue** ⌐ Adam Jones (J) comes to Jiabao the following day to give a presentation about JFY. He talks to Huang Ling (H) at the reception.

Huáng xiǎojiě, wǒ de yǎnjiǎng jǐ diǎn kāishǐ?

J：黄 小姐，我的 演讲 几点 开始？

H: Yī diǎn bàn kāishǐ, yǎnjiǎng shíjiān shì yí gē xiǎoshí.
一点半开始，演讲时间是一个小时。

H: Nín sān diǎn hé Zhāng zǒng hái yǒu yí gē huìyì.
您三点和张总还有一个会议。

J: Hǎo, xièxie!
好，谢谢！

→ At 3 o'clock Adam Jones (J) has a meeting with Zhang Jing (Z).

Z: Qióngsī xiānsheng, nǐ de yǎnjiǎng zhēn búcuò!
琼斯先生，你的演讲真不错！

J: Guò jiǎng le. Nín jīntiān shì xiǎng tǎolùn yíxià Shǐmìsī jīnglǐ
过奖了。您今天是想讨论一下史密斯经理

de rìchéng ānpái ma?
的日程安排吗？

Z: Shì a. Tā èr yuè shíwǔ hào
是啊。他二月十五号

xīngqīsān jǐ diǎn dào?
星期三几点到？

J: Xiàwǔ yī diǎn yí kè.
下午一点一刻。

Z: Sì diǎn lái gōngsī gēn jǐ wèi dǒngshì jiàn ge miàn, nǐ kàn
四点来公司跟几位董事见个面，你看

zěnmeyàng?
怎么样？

Xíng, jiānmiàn yǐhòu dàjiā yìqǐ chī wǎnfàn.

J: 行，见面 以后大家一起 吃 晚饭。

Hǎo zhǔyì!

Z: 好 主意！

New Words and Expressions

点	diǎn	o'clock
几点	jǐ diǎn	what time (see language reminder)
开始	kāishǐ	to start
半	bàn	half
小时	xiǎoshí	hour (see language reminder)
真	zhēn	really
不错	búcuò	pretty good
过奖了	guò jiǎng le	I'm flattered
今天	jīntiān	today
讨论	tǎolùn	to discuss
日程	rìchéng	itinerary
安排	ānpái	arrangement
到	dào	to arrive
刻	kè	quarter (of an hour)
四	sì	four
跟……见面	gēn …jiànmiàn	to meet with
怎么样	zěnmeyàng	how
行	xíng	ok, alright

以后	yǐhòu	after (see language reminder)
一起	yìqǐ	altogether
吃	chī	to eat
晚饭	wǎnfàn	dinner
主意	zhǔyì	idea

Language Reminder

1. 点 (diǎn) & 分 (fēn) VS 小时 (xiǎoshí) & 分钟 (fēnzhōng)

→ 我的演讲几点开始？(Wǒ de yǎnjiǎng jǐ diǎn kāishǐ?)

What time will my presentation start?

Following the use of 几(jǐ) in *Topic 4* as a question word for finding about *which month* and *which day*, it is also used for asking about the time.

点(diǎn) and 分(fēn) indicate hours and minutes for talking about 24 hour clock time.

→ 九点二十分 (jiǔ diǎn èrshí fēn)

9:20

→ 八点五十分 (bā diǎn wǔshí fēn)

8:50

小时(xiǎoshí) and 分钟(fēnzhōng) mean hour and minutes, but refer to *length of time*.

→ 两小时三十分钟 (liǎng xiǎoshí sānshí fēnzhōng)

2.5 hours

As mentioned in *Topic 4, when, where* and *how* to carry out an action always appears in a Chinese sentence before the verb. Keep this rule in mind and you will find it easy to understand these sentences:

→ 您三点和张总还有一个会议。(Nín sān diǎn hé Zhāng zǒng hái yǒu yí gè huìyì.)

You (will) also have a meeting with Director Zhang at 3 o' clock.

→ (你们)四点来公司和几位董事见个面。([Nǐmen] sì diǎn lái gōngsī hé jǐ wèi dǒngshì jiàn ge miàn.)

Come to meet with a few board members at four o'clock.

2. More on Word Order

In many cases in Chinese word order can be the opposite of English word order. The word order in the underlined parts of the following two sentences shows how the Chinese order is opposite to English:

→ 见面以后大家一起吃晚饭。 (Jiànmiàn yǐhòu dàjiā yìqǐ chī wǎnfàn.)

We will all have dinner together <u>after meeting up</u>.

(Lit.: meeting up after)

3. Dropping *you* and *he*

Personal pronouns as subjects can be dropped in sentences if they have been mentioned previously. The ones in brackets in English have been dropped in Chinese.

→ 四点来公司和几位董事见面，你看怎么样？(Sì diǎn lái gōngsī hé jǐ wèi dǒngshì jiànmiàn, nǐ kàn zěnmeyàng?)

(You and your manager) Come to meet with a few board members at four o'clock, what do you think?

In English this means *how do you feel about you and your manager meeting with a few board members at four o'clock.*

Additional Words and Phrases

总裁	zǒngcái	President
首席财务官	shǒuxí cáiwù guān	CFO (Chief Financial Officer)
首席执行官	shǒuxí zhíxíng guān	CEO (Chief Executive Officer)
常务副总裁	chángwù fù zǒngcái	Executive Vice President
开会	kāihuì	to have a meeting
非常	fēicháng	extremely, very
哪里，哪里	nǎli, nǎli	I am flattered

Try It Yourself   1 PROBLEM SOLVING

1. How do you give a compliment and how could you respond to it positively?

2. How do you express your wish to meet up with a certain person from a company?

3. Can you suggest a time and venue to meet and invite his/her opinion on that?

4. Can you also suggest something to do after the meeting?

Try It Yourself   **2 SPOT THE DIFFERENCE**

The scene of Adam discussing Smith's schedule with Zhang Jing is replayed here, but slightly different. Can you spot the 8 differences in the language they have used?

Huáng xiǎojiě, wǒ de yǎnjiǎng shénme shíhou kāishǐ?

J : 黄 小姐，我的 演讲 什么 时候 开始？

Yī diǎn sānshí fēn kāishǐ, yǎnjiǎng shíjiān shì yí gè xiǎoshí.

H : 一点 三十 分开始， 演讲 时间 是 一个 小时。

Nín sān diǎn hé Zhāng zǒng hái yào kāi yí gè huì.

您 三 点 和 张 总 还要 开一个会。

Hǎo, xièxie!

J : 好，谢谢！

Qióngsī xiānsheng, nǐ de yǎnjiǎng fēicháng hǎo!

Z : 琼斯 先生，你的 演讲 非常 好！

Nǎli nǎli. Nín jīntiān shì xiǎng tǎolùn yíxià Shǐmìsī

J : 哪里 哪里。您 今天 是 想 讨论 一下史密斯

jīnglǐ de rìchéng ānpái ma?

经理 的 日程 安排 吗？

Shì a. Tā èr yuè shíwǔ hào xīngqīsān shénme shíhou dào?

Z : 是啊。他二月 十五 号 星期三 什么 时候 到？

Xiàwǔ yī diǎn shíwǔ fēn.

J： 下午一点十五分。 ◀········

Sì diǎn lái gōngsī hé jǐ wèi dǒngshì jiànmiàn, nǐ kàn

Z： 四点来公司和几位董事见面，你看 ◀········

xíng ma?

行吗?

Xíng, jiànmiàn yǐhòu dàjiā yìqǐ chī wǎnfàn.

J： 行，见面以后大家一起吃晚饭。 ◀········

Hǎo zhǔyì!

Z： 好主意! ◀········

Try It Yourself   **3** MATCH THE SENTENCE

Can you match the sentences which have the same
meaning?

Nǐ kàn zěnmeyàng?　①　　Ⓐ Nǐ kàn xíng ma?
你看怎么样?　　　　　　　你看行吗?

Yī diǎn bàn kāishǐ.　②　　Ⓑ Nǎli nǎli.
一点半开始。　　　　　　　哪里哪里。

Guò jiǎng le.　③　　Ⓒ Yī diǎn sānshí fēn kāishǐ.
过奖了。　　　　　　　　　一点三十分开始。

Business Cultural Tips

▶ Chinese people's behaviour at a company meeting is very different from that of the British and Americans. People behave according to their job status and age. For example, directors tend to speak more than managers, senior managers more than junior ones and so on. You can soon identify the person who dominates the meeting as the boss. Open discussion and consultations do make up part of a Chinese meeting but they are very limited.

Generally speaking, the atmosphere at Chinese meetings is rather serious. Jokes and small talk do not normally take place at the meeting, although some light jokes are welcomed during the break.

Decisions or conclusions tend not be made immediately at the end of Chinese meetings, even with all decision makers present at the meeting. Decisions are often made after the meeting among the relevant managers and then passed on to other colleagues.

TOPIC 6

Replying to a Business Invitation

Business Communication Skill
Snowball

▶ Inviting someone to attend an event:

Wǒmen xiǎng yāoqǐng nǐ cānjiā kāiyè diǎnlǐ.

我们 想 邀请 你参加开业典礼。We'd like to invite you to
attend an opening ceremony.

▶ Politely declining an invitation:

Zhēn duìbuqǐ, jīnwǎn kǒngpà bù xíng.

真 对不起，今 晚 恐怕 不 行。I'm very sorry, tonight is
impossible.

▶ Confirming an appointment with someone:

Wǒ hé tā quèrèn yíxià.

我 和他 确认 一下。I'll confirm it with him.

▶ Accepting someone's invitation:

Wǒmen jiēshòu nín de yāoqǐng.

我们 接受 您的 邀请。We accept your invitation.

Dialogue — Adam Jones (J) arranges John Smith's visit next week
by talking to the representative (R) of the company in
China.

Wǒmen xiǎng yāoqǐng Shǐmìsī xiānsheng èr yuè shíqī hào cānjiā

R: 我们 想 邀请史密斯 先生 二月十七号 参加

yí gè kāiyè diǎnlǐ,　bù zhīdào tā yǒu kòng ma?

一个开业典礼，不知道他有空吗？

Zhēn duìbuqǐ,　nà tiān tā hěn máng, kǒngpà bù xíng.

J: 真对不起，那天他很忙，恐怕不行。

Nàme,　shíbā hào de wǎnyàn tā néng cānjiā ma?

R: 那么，十八号的晚宴他能参加吗？

Yīnggāi méi wèntí,　búguò,　wǒ děi hé tā quèrèn yíxià.

J: 应该没问题，不过，我得和他确认一下。

→ After speaking with John Smith to confirm his arrangement on the 18 Feb, Adam Jones (J) talks to the representative (R) again.

Nín de yāoqǐng Shǐmìsī xiānsheng jiēshòu le,　tā shíbā hào yídìng

J: 您的邀请史密斯先生接受了，他十八号一定

qù cānjiā nǐmen de wǎnyàn.

去参加你们的晚宴。

Tài hǎo le.　Zhè shì wǎnyàn de qǐngtiě.

R: 太好了。这是晚宴的请帖。

Xièxie.　Wǎnyàn jǐ diǎn kāishǐ?

J: 谢谢。晚宴几点开始？

Qī diǎn kāishǐ,　zài Hépíng Fàndiàn.

R: 七点开始，在和平饭店。

Hǎo,　wǒmen dào shí jiàn!

J: 好，我们到时见！

New Words and Expressions

邀请	yāoqǐng	to invite, invitation
十七	shíqī	seventeen
参加	cānjiā	to attend
开业典礼	kāiyè diǎnlǐ	opening ceremony
知道	zhīdāo	to know (facts/matters) (see language reminder)
空	kōng	spare/free time
忙	máng	busy
恐怕	kǒngpà	I am afraid that…
那么	nàme	then, in that case
十八	shíbā	eighteen
晚宴	wǎnyàn	dinner banquet
能	néng	can (for possibility) (see language reminder)
应该	yīnggāi	should, ought to
没	méi	not have, there is not
问题	wèntí	problem, question
不过	búguò	but
得	děi	have to
确认	quèrèn	to confirm
接受	jiēshòu	to accept
一定	yídìng	must, definitely
去	qù	to go
请帖	qǐngtiě	invitation letter/card
七	qī	seven
饭店	fàndiàn	hotel

和平饭店	Hépíng Fàndiàn	Peace Hotel
到时见	dàoshí jiàn	see you then

Language Reminder

1. 不知道 (bù zhīdào) + Closed Question

→ 不知道他有空吗？ (Bù zhīdào tā yǒu kòng ma?)

(We) wonder whether he will have free time (to attend …).

This sentence is very colloquial. The best way to grasp its use is to learn the structure: 不知道 (bù zhīdào) + **a closed question** which you can answer with *yes/ no*. The English equivalent being: wonder if something is possible to do.

→ 不知道你明天五点能来吗？ (Bù zhīdào nǐ míngtiān wǔ diǎn néng lái ma?)

(I) wonder whether you can come at five o'clock tomorrow.

→ 不知道他能不能和我明天见面？ (Bù zhīdào tā néng bù néng hé wǒ míngtiān jiànmiàn?)

(I) wonder if he can meet up with me tomorrow.

2. 能 (néng)

→ 十八号的晚宴他能参加吗？ (Shíbā hào de wǎnyàn tā néng cānjiā ma?)

Can he make it to the dinner banquet on the 18th?

能 (néng) means *can*, but only for the possibility of something happening.

→ 明天我能赶到北京。 (Míngtiān wǒ néng gǎn dào Běijīng.)

I can get to/make it to Beijing tomorrow.

→ 王经理明天能和你见面。 (Wáng jīnglǐ míngtiān néng hé nǐ jiànmiàn.)

Manager Wang can meet up with you tomorrow.

3. Sentence-ending 了 (le)

→ 您的邀请史密斯先生接受了。 (Nín de yāoqǐng Shǐmìsī xiānsheng jiēshòu le.)

Mr. Smith has accepted your invitation.

When 了(le) is placed at the end of a sentence, it indicates the action has taken place/is completed. *Please see Topic 10 for more of its use, when "le" is placed immediately after the verb in a sentence.*

To form the negative form of the above example, that is to say, to state an action/process has not been completed. 没有(méiyǒu) is the word to use instead of 不 (bù) and 了(le) no longer appears.

→ 我邀请他了，但是他没有接受。他说他很忙。

(Wǒ yāoqǐng tā le, dànshì tā méiyǒu jiēshòu. Tā shuō tā hěn máng.)

I invited him, but he didn't accept. He said he was busy.

Enquiring whether an action/process has been completed:

Q: 你有没有邀请他？/你邀请他了吗？

(Nǐ yǒu méiyǒu yāoqǐng tā?/ Nǐ yāoqǐng tā le ma?)

Have you invited him? / Did you invite him?

A: 我邀请了。(Wǒ yāoqǐng le.)

I have/I did.

我没有。(Wǒ méiyǒu.)

I haven't/I didn't.

🎧 Additional Words and Phrases

那天	nà tiān	that day
出席	chūxí	to attend, to be present
抱歉	bàoqiàn	sorry
可是	kěshì	but, however
请柬	qǐngjiǎn	invitation card
那时	nà shí	then, at that time

Try It Yourself **1** PROBLEM SOLVING

1. Issue an invitation verbally to Manager Wang for a meal in your house next Saturday.

2. Decline an invitation and say why you can not make it, e.g., you have a meeting with Mr. Li.

3. Can you assure the person who invited you that you have accepted his invitation?

Try It Yourself **2** SPOT THE DIFFERENCE

The scene of Adam and the company representative discussing John Smith's visit is replayed here, but slightly different. Can you spot the 8 differences in the language they have used?

Wǒmen xiǎng yāoqǐng Shǐmìsī xiānsheng èr yuè shíqī hào chūxí
R: 我们 想 邀请 史密斯先生 二月十七号出席

◀ ....

yí gè kāiyè diǎnlǐ, bù zhīdào tā shì bú shì yǒu kòng?
一个开业典礼, 不知道 他是不是 有 空?

◀ ....

Zhēn bàoqiàn, tā nà tiān hěn máng, kǒngpà bù xíng.
J: 真 抱歉,他那天 很 忙, 恐怕不行。

◀ ....

Nàme, tā néng chūxí shíbā hào de wǎnyàn ma?
R: 那么, 他能 出席十八号 的 晚宴 吗?

◀ ....

Yīnggāi xíng, kěshì, wǒ děi hé tā quèrèn yíxià.
J: 应该 行, 可是, 我得和他确认一下。

◀ ....

J: Shǐmìsī xiānsheng jiēshòu le nín de yāoqǐng, shíbā hào tā
史密斯 先生 接受了您的 邀请，十八号 他

yídìng qù cānjiā nǐmen de wǎnyàn.
一定 去参加你们 的 晚宴。

R: Hǎo jíle.   Zhè shì wǎnyàn de qǐngjiǎn.
好极了。这是 晚宴 的 请柬。

J: Xièxie.   Wǎnyàn jǐ diǎn kāishǐ?
谢谢。晚宴 几点开始？

R: Qī diǎn zài Hépíng Fàndiàn.
七点在和平饭店。

J: Hǎo, wǒmen nà shí jiàn!
好，我们 那时见！

Try It Yourself   **3** MATCH THE SENTENCE

Can you match the sentences which have the same meaning?

Bù zhīdào tā yǒu kòng ma?   ①   Ⓐ Zhēn bàoqiàn, tā nà tiān hěn máng.
不 知道 他 有 空 吗？   真 抱歉，他那天 很 忙。

Zhēn duìbuqǐ,   nà tiān tā hěn máng. ②   Ⓑ Tā néng chūxí shíbā hào de wǎnyàn ma?
真 对不起，那天 他 很 忙。   他能 出席十八号 的 晚宴吗？

Shíbā hào de wǎnyàn tā néng cānjiā ma? ③   Ⓒ Bù zhīdào tā shì bú shì yǒu kòng?
十八号 的 晚宴 他能 参加吗？   不知道 他 是 不是 有 空？

Business Cultural Tips

▶ As mentioned in Topic 4, Chinese people can be quite relaxed with time schedules and planning for the future, though this varies from company to company, people to people.

However, outside work, they may surprise you with some "last minute" arrangements. Chinese people are very hospitable to their guests and business partners who are away from their homeland. They like to take full responsibility of being hosts, to look after you in every possible way. So without previous arrangement, you may get a phone call telling you that in an hour's time somebody is coming to collect you to take you to a nice part of a city to do some sightseeing.

Chinese people like to persist in inviting you to do things, even after you decline, because they think you just want to be polite. Don't worry, if you truly want to refuse, just keep trying to say "thank you and no". Suggesting an alternative date or time may be a good idea to signal that you really mean "no".

TOPIC 7

HOSTING A DINNER BANQUET

Business Communication Skill Snowball

▶ Receiving business guests:

Huānyíng!

欢迎!   Welcome!

▶ Offering drinks to others:

Nǐ xiǎng hē diǎnr shénme?

你 想 喝 点儿 什么?   What would you like to drink?

▶ Asking someone's preference:

Nǐ xǐhuan hóngchá háishi lǜchá?

你喜欢 红茶 还是绿茶?

Do you like black tea or green tea?

▶ Making a toast for something:

Wèi wǒmen de hézuō gānbēi!

为 我们 的 合作 干杯!

Let's toast our cooperation!

▶ Courteous language to the host at the end of a meal:

Xièxie nǐ de kuǎndài, wǒmen chī de hěn gāoxìng!

谢谢 你的 款待, 我们 吃 得 很 高兴!

Thanks for the meal, we really enjoyed it!

Dialogue — Zhang Jing (Z) hosts a welcoming dinner banquet for John Smith (S) and Adam Jones (J) in a famous Chinese restaurant, after Smith's brief meeting at Jiabao with some board members.

Huānyíng huānyíng! Shǐmìsī xiānsheng hé Qióngsī xiānsheng,

Z: 欢迎　欢迎! 史密斯先生 和 琼斯 先生,

nǐmen xiǎng hē diǎnr shénme?

你们 想 喝点儿 什么?

Tīngshuō Zhōngguó de Máotái jiǔ hěn yǒumíng, wǒ xiǎng cháng

S: 听说　中国 的茅台酒很 有名, 我 想 尝

yíxià.

一下。

Wǒ hěn xǐhuan hē chá.

J: 我 很 喜欢 喝茶。

Nǐ xǐhuan hē hóngchá háishi lǜchá?

Z: 你喜欢喝 红茶 还是绿茶?

Lǜchá.   Wǒ zuì xǐhuan Lóngjǐng chá.

J: 绿茶。我 最喜欢 龙井 茶。

Hǎo, jīntiān qǐng nǐmen cháng yíxià zuì hǎo de Máotái hé

Z: 好, 今天 请你们 尝 一下最好的 茅台和

Lóngjǐng.

龙井。

After drinks are served and all the dishes have arrived, Zhang Jing (Z) proposes a toast.

Wǒ tíyì: wèi Shǐmǐsī xiānsheng de
Z: 我 提议：为 史密斯 先生 的

Zhōngguó zhī xíng, gānbēi!
中国 之 行，干杯！

Yě wèi wǒmen de hézuò, gānbēi!
S: 也 为 我们 的 合作，干杯！

Gānbēi!
J: 干杯！

All the guests are enjoying the food, but Zhang Jing (Z) notices Adam Jones (J) is staring at one dish, looking puzzled.

Qióngsī xiānsheng, nǐ chī guo zhège cài ma?
Z: 琼斯 先生，你 吃 过 这个 菜 吗？

Méi chī guo! Zhè shì niúròu ma?
J: 没 吃 过！这 是 牛肉 吗？

Zhè shì tiánjī ròu, nǐ cháng yíxià, hěn hǎochī.
Z: 这 是 田鸡 肉，你 尝 一下，很 好吃。

Wèidào búcuò, búguò wǒ háishì xǐhuan chī kǎoyā hé zhá xiā.
J: 味道 不错，不过 我 还是 喜欢 吃 烤鸭 和 炸虾。

Sometime later, the banquet is finished and everybody is ready to leave.

Zhāng jīnglǐ,   xiēxie   nǐ de kuǎndāi,   wǒmen chī de hěn

S: 张 经理，谢谢 你的 款待，我们 吃 得 很

gāoxìng. Xiēxie nǐmen.

高兴。谢谢 你们。

Duì,   xiēxie nǐmen.

J : 对，谢谢 你们。

Bū kēqi,   bū kēqi.

Z: 不客气，不客气。

New Words and Expressions

喝	hē	to drink
点(儿)	diǎnr	a little bit
什么	shénme	what
听说	tīngshuō	to be told, to hear that
茅台	Máotái	brand name (of the No.1 alcohol in China)
酒	jiǔ	alcohol
有名	yǒumíng	famous
尝	cháng	to taste, to sample (food or drink)
喜欢	xǐhuan	to like, to prefer
茶	chá	tea
红	hóng	red
还是	háishi	or, still (see language reminder)
绿	lǜ	green
最	zuì	most

龙井	Lóngjǐng	brand name (of a well-known green tea)
提议	tíyì	propose
为	wèi	for
中国之行	Zhōngguó zhī xíng	trip to China
干杯	gānbēi	cheers (see language reminder)
合作	hézuò	cooperation
过	guo	grammatical marker (see language reminder)
菜	cài	dish, vegetables
牛肉	niúròu	beef
田鸡肉	tiánjī ròu	frog meat
好吃	hǎochī	delicious
味道	wèidào	taste
烤鸭	kǎoyā	roast duck
炸虾	zháxiā	deep fried prawn
款待	kuǎndài	treatment, hospitality
得	de	grammatical marker (see language reminder)

Language Reminder

1. 想(xiǎng) & 喜欢(xǐhuan)

→ 你想喝点儿什么？(Nǐ xiǎng hē diǎnr shénme?)

What would you like to drink?

When asking people what they wish to do, 想(xiǎng) is the correct word to use, meaning *would like to*, rather than 喜欢(xǐhuan). In Chinese 喜欢(xǐhuan) means *to like* as opposed to *dislike*, actually indicating your preference.

→ 你想去哪儿吃饭？(Nǐ xiǎng qù nǎr chīfàn?)

Where would you like to eat?

→ 我喜欢喝绿茶。(Wǒ xǐhuan hē lǜchá.)

I like green tea. (I prefer green tea to other teas.)

2. 还是(háishi) & 或者(huòzhě)

→ 你喜欢喝红茶还是绿茶？ (Nǐ xǐhuan hē hóngchá háishi lǜchá?)

Do you like to drink black tea or green tea?

Unlike the use of 还是(háishi) in *Note 6*, 还是(háishi) here acts as a conjunction meaning *or*, but is only used for stating options when making a question. Please distinguish this from 或者(huòzhě) in *Topic 11*.

→ 你想见总经理还是部门经理？ (Nǐ xiǎng jiàn zǒng jīnglǐ háishi bùmén jīnglǐ?)

Would you like to meet the Managing Director or the Department Manager?

→ 你想吃鸡肉还是牛肉？ (Nǐ xiǎng chī jīròu háishi niúròu?)

Would you like to eat chicken or beef?

3. 请(qǐng)

→ 今天请你们尝一下最好的茅台和龙井。(Jīntiān qǐng nǐmen cháng yíxià zuì hǎo de Máotái hé Lóngjǐng.)

I would like you to try the best Maotai and Longjing.

3.1　请(qǐng) is a verb often to be used when you issue an invitation informally but warmly.

→ 星期六我请你尝尝我做的菜。(Xīngqīliù wǒ qǐng nǐ chángchang wǒ zuò de cài.)

I'd like to cook for you on Saturday.

(Lit.: On Saturday I invite you to try some food I cook.)

→ 我请你看看我们公司的新会议室。(Wǒ qǐng nǐ kànkan wǒmen gōngsī de xīn huìyì shì.)

I'd like to invite you to see our new conference room.

→ 我想请你去喝咖啡。(Wǒ xiǎng qǐng nǐ qù hē kāfēi.)

I'd like to invite you for a coffee.

(Usually in China this also implies that the person who issues the invitation will pay for the drink or food.)

3.2 请(qǐng) is also commonly used when making a request or asking for a favour politely.

→ 请你明天再来。(Qǐng nǐ míngtiān zài lái.)

Can you come tomorrow again?

→ 我想请你给我叫一辆出租车。(Wǒ xiǎng qǐng nǐ gěi wǒ jiào yí liàng chūzūchē.)

Could you call a taxi for me?

4. 为……干杯！(wèi ... gānbēi!)

→ 为史密斯先生的中国之行，干杯！(Wèi Shǐmìsī xiānsheng de Zhōngguó zhī xíng, gānbēi!)

(Let's toast) Mr. Smith's China trip. Cheers!

→ 也为我们的合作，干杯！(Yě wèi wǒmen de hézuò, gānbēi!)

Also (let's toast) our cooperation. Cheers!

When you make a toast in Chinese, the sentence pattern works as: 为 A 干杯(wèi A gānbēi), which is the equivalent in English of: To A! (Cheers!)

5. Verb+过 (guo)

→ 你吃过这个菜吗？(Nǐ chī guo zhège cài ma?)

Have you eaten/tried this dish (before)?

Verb + 过(guo) is normally used to find out whether you have ever done something before as an experience. Forming the negative here would follow the structure **没有/没**(méiyǒu/méi)+**verb**+**过**(guo), using 没有/没(méiyǒu/méi) as with the negative replies to 了(le) sentences we encountered in *Topic 6*.

→ 你去过中国吗？(Nǐ qù guo Zhōngguó ma?)

Have you been to China (before)?

➜ 他没见过张经理。 (Tā méi jiàn guo Zhāng jīnglǐ.)

He has not met Manager Zhang (before).

6. 我还是⋯⋯ (Wǒ háishì...)

➜ 不过我还是喜欢吃烤鸭和炸虾。(Búguò wǒ háishì xǐhuan chī kǎoyā hé zhàxiā.)

I think I will stick with roast duck and deep fried prawns.

我还是⋯⋯ (wǒ háishì...)is a very useful expression when you need to politely refuse suggestions from other people and stick with you own choice.

➜ 这酒很好，不过今天晚上我还是喝茶。明天早上我有一个会议。(Zhè jiǔ hěn hǎo, búguò jīntiān wǎnshang wǒ háishì hē chá. Míngtiān zǎoshang wǒ yǒu yí gè huìyì.)

This wine is nice, but I think I will drink tea tonight. (Because) I have a meeting tomorrow morning.

➜ 我还是想一个人去见张经理。(Wǒ háishì xiǎng yí gè rén qù jiàn Zhāng jīnglǐ.)

I think I will go to see Manager Zhang alone.

7. Verb+得 (de)

➜ 我们吃得很高兴。(Wǒmen chī de hěn gāoxìng.)

(Lit: we ate very happily.) We enjoyed the meal very much.

In Chinese there has to be a 得(de) between a verb and an adverb/adjective (*In Chinese adjectives are used as adverbs in the appropriate context*) when indicating the result of the verb action. (This *de* is different from the *de* mentioned in *Topic 2*, although they sound the same.)

In sentences where a verb has its object included, *de* can not directly follow the verb but instead the verb is repeated a second time with *de + adjective/adverb* (as shown in the second example below).

➜ 你的汉语说得很好。(Nǐ de Hànyǔ shuō de hěn hǎo.)

You speak Chinese well.

→ 你说汉语说得很好。(Nǐ shuō Hānyǔ shuō de hěn hǎo.)
You speak Chinese well.

→ 今天的会开得很好。(Jīntiān de huì kāi de hěn hǎo.)
The meeting went very well today.

🎧 Additional Words and Phrases

可乐	kělè	coke
咖啡	kāfēi	coffee
橙汁	chéngzhī	orange juice
矿泉水	kuàngquánshuǐ	mineral water
葡萄酒	pútaojiǔ	wine
啤酒	píjiǔ	beer
白酒	báijiǔ	Chinese spirit
出名	chūmíng	famous
海鲜	hǎixiān	seafood
鱼	yú	fish
猪肉	zhūròu	pork
鸡肉	jīròu	chicken
羊肉	yángròu	lamb/goat's meat
更	gèng	more (than ...)
尝尝	chángchang	to try (food only)
招待	zhāodài	treatment, receiving guests
尽兴	jìnxìng	to one's heart's content

Try It Yourself **1** PROBLEM SOLVING

1. What would you say if you want to offer your colleagues something to drink?

2. Recommend some food to your guest or food you would like them to try.

3. Make a toast for your two companies' future cooperation.

4. What courtesy phrase could you say to your host at the end of the meal?

Try It Yourself **2** SPOT THE DIFFERENCE

The scene of Zhang Jing hosting the dinner banquet in a restaurant is replayed here, but slightly different. Can you spot the 8 differences in the language they have used?

Huānyíng huānyíng! Shǐmìsī xiānsheng hé Qióngsī xiānsheng,

Z: 欢迎　欢迎! 史密斯先生 和琼斯先生， ◄·············

nǐmen xiǎng hē diǎnr shénme?

你们 想 喝点儿什么？ ◄·············

Tīngshuō Zhōngguó de Máotái jiǔ hěn chūmíng,

S: 听说 中国 的茅台酒很 出名， ◄·············

wǒ xiǎng chángchang.

我 想 尝尝。 ◄·············

Wǒ hěn xǐhuan hē chá.

J: 我很喜欢喝茶。 ◄·············

Nǐ xǐhuan hē hóngchá háishi xǐhuan hē lǜchá?

Z: 你喜欢喝 红茶 还是喜欢 喝绿茶?

Lǜchá.　Wǒ zuì xǐhuan de chá shì Lóngjǐng chá.

J: 绿茶。我 最喜欢 的 茶是 龙井 茶。

Hǎo, jīntiān qǐng nǐmen cháng yíxià zuì hǎo de Máotái hé

Z: 好, 今天 请你们 尝 一下最 好的茅台和

Lóngjǐng.

龙井。

Wǒ tíyì:　wèi Shǐmǐsī xiānsheng de Zhōngguó zhī xíng, gānbēi!

Z: 我提议:为史密斯 先生 的 中国 之行, 干杯!

Yě　wèi wǒmen de　hézuò,　gānbēi!

S: 也 为 我们 的 合作, 干 杯!

Gānbēi!

J: 干杯!

Qióngsī xiānsheng, zhège cài nǐ cháng guo ma?

Z: 琼斯 先生, 这个菜你 尝 过吗?

Méi cháng guo!　Zhè shì bú shì niúròu?

J: 没 尝 过! 这 是不是牛肉?

Zhè shì tiánjī ròu,　nǐ chángchang, wèidào hěn hǎo.

Z: 这是田鸡肉, 你 尝尝, 味道 很 好。

Wèidào bú cuò,　kěshì wǒ gèng xǐhuan chī kǎoyā hé zhàxiā.

J: 味道 不错, 可是我 更 喜欢 吃 烤鸭和 炸虾。

Zhāng jīnglǐ,   xièxie nǐ de zhāodài, wǒmen chī de hěn

Z: 张 经理，谢谢 你 的 招待，我们 吃 得 很 ◀·············

jìnxìng.   Xièxie nǐmen.

尽兴。谢谢 你们。 ◀·············

Duì,   xièxie nǐmen.

J: 对，谢谢 你们。 ◀·············

Bú kèqi,   bú kèqi.

Z: 不客气，不客气。 ◀·············

Try It Yourself

3 MATCH THE SENTENCE

Can you match the sentences which have the same meaning?

Nǐ xǐhuan hē hóngchá háishi lǜchá?   ①   Ⓐ Wǒ zuì xǐhuan de chá shì Lóngjǐng chá.

你喜欢 喝 红茶 还是绿茶?   我 最 喜欢 的 茶是 龙井茶。

Wǒ zuì xǐhuan Lóngjǐng chá.   ②   Ⓑ Zhège cài nǐ cháng guo ma?

我 最 喜欢 龙井 茶。   这个 菜你 尝 过 吗?

Nǐ chī guo zhège cài ma?   ③   Ⓒ Nǐ xǐhuan hē hóngchá háishi xǐhuan hē

你吃 过 这个 菜吗?   你喜欢 喝 红茶 还是 喜欢 喝

lǜchá?

绿茶?

Business Cultural Tips

▶ Going to a business banquet in China can make you feel like a VIP. Generally, business banquets take place in private and spacious area or rooms, in immaculate and grand restaurants.

Seating arrangements are an important part of Chinese banquet etiquette. Do take care with where you sit when invited to a banquet. It can be a very embarrassing thing to take a VIP's seat by mistake. The safest thing to do is let the host choose the seat for you before you sit down yourself. Generally speaking, the most important people among the host and the guests sit together and occupy those seats which face the entrance to the banquet room. Sometimes you see the two most important people at the banquet modestly trying to give way to each other (they look as if they are "arguing") over the best seat before everybody sits down.

Chinese people don't generally start with drinks before the meal. You will not normally have drinks served to you in a waiting area or be offered "pre-dinner drinks". Drinks tend to be served at the same time as the food at the table. People should not start to eat until the most important host has given a small "opening speech" and has invited everybody to start. During the meal, expect many toasts (gānbēi) by the hosts, every time they raise their glasses. Desserts and hot drink will not be served at the end of the meal as it is not part of the Chinese custom.

The end of the banquet will normally signal the end of that night's activities. Chinese people do not normally go to a bar for a drink after a meal. However, some people in China may offer to take you to a bar or go for some other entertainment such as Karaoke.

TOPIC 8

BUYING BUSINESS GIFTS

Business Communication Skill Snowball

▶ Asking about the price:

Zhège duōshao qián?

这个 多少 钱?　　　　How much is this?

▶ Asking about a different size/colour:

Nǐ yǒu dà de / xiǎo de / hēisè de ma?

你有大的 /小的 / 黑色的 吗?

　　　　　　Do you have a bigger/smaller/black one?

▶ Asking about total price:

Yígòng duōshao qián?

一共 多少 钱?　　　How much is it altogether?

▶ Presenting the gift:

Wǒmen sòng nǐ jǐ jiàn Zhōngguó lǐwù.

我们 送 你 几件 中国 礼物。

　　　　　　We have a few Chinese presents for you.

 **Dialogue** — John Smith's one week visit is nearly at an end. Zhang Jing (Z) talks with Liu Lan (L) about the gift he wants to give to Smith as a gesture of friendship and future partnership.

Wǒ xiǎng sòng Yuēhàn yìxiē Zhōngguó gōngyìpǐn.

Z: 我 想 送 约翰 一些 中国 工艺品。

L: Jǐngtàilán shì hěn hǎo de lǐwù, wàiguó rén dōu xǐhuan.
景泰蓝是很好的礼物，外国人都喜欢。

Z: Sīchóu yě búcuò.
丝绸也不错。

L: Máotái jiǔ zěnmeyàng? Wǒ zhīdào Yuēhàn
茅台酒怎么样？我知道约翰

hěn xǐhuan hē Máotái.
很喜欢喝茅台。

Z: Hǎo, nà wǒmen jiù mǎi yì píng Máotái hé liǎng jiàn gōngyìpǐn ba.
好，那我们就买一瓶茅台和两件工艺品吧。

Liu Lan (L) is in the Friendship Store and has just bought a bottle of Maotai. She is at the arts & crafts counter talking to a shop assistant (A).

L: Xiǎojiě, zhège jǐngtàilán huāpíng duōshao qián?
小姐，这个景泰蓝花瓶多少钱？

A: Yìqiān bābǎi yuán, nàge xiǎo de piányi yìdiǎn, yìqiān
一千八百元，那个小的便宜一点，一千

ěrbǎi wǔshí yuán liù jiǎo.
二百五十元六角。

L: Wǒ yào zhège dà de. Nǐmen yǒu zhēnsī wéijīn ma?
我要这个大的。你们有真丝围巾吗？

A: Yǒu, nín yào shénme yánsè de? Yào jǐ tiáo?
有，您要什么颜色的？要几条？

Wǒ yào yì tiáo hēisè de, yì tiáo hóngsè de.

L: 我要一条黑色的，一条红色的。

Hǎode, nín hái yào bié de ma?

A: 好的，您还要别的吗?

Bù yào le, jiù zhèxiē, yígòng duōshao qián?

L: 不要了，就这些，一共多少钱?

Yígòng shì yìqiān jiǔbǎi wǔshí yuán.

A: 一共是一千九百五十元。

> Liu Lan (L) and a few other colleagues who have worked closely with John Smith (S) are presenting their farewell to him.

Yuēhàn, nǐ yào zǒu le, wǒmen sòng nǐ jǐ jiàn Zhōngguó

L: 约翰，你要走了，我们送你几件中国

lǐwù. Xīwàng nǐ xǐhuan.

礼物。希望你喜欢。

Tài xièxie nǐmen le.

S: 太谢谢你们了。

New Words and Expressions

送	sòng	to give (see language reminder)
约翰	Yuēhàn	John

一些	yìxiē	some, somewhat
工艺品	gōngyìpǐn	arts and crafts
景泰蓝	jǐngtàilán	cloisonné enamel
礼物	lǐwù	gift
丝绸	sīchóu	silk
就	jiù	exactly, then (see language reminder)
买	mǎi	to buy
瓶	píng	bottle of (MW)
件	jiàn	MW for gifts, luggage or clothing (upper body)
花瓶	huāpíng	vase
多少	duōshao	how much/many
钱	qián	money
千	qiān	thousand
百	bǎi	hundred
元/块	yuán/kuài	RMB unit (see language reminder)
小	xiǎo	small
便宜	piányi	cheap
一点	yìdiǎn	a little bit (see language reminder)
角/毛	jiǎo/máo	RMB unit (see language reminder)
要	yào	want
大	dà	big
真丝	zhēnsī	pure silk
围巾	wéijīn	scarf
颜色	yánsè	colour
条	tiáo	MW for long and narrow shaped things

黑色	hēisè	black colour
红色	hóngsè	red colour
别的	bié de	other ones, something else (see language reminder)
就这些	jiù zhèxiē	that's all
一共	yígòng	in total
要……了	yào...le	going to, about to (see lanuage reminder)
走	zǒu	to leave
希望	xīwàng	to hope

Language Reminder

1. 送 (sòng)

→ 我想送约翰一些中国工艺品。(Wǒ xiǎng sòng Yuēhàn yìxiē Zhōngguó gōngyìpǐn.)

I want to give John some Chinese arts and crafts for gift.

This sentence can be literally translated as "I'd like to give John some Chinese crafts."

Because the verb 送 (sòng) in Chinese indicates an action related to giving or presenting a present, this sentence implies that John is being given these things *as gifts*.

This same word 送 (sòng) can also be used when you present your gift face to face, meaning *this/these (gifts) are for you.* Look at the example below, from the dialogue:

→ 你要走了，我们送你几件中国礼物。(Nǐ yào zǒu le, wǒmen sòng nǐ jǐ jiàn Zhōngguó lǐwù.)

You are leaving. Here are a few Chinese gifts for you, from us.

2. 就 (jiù)

→ 那我们就买一瓶茅台和两件工艺品吧。(Nà wǒmen jiù mǎi yì píng Máotái hé liǎng jiàn gōngyìpǐn ba.)

Let's buy a bottle of Maotai and two arts and crafts things.

就(jiǔ) is another common grammatical marker (Like *de, le* etc.) and it is normally positioned before a verb. In the above example from the dialogue, 就(jiǔ) is used to emphasize the verb action - *what exactly to buy*.

→ 我们经理就是他。/他就是我们经理。 (Wǒmen jīnglǐ jiù shì tā./ Tā jiù shì wǒmen jīnglǐ.)
Our manager IS him.

Another example worth noting from the Dialogue of using 就:

→ 就这些。 (Jiù zhèxiē.)
That's all. (Lit.: Exactly these.)

3. 的 (de)

→ In colloquial Chinese, 的(de) often follows an adjective (of colour, size, quality for example) to form noun phrase. Here are the examples from the dialogue:

→ 小的/大的/红色的/别的: (xiǎo de / dà de / hóngsè de / bié de)
small ones/big ones/red ones/other ones

More examples:

→ 好的/好吃的: (hǎo de / hǎochī de)
good ones/tasty foods

→ 我要杯咖啡。你要大杯的还是小杯的？ (Wǒ yào bēi kāfēi. Nǐ yào dà bēi de háishì xiǎo bēi de?)
I'd like a cup of coffee. Would you like a big (cup) one or small (cup) one?

4. 那个小的便宜一点。 (Nàge xiǎo de piányi yìdiǎn.)

The underlined part literally means *cheap a bit*. This phrase pattern — *adjective* + 点 (diǎn) implies a comparison between two or more things. So we would more accurately translate the above as *a bit cheaper*.

→ 我要大点的。(Wǒ yào dà diǎn de.)

I want a bigger one.

→ 这个太大了，我要小点的。(Zhège tài dà le, wǒ yào xiǎo diǎn de.)

This one is too big, I want a smaller one.

5. The Chinese currency RMB (Renminbi, or Yuan)

There are 3 units in RMB: 元(yuán)，角(jiǎo) and 分(fēn) (分 is hardly used today because of its tiny value). They have a set of informal names used in spoken Chinese: 块(kuài)，毛(máo)，分(fēi)。

→ 1元/块＝10角/毛(1 yuán / kuài ＝10 jiǎo / máo)

→ 1角/毛＝10分(1 jiǎo/máo=10 fēn)

6. 不要了，就这些，一共多少钱?

(Bú yào le, jiù zhèxiē, yí gòng duōshao qián?)

Nothing else now, that's all. How much is it in total?

了(le) in the above example indicates a new situation or change: the customer says *nothing else now* in contrast to his/her previously ordering different things.

→ 电脑坏了。(Diànnǎo huài le.)

The Computer has broken down. (i.e.: It was working and now it has stopped working.)

Example from *Topic 13*:

→ 我明白了。(Wǒ míngbai le.)

I understand. (i.e.: Previously I didn't understand but now I do.)

7. 你要走了。(Nǐ yào zǒu le.)

You are going to leave.

The phrase pattern 要(yào) + **verb**+了(le) means that the verb action is *going to happen*. Please also see the similar structure 快(kuài)+ **verb** +了(le) in 春节快到了(Chūnjié kuài dào le) from *Topic 10*.

 Additional Words and Phrases

多大的	duō dà de	how big
茶叶	cháyè	tea (leaves)
包/盒	bāo/hé	package, box
大包/大盒	dà bāo/dà hé	big sized package/box
中	zhōng	middle, medium
您太客气了	nín tài kèqi le	that is very kind of you
它	tā	it
哪种	nǎ zhǒng	which kind of

Try It Yourself   **1 PROBLEM SOLVING**

1. How would you do these things in a Chinese shop, for example you are trying to buy some Chinese tea:
   - Ask about the price;
   - Ask whether the package size you want is available.

2. What do you say when you want to know the total price of all your purchases?

3. What do you say when you present a farewell gift?

4. How do you express your appreciation when receiving a farewell gift?

Try It Yourself   2 SPOT THE DIFFERENCE

The scene of Zhang Jing discussing buying gifts with Liu Lan, and Liu Lan's shopping trip, is replayed here, but slightly different. Can you spot the 8 differences in the language they have used?

Wǒ xiǎng sòng Yuēhàn jǐ jiān Zhōngguó gōngyìpǐn.
Z：我 想 送 约翰 几件 中国 工艺品。◄ ⋯⋯⋯

Wàiguó rén dōu xǐhuan jǐngtàilán, tā shì hěn hǎo de lǐwù.
L：外国 人 都 喜欢 景泰蓝，它 是 很 好 的 礼物。◄ ⋯⋯⋯

Sīchóu yě búcuò.
Z：丝绸 也 不错。◄ ⋯⋯⋯

Máotái jiǔ zěnmeyàng? wǒ tīngshuō Yuēhàn hěn xǐhuan hē
L：茅台酒 怎么样？我 听说 约翰 很 喜欢 喝 ◄ ⋯⋯⋯

Máotái.
茅台。◄ ⋯⋯⋯

Hǎo, nà wǒmen jiù mǎi yì píng Máotái hé liǎng jiān gōngyìpǐn ba.
Z：好，那 我们 就 买 一 瓶 茅台 和 两 件 工艺品 吧。◄ ⋯⋯⋯

Xiǎojiě, zhè jǐngtàilán huāpíng duōshao qián yí gè?
L：小姐，这 景泰蓝 花瓶 多少 钱 一个？◄ ⋯⋯⋯

Yìqiān bābǎi kuài, nàge xiǎo de piānyi yìxiē, yìqiān
A：一千 八百 块，那个 小 的 便宜 一些，一千 ◄ ⋯⋯⋯

èrbǎi wǔshí kuài liù máo.
二百 五十 块 六 毛。◄ ⋯⋯⋯

Wǒ yào zhège dà de.　Zhēnsī wéijīn nǐmen yǒu ma?

L : 我 要 这个 大 的。真丝 围巾 你们 有 吗?

Yǒu,　nín yào nǎ zhǒng yánsè?　Yào jǐ tiáo?

A : 有, 您 要 哪 种 颜色? 要 几 条?

Wǒ yào yì tiáo hēisè de,　yì tiáo hóngsè de.

L : 我 要 一 条 黑色的,一条 红色 的。

Hǎode,　nín hái yào bié de ma?

A : 好的, 您 还 要 别的 吗?

Bú yào le,　jiù zhèxiē,　yígòng duōshao qián?

L : 不 要 了,就 这些,一共 多少 钱?

Yígòng shì yìqiān jiǔbǎi wǔshí kuài.

A : 一共 是 一千 九百 五十 块。

Yuēhàn, nǐ yào zǒu le,　wǒmen sòng nǐ jǐ jiàn

L : 约翰,你 要 走 了,我们 送 你 几 件

Zhōngguó lǐwù.　Xīwàng nǐ xǐhuan.

中国 礼物。希望 你 喜欢。

Tài xièxie nǐmen le.

S : 太 谢谢 你们 了。

Try It Yourself   3 MATCH THE SENTENCE

Can you match the sentences which have the same meaning?

Nín yào shénme yánsè?   ①   ⒜ Zhè jǐngtàilán huāpíng duōshao

您 要 什么 颜色?   这 景泰蓝 花瓶 多少

                                           qián yí gè?

                                           钱 一 个?

Zhège jǐngtàilán huāpíng   ②   ⒝ Nàge xiǎo de piányi yìxiē,

这个 景泰蓝 花瓶   那个 小 的 便宜 一些,

duōshao qián?   yìqiān èrbǎi wǔshí kuài liù máo.

多少 钱?   一千 二百 五十 块 六 毛。

Nàge xiǎo de piányi yìdiǎn,   ③   ⒞ Nín yào nǎ zhǒng yánsè?

那个 小 的 便宜 一点,   您 要 哪 种 颜色?

yìqiān èrbǎi wǔshí yuán liù jiǎo.

一千 二百 五十 元 六 角。

Business Cultural Tips

▶ When it comes to choosing business gifts, Chinese people tend to choose "very Chinese" things for their overseas business partners, such as tea, traditional Chinese crafts or arts. Using the same principle, gifts "unique from your country" will be much appreciated by your Chinese business partners because of their novelty and perceived exoticism.

You don't necessarily have to give gifts to your Chinese partners for themselves. It is common practice in China to buy presents for children which are actually aimed at pleasing their parents. If you know your Chinese partners have young children, bringing something special from your home country can really show your thoughtfulness and enhance your business relations.

TOPIC 9

VISITING BUSINESS ASSOCIATES' HOME

Business Communication Skill
Snowball

▶ Asking about your host's family:

Nǐ jiā yǒu jǐ gè rén?

你 家 有 几 个 人 ?　　　How many people are there in your family?

▶ Talking about profession:

Nǐ zuò shénme gōngzuò?

你 做 什么 工作 ?　　　What do you do for living?

▶ Talking about gifts:

Zhè shì wǒ cóng Yīngguó dài lái de liǎng jiàn xiǎo lǐwù.

这 是 我 从 英国 带来 的 两 件 小 礼物 。

These are two small presents I have
brought from the UK.

▶ Expressing appreciation when receiving gifts or help:

Nín tài kèqi le.

您 太 客气 了 。　　　You're too kind.

The last day before John Smith (S) returns to Britain, he
is invited by Chen Nan, a board member of Jiabao, to
have a farewell dinner at his home. Adam Jones can't
make it, so Zhang Jing (Z) accompanies John for the visit.

Chén xiānsheng jiā yǒu jǐ gè rén?

S : 陈 先生 家 有 几 个 人 ?

Sān gè rén.   Tā,   tā tàitai hé yí gè nǚ'ér.

Z: 三 个 人。他，他 太太 和 一 个 女儿。

Tā nǚ'ér jīnnián duō dà le?

S: 他 女儿 今年 多 大 了？

Shí suì le,   zài shàng xiǎoxué.

Z: 十 岁 了，在 上 小学。

Tā   tàitai zuò shénme gōngzuò?

S: 他 太太 做 什么 工作？

Tā shì yīshēng,   zài Xīnhuá Yīyuàn gōngzuò.

Z: 她 是 医生，在 新华 医院 工作。

Chén xiānsheng zài   nǐ gōngsī gōngzuò le   hěn cháng shíjiān

S: 陈 先生 在 你 公司 工作 了 很 长 时间

le ba?

了 吧？

Chàbuduō shí nián le,   tā shì wǒ zuì hǎo de tóngshì.

Z: 差不多 十 年 了，他 是 我 最 好 的 同事。

⟶ They arrive at Chen Nan's house. Chen Nan (C) answers the door.

Huānyíng, huānyíng,   Shǐmìsī xiānsheng, qǐng jìn! Zhāng zǒng,

C: 欢迎，欢迎，史密斯 先生，请 进！张 总，

qǐng jìn!

请 进！

Zhè shì wǒ cóng Yīngguó dài lái de liǎng jiàn xiǎo lǐwù,
S：这是我从 英国 带来 的 两件 小礼物，

qǐng shōu xià.
请 收 下。

Nín tài kèqi le, xièxie! Qǐng zuò, qǐng hē chá.
C：您 太 客气 了，谢谢！请 坐，请 喝茶。

Chén xiānsheng de jiā hěn dà, yě hěn piàoliang.
S：陈 先生 的 家 很 大，也 很 漂亮。

Nǎli, nǎli. Jīntiān wǒ hé Zhāng zǒng wèi nǐ sòngxíng,
C：哪里，哪里。今天 我 和 张 总 为 你 送行，

nǐ yào duō hē jǐ bēi a!
你要 多 喝 几杯 啊！

Yídìng, yídìng.
S：一定，一定。

Chén Nán, nǐ tàitai hé nǚ'ér ne?
Z：陈 南，你 太太 和 女儿 呢？

Tāmen zài chúfáng zhǔnbèi wǎnfàn, wǒ qù jiào tāmen.
C：她们 在 厨房 准备 晚饭，我 去 叫 她们。

New Words and Expressions

陈南	Chén Nán	Chen Nan
家	jiā	home
太太	tàitai	wife, Mrs.
女儿	nǚ'ér	daughter
今年	jīnnián	this year
多大	duō dà	how old
十	shí	ten
岁	suì	year old (see language reminder)
上	shàng	to attend (school, class)
小学	xiǎoxué	primary school
做	zuò	to do, to cook
工作	gōngzuò	to work, job
她	tā	she, her
医生	yīshēng	doctor
新华医院	Xīnhuá Yīyuàn	Xinhua Hospital
长	cháng	long
差不多	chàbuduō	nearly, more or less
年	nián	year
同事	tóngshì	colleague
进	jìn	to enter
带	dài	to fetch (see language reminder)
收下	shōu xià	to receive, to take
太客气了	tài kèqi le	you're too kind
漂亮	piàoliang	beautiful

哪里	nǎli	where (see language reminder)
送行	sòngxíng	to see somebody off
多	duō	more (repeating action)
杯	bēi	glass of, cup of
呢	ne	modal particle (see language reminder)
她们	tāmen	they, them (for female)
厨房	chúfáng	kitchen
准备	zhǔnbèi	to prepare

Language Reminder

1. 在 (zài)

在(zài) appeared 4 times in the dialogue:

→ (她)在上小学。（[Tā] zài shàng xiǎoxué.)
(She) is studying at primary school.

→ (她)在新华医院工作。（[Tā] zài Xīnhuá yīyuàn gōngzuò.)
(She) works at Xinhua Hospital.

→ 陈先生在你公司工作了很长时间了吧。(Chén xiānsheng zài nǐ gōngsī gōngzuò le hěn cháng shíjiān le ba.)
Mr. Chen has worked in your company for a long time.

→ 她们在厨房准备晚饭。(Tāmen zài chúfáng zhǔnbèi wǎnfàn.)
They are preparing the dinner in the kitchen.

在(zài) in the last 3 sentences functions the same as in *Topic 4*, meaning *in, at,* indicating location and position. However in the first sentence, we see a new use of 在(zài), which is as a grammatical indication for an action in progress, just like *in the course of doing something* in English. 在(zài) is normally positioned before a verb. *Please also refer to*

Note 3 in Topic 11.

→ 他在开会。 (Tā zài kāihuì.)

He is having a meeting. (Or he is in the middle of a meeting.)

→ 她在演讲。 (Tā zài yǎnjiǎng.)

She's giving presentation.

2. 这是我从英国带来的两小礼物，请收下。

(Zhè shì wǒ cóng Yīngguó dài lái de liǎng jiàn xiǎo lǐwù, qǐng shōu xià.)

These are two small presents I brought from the UK. Please take them.

带(dài) may be translated as *fetch*. When it is followed by a suffix 来(lái) (the direction of the movement is toward the speaker) or 去(qù) (the direction of the movement is away from the speaker), it may be translated as *bring* or *take* respectively. A similar word is 拿 (ná), but this is used more in colloquial Chinese.

Other common verbs that can be followed by 来/去(lái/qù) to indicate the relative direction to the speaker: 出(chū)(to exit); 进(jìn)(to enter); 送(sòng)(to take/deliver); 寄(jì)(to post).

3. 今天我和张总为你送行，你要多喝几杯啊！

(Jīntiān wǒ hé Zhāng zǒng wèi nǐ sòngxíng, nǐ yào duō hē jǐ bēi a!)

This is a farewell (meal) for you from me and Director Zhang; you have to drink up a few glasses more!

为你送行 (wèi nǐ sòngxíng) here means *bid farewell to you*.

几杯 (jǐ bēi) means *a few glasses of (wine)*, not "how many" as a question word.

多喝 (duō hē) means *drink more*. 多 (duō) here does not mean *much*, it means *more* as in repeating/doing the action again.

People normally say this at a farewell meal to persuade the leaving person to enjoy himself.

4. 陈先生在你公司工作了很长时间了吧！

(Chén xiānsheng zài nǐ gōngsī gōngzuò le hěn cháng shíjiān le ba!)

Mr. Chen has worked in your company for a long time.

When referring to an action which has taken place over a length of time, the sentence follows the pattern **verb + (了) + length of time + 了**. The first *le* is optional.

→ 这台电脑我已经用了十年了。(Zhè tái diànnǎo wǒ yǐjīng yòng le shí nián le.)

I have used this computer for ten years.

→ Adam学汉语已经学了两年了。(Adam xué Hànyǔ yǐjīng xué le liǎng nián le.)

Adam has been learning Chinese for two years.

了(le) can also simply follow an indication of length of time, meaning *it has already been this long*.

→ 差不多十年了。(Chàbuduō shí nián le.)

It has nearly been ten years!

→ 她十岁了。(Tā shí suì le.)

She is ten. (Implication: she is already ten years age.)

5. 岁(suì) & 年(nián)

岁(suì) means *year*, but it is only used for talking about people's age. If you want to say *this year or 2008*, you need to use 年(nián), for example:

→ 今年是2008年。(Jīnnián shì èr líng líng bā nián.)

This year is the year 2008.

→ 她明年十岁。 (Tā míngnián shí suì.)

She will be ten years old next year.

6. 哪里，哪里。(Nǎli, nǎli.)

I am flattered.

It literally means *where, where*, but in context it is used as a modest reply when you have received praise from others.

7. 你太太和女儿呢？   (Nǐ tàitai hé nǚ'ér ne?)

呢(ne) like 啊(a) in *Topic 3* is a modal particle used at the end of the sentence, mainly for a softening effect. But it can also be used to indicate you are asking a question (rather like a rising tone of voice in a statement in English). So the above means *where is your wife and daughter*. The complete sentence should have been:

→ 你太太和女儿在哪儿？ (Nǐ tàitai hé nǚ'ér zài nǎr?)
  Where are your wife and daughter?

→ 你好吗？我不错！你呢？ (Nǐ hǎo ma? Wǒ búcuò! Nǐ ne?)
  How are you? I'm not bad! And you?

🎧 Additional Words and Phrases

多大年纪	duō dà niánjì	how old (respectful way of asking an older person's age)
儿子	érzi	son
口	kǒu	MW (for number of family members)
几岁了	jǐ suì le	how old (for children's age under 10)
久	jiǔ	long (time)
笑纳	xiàonà	to accept (gifts only)

Try It Yourself   **1 PROBLEM SOLVING**

1. Can you ask at least two things about your host's family when you visit his house?

2. Can you compliment your host on his home?

3. Could you say something about the presents you have brought for the host?

Try It Yourself   **2** SPOT THE DIFFERENCE

The scene of John Smith and Zhang Jing visiting Chan Nan is replayed here, but slightly different. Can you spot the 10 differences in the language they have used?

Chén xiānsheng jiā yǒu jǐ kǒu rén?
S: 陈 先生 家 有 几 口 人？ ◄·········

Sān kǒu rén. Tā, tā tàitai hé tāmen de nǚ'ér.
Z: 三 口 人。他，他 太太 和 他们 的 女儿。 ◄·········

Tā nǚ'ér jīnnián jǐ suì le?
S: 他 女儿 今年 几 岁 了？ ◄·········

Shí suì le, zài shàng xiǎoxué.
Z: 十 岁 了，在 上 小学。 ◄·········

Tā tàitai shì zuò shénme de?
S: 他 太太 是 做 什么 的？ ◄·········

Tā shì yīshēng, zài Xīnhuá Yīyuàn gōngzuò.
Z: 她 是 医生，在 新华 医院 工作。 ◄·········

Chén xiānsheng zài nǐ gōngsī gōngzuò le hěn jiǔ
S: 陈 先生 在 你 公司 工作 了 很 久 ◄·········

le ba!
了吧!

Chàbuduō shí nián le, tā shì wǒ zuì hǎo de tóngshì.
Z: 差不多 十 年 了, 他 是 我 最 好 的 同事。

Huānyíng, huānyíng, Shǐmìsī xiānsheng, qǐng jìn!
C: 欢迎, 欢迎, 史密斯 先生, 请 进!

Zhāng zǒng, qǐng jìn!
张 总, 请 进!

Zhè shì liǎng jiàn wǒ zài Yīngguó mǎi de xiǎo lǐwù,
S: 这 是 两 件 我 在 英国 买 的 小 礼物,

qǐng xiàonà.
请 笑纳。

Nín tài kèqi le, xièxie! Qǐng zuò, qǐng hē chá.
C: 您 太 客气 了, 谢谢! 请 坐, 请 喝茶。

Chén xiānsheng de jiā hěn dà, yě hěn piàoliang.
S: 陈 先生 的 家 很 大, 也 很 漂亮。

Nǎli, nǎli. Jīntiān wǒ hé Zhāng zǒng wèi nǐ sòngxíng,
C: 哪里, 哪里。今天 我 和 张 总 为 你 送行,

nǐ yào duō hē diǎn jiǔ a!
你 要 多 喝 点 酒 啊!

Yídìng, yídìng.
S: 一定, 一定。

Chén Nán, nǐ tàitai hé nǚ'ér zài nǎr?

Z : 陈 南，你 太太 和 女儿 在 哪儿？

Tāmen zài chúfáng zuò wǎnfàn, wǒ qù jiào tāmen.

C : 她们 在 厨房 做 晚饭，我 去 叫 她们。

Try It Yourself   **3 MATCH THE SENTENCE**

Can you match the sentences which have the same meaning?

Tā nǚ'ér jīnnián duō dà le?
他 女儿 今年 多大 了？

① ⓐ Chén xiānsheng zài nǐ gōngsī
陈 先生 在 你 公司
gōngzuò le hěn jiǔ le ba!
工作 了很 久了吧!

Chén xiānsheng zài nǐ gōngsī
陈 先生 在 你 公司
gōngzuò le hěn cháng shíjiān le ba!
工作 了 很 长 时间 了吧!

② ⓑ Zhè shì liǎng jiàn wǒ zài Yīngguó
这是 两 件 我 在 英国
mǎi de xiǎo lǐwù, qǐng xiàonà.
买 的小礼物，请 笑纳。

Zhè shì wǒ cóng Yīngguó dài lái de
这 是 我 从 英国 带来的
liǎng jiàn xiǎo lǐwù, qǐng shōu xià.
两 件 小礼物，请 收下。

③ ⓒ Tā nǚ'ér jīn nián jǐ suì le?
他 女儿 今年 几岁了？

Business Cultural Tips

▶ As you can see from the dialogue, Chen Nan took the presents from John Smith, did not open them straight away, but said "thank you". This is typically what happens when Chinese people accept presents. In Chinese traditional culture when you accept a present, it is rude to open it in front of the giver.

When you go to visit a Chinese family, the host will normally offer you Chinese tea or snacks (*including sweets!*) before the meal, but rarely offer you alcoholic drinks. Sometimes when invited for a lunch or a dinner, you might be led straight to the dinning table, with all the food already served ready for the start of the meal.

Adding salt or pepper at the table is not a part of Chinese etiquette, as food is expected to be cooked with all the right ingredients. So please do not ask for salt and pepper when visiting a family because this will embarrass the host about their cooking.

It is acceptable for some members of the family to leave the table early toward the end of the meal. This is simply to leave you more time to spend with the main host you know. When relaxing, Chinese people sit with their legs crossed both at work and at home. However, they make sure the sole of their shoe is not facing upwards or pointing at anybody, as this is considered to be extremely rude.

TOPIC 10

CONGRATULATING YOUR HOSTS ON SPECIAL OCCASIONS

Business Communication Skill
Snowball

▶ Congratulating at Chinese New Year:

Wǒ xiāng nǐmen bāinián!　/　Zhū nǐmen Xīnnián kuāilè!

我 向 你们 拜年！/ 祝你们 新年 快乐！

Wishing you a happy Chinese New Year!

▶ Wishing someone well on their journey:

Zhū nǐ　yí lū shūnfēng!

祝 你 一 路 顺 风！　Wishing you a smooth journey!

▶ Toasting business co-operation:

Zhū wǒmen de hézuō chénggōng!

祝我们 的 合作 成功！　Wishing our successful cooperation!

▶ Birthday congratulations:

Shēngrì kuāilè!

生日 快乐！　Happy Birthday!

 **Dialogue** — Zhang Jing (Z) tells John Smith (S) that Chinese New Year is only 3 days away, Chen Nan (C) returns from the kitchen with his wife (W) and daughter (D).

Wǒ lái jièshāo yíxià,　zhè shì wǒ tàitai,　zhè shì wǒ nǚ'ér

C: 我 来 介绍 一下，这是 我 太太，这是 我 女儿

Qiānqian.

茜茜。

Chén tàitai,   nǐ hǎo! Qiànqian, nǐ hǎo! Xièxie nǐmen yāoqǐng
S: 陈 太太，你好！茜茜，你好！谢谢 你们 邀请

wǒ lái.
我 来。

Nǎli,   nǎli. Jīntiān nǐ néng lái wǒmen jiā zuòkè,
W: 哪里，哪里。今天 你 能 来 我们 家 做客，

zhēn shì tài hǎo le.
真 是 太 好 了。

Chūnjié kuài dào le,   wǒ xiàng nǐmen bàinián! Zhù nǐmen
S: 春节 快 到 了，我 向 你们 拜年！祝 你们

Xīnnián kuàilè!
新年 快乐！

Xièxie,   xièxie.
W: 谢谢，谢谢。

Wǎnfàn zhǔnbèi hǎo le,   dàjiā qǐng lái zuò ba.
C: 晚饭 准备 好 了，大家 请 来坐 吧。

When everyone sits down around the dinner table, Chen Nan
(C) raises his glass to make a toast.

Zhù Shǐmìsī xiānsheng yí lù shùnfēng!
C: 祝 史密斯 先生 一 路 顺风！

Xièxie. Zhù Jiābǎo gōngsī zài zhū nián zhēngzhēng rìshàng!
S: 谢谢。祝 嘉宝 公司 在 猪年 蒸蒸 日上！

Yě zhū wǒmen de hézuō chénggōng!

Z : 也 祝 我们 的 合作 成功！

Wǒ zhū Qiànqian shēngrì kuàilē!

W : 我 祝 茜茜 生日 快乐！

Jīntiān shì Qiànqian de shēngrì?! Duìbuqǐ, Qiànqian, wǒmen

Z&S : 今天 是 茜茜 的 生日?! 对不起，茜茜，我们

méi gěi nǐ zhǔnbèi lǐwù.

没 给 你 准备 礼物。

Méi guānxi. Wǒ māma yǐjīng gěi wǒ mǎi le shēngrì dàngāo.

D : 没 关系。我 妈妈 已经 给 我 买 了 生日 蛋糕。

Qiànqian, zhū nǐ shēngrì

Z&S : 茜茜，祝你 生日

kuàilē!

快乐！

Xièxie liǎng wèi shūshu.

D : 谢谢 两 位 叔叔。

New Words and Expressions

茜茜	Qiànqian	person's name
做客	zuòkè	to be a guest
春节	Chūnjié	Spring Festival
快到了	kuài dào le	(a date/festival/person/time) is nearly here

向	xiàng	towards, to
拜年	bàinián	to wish a happy New Year
祝	zhù	to congratulate (see language reminder)
新年	Xīnnián	New Year
快乐	kuàilè	happy (as in birthday/New Year)
一路顺风	yílù shùnfēng	a smooth journey
猪年	zhū nián	year of pig
蒸蒸日上	zhēngzhēng rìshàng	to prosper (every day)
成功	chénggōng	successful, success
生日	shēngrì	birthday
给	gěi	to, for, to give (see language reminder)
没关系	méi guānxi	it doesn't matter, it's no problem
妈妈	māma	mother
蛋糕	dàngāo	cake
叔叔	shūshu	uncle

Language Reminder

1. ······真是太好了！ (... zhēn shì tài hǎo le!)

   It is great that ...

   → 今天你能来我们家做客，真是太好了！ (Jīntiān nǐ néng lái wǒmen jiā zuòkè, zhēn shì tài hǎo le!)

   It is great that you can come today! (Lit.: Today you can come to my house to be a guest, it is great!)

   In Chinese culture, this is a common welcome when a guest visits their host's home.

→ 今天能签合同，真是太好了！(Jīntiān néng qiān hétong, zhēn shì tài hǎo le!)

It is great that (we) can sign the contract today!

2. 我向你们拜年！/ 祝你们新年快乐！

(Wǒ xiàng nǐmen bàinián!/ Zhù nǐmen Xīnnián kuàilè!)

I wish you a happy New Year!

Both these two sentences mean *I wish you a happy New Year*, though the first sentence is a fixed expression that Chinese people use during their new year. Generally following this, people would wish each other something more specific for the coming New Year, such as good health and prosperity.

→ 我向你们拜年！祝你们事事如意！(Wǒ xiàng nǐmen bàinián! Zhù nǐmen shìshì rúyì!)

I wish you a happy new year! And may everything work out the way you wish.

In Chinese when you congratulate someone on special occasions, the sentence normally starts with 祝你(zhù nǐ), which means *may you/wish you*.

3. Verb + 好了 (hǎo le)

→ 晚饭准备好了。(Wǎnfàn zhǔnbèi hǎo le.)

Dinner is ready.

Verb + 好了(hǎo le) indicates that the action has been carried out or completed with a satisfactory result.

→ 你吃好了吗？ (Nǐ chī hǎo le ma?)

(Normally asked at the end of a meal)

Have you had enough and have you enjoyed your meal?

→ 你的工作做好了吗？ (Nǐ de gōngzuò zuò hǎo le ma?)

Have you finished your task?

4. 给(gěi)

→ 我妈妈已经给我买了生日蛋糕。(Wǒ māma yǐjīng gěi wǒ mǎi le shēngrì dàngāo.)

My mum bought me a birthday cake . (Lit.: My mum for me bought a birthday cake.)

→ 我们没给你准备礼物。(Wǒmen méi gěi nǐ zhǔnbèi lǐwù.)

We didn't get a present for you.

给(gěi) is one of the most commonly used prepositions, meaning *for/to*. When the sentence is negative, the negative word 不(bù) or 没(méi) should be placed before 给(gěi)。给(gěi) is also a verb meaning *to give*, but its use as a preposition seems to outweigh its use as a verb.

→ 这件礼物是（送）给他的。(Zhè jiàn lǐwù shì [sòng] gěi tā de.)

This gift is for him.

→ 给我说说！(Gěi wǒ shuōshuo!)

Talk to me!

→ 他没给我打电话。(Tā méi gěi wǒ dǎ diànhuà.)

He did not call me.

5. More on 了(le)

了(le) following a verb in a sentence is used to stress the verb action itself taking place in the past, particularly when the verb has an object with details such as quantity or frequency. This contrasts with putting *le* at the end of a sentence (*Topic 2, 6*), showing the whole process to be complete.

→ 昨天人事部开会了。每一个人都发了言。(Zuótiān rénshì bù kāihuì le. Měi yí gè rén dōu fā le yán.)

The department of Human Resource had a meeting yesterday and everybody spoke.

→ 我上个月出了三回差！(Wǒ shàng gè yuè chū le sān huí chāi!)

I went on business trip 3 times last month!

🎧 Additional Words and Phrases

在新的一年	zài xīn de yì nián	in the year ahead
祝你全家身体健康！	Zhù nǐ quánjiā shēntǐ jiànkāng!	Wishing your whole family good health!
祝您长寿！	Zhù nín cháng shōu!	Wishing you longevity! (only used to the older generation)
……就要到了	... jiù yào dào le	(a date, festival) is approaching
祝你们万事如意！	Zhù nǐmen wànshì rúyì!	May everything go well!
旅途顺利！	Lǚtú shūnlì!	A smooth/nice journey!
不要紧	bú yàojǐn	don't worry
愉快	yúkuài	pleasant, happy
压岁钱	yāsuì qián	Chinese New Year money (for young children)
您气色不错！	Nín qìsè búcuò!	You look well! (being complimentary to the older generation)

Try It Yourself   **1 PROBLEM SOLVING**

1. When visiting a Chinese family or attending a banquet, what would the guest say to expresses appreciation at being invited — as soon as he/she arrives at the host's house/restaurant rather than after the meal?

2. What would you say at the following occasions?
   - Wish your Chinese colleague and his family a happy New Year and wish them well in the year ahead;

- Wish your partner's company a better business year ahead;
- Wish your Chinese colleague a happy birthday.

Try It Yourself   2 SPOT THE DIFFERENCE

The scene of John Smith and Zhang Jing visiting Chen Nan is replayed here, but slightly different. Can you spot the 8 differences in the language they have used?

Dàjiā rènshi yíxià! Zhè shì wǒ tàitai, zhè shì Qiànqian,

C：大家 认识 一下！这 是 我 太太，这 是 茜茜，

wǒ nǚ'ér.

我 女儿。

Chén tàitai, nǐ hǎo! Qiànqian, nǐ hǎo! Xièxie nǐmen yāoqǐng

S：陈 太太，你好！茜茜，你好！谢谢 你们 邀请

wǒ lái.

我 来。

Nǎli,   nǎli.   Jīntiān nǐ néng lái zuòkè, wǒmen hěn

W：哪里，哪里。今天 你 能 来 做客，我们 很

gāoxìng.

高兴。

Chūnjié jiù yào dào le, wǒ gěi nǐmen bàinián! Zhù nǐmen

S：春节 就 要 到 了，我 给 你们 拜年！祝 你们

wànshì rúyì!

万事 如意！

Xiēxie,   xiēxie.

W: 谢谢，谢谢。

Wǎnfàn zhǔnbèi hǎo le,   dàjiā qǐng lái zuò ba.

C: 晚饭 准备 好 了，大家 请 来 坐 吧。

Zhù Shǐmìsī xiānsheng   lǚtú shùnlì!

C: 祝 史密斯 先生 旅途顺利！

Xiēxie.   Zhù Jiābǎo gōngsī zài zhū nián zhēngzhēng rìshàng!

S: 谢谢。祝 嘉宝 公司 在 猪年 蒸蒸 日上！

Yě zhù wǒmen hézuò yúkuài!

Z: 也 祝 我们 合作 愉快！

Wǒ zhù Qiànqian shēngrì kuàilè!

W: 我 祝 茜茜 生日 快乐！

Jīntiān shì Qiànqian de shēngrì?!   Duìbuqǐ, Qiànqian, wǒmen

Z&S: 今天是 茜茜 的 生日？！对不起, 茜茜, 我们

méi dài lǐwù gěi nǐ.

没 带 礼物 给你。

Bú yàojǐn,   wǒ māma yǐjīng wèi wǒ mǎi le shēngrì dàngāo.

D: 不要紧, 我 妈妈 已经 为 我 买 了 生日 蛋糕。

Qiànqian, zhù nǐ shēngrì kuàilè!

Z&S: 茜茜, 祝 你 生日 快乐！

Xiēxie liǎng wèi shūshu.

D: 谢谢 两 位 叔叔。

Try It Yourself   **3** MATCH THE SENTENCE

Can you match the sentences which have the same meaning?

Zhù Shǐmìsī xiānsheng yílù shùnfēng!   ①
祝　史密斯　先生　一路　顺风!

Méi guānxi, wǒ māma yǐjīng gěi wǒ   ②
没　关系，我　妈妈　已经　给　我
mǎi le shēngrì dàngāo.
买 了　生日　蛋糕。

Wǒ xiàng nǐmen bàinián! Zhù nǐmen   ③
我　向　你们　拜年! 祝　你们
Xīnnián kuài lè!
新　年　快乐!

Ⓐ Wǒ gěi nǐmen bàinián! Zhù nǐmen
我　给　你们　拜年! 祝　你们
wànshì rúyì!
万事如意!

Ⓑ Zhù Shǐmìsī xiānsheng lǚtú
祝　史密斯　先生　旅途
shùnlì!
顺利!

Ⓒ Bú yàojǐn, wǒ māma yǐjīng wèi wǒ
不要紧，我　妈妈　已经　为　我
mǎi le shēngrì dàngāo.
买 了　生日　蛋糕。

Business Cultural Tips

▶ Chinese New Year, also known in China as the Spring Festival (Chūnjié), usually falls in January or February of the lunar calendar. It lasts 15 days and is the biggest festival and holiday in China. You should try to avoid writing "China" into your work diary during this period. If you happen to be in China during that time, do not expect to do business, particularly during the first week of the festival. However, Chinese New Year can be a very good time to enhance your business relations on a personal level. So make time to visit your Chinese colleagues and partners at home and get to know their families or just accept their invitations to New Year parties and gatherings.

Giving red envelopes (hóng bāo) to young children which contain small amounts of money, called "yāsuì qián", is a very important tradition during Chinese New Year. So make sure you prepare one for your Chinese partners' young children or for their grandchildren if you go to visit them.

If the family's grandparents are also present, do show them lots of respect, as the rest of the family does. For example always let them sit down first or offer them drinks first. You can ask older people about their age followed by saying "they look well" to be sociable in a Chinese family, but never attempt to address them by their first names.

When it is time to say "good bye" and leave a Chinese person's house, the whole family will probably see you off at the door. They do not immediately shut the door behind you as it is regarded as rude.

TOPIC 11

MAKING A BUSINESS PHONE CALL

Business Communication Skill
Snowball

▶ Asking if someone is available:

Qǐng wèn Zhāng zǒng zāi ma?

请 问 张 总 在 吗?   May I ask if manager Zhang is in?

▶ Enquiring about the caller's identity:

Nín shì nǎ wèi?

您 是 哪 位?   Who's this?

▶ Asking someone to return a phone call:

Nǐ néng ràng tā gěi wǒ huí gè

你能 让 他给我回个   Can you ask him to call me back?

diànhuà ma?

电话 吗?

▶ Asking someone if he wants to leave a message:

Nín xiǎng bū xiǎng gěi tā liú gè yán?

您 想 不 想 给他留个言?   Would you like to leave him a message?

 **Dialogue**

John Smith's successful China trip has led to the start of a project which JFY and Jiabao will cooperate on. Adam Jones (J) is in London making a phone call to Zhang Jing to discuss a few issues. Huang Ling (H) picks up the phone.

Wèi, nín hǎo! Jiābǎo gōngsī.
H: 喂，您好！嘉宝 公司。

Wèi, nín hǎo! Qǐng wèn Zhāng zǒng
J: 喂，您好！请问 张总

zài ma?
在 吗？

Zhāng zǒng zhèngzài kāihuì, nín shì nǎ wèi?
H: 张　总　正在开会,您是哪位？

Wǒ shì Yīngguó JFY gōngsī de Adam.
J: 我是英国 JFY公司 的Adam。

Qióngsī xiānsheng, nín hǎo! Wǒ shì Huáng Líng. Wǒ néng bāng
H: 琼斯　先生，您好！我是 黄　玲。我 能 帮

nín ma?
您 吗？

Nǐ néng ràng Zhāng zǒng yíhuìr gěi wǒ huí gè diànhuà ma?
J: 你 能 让　张　总一会儿给我 回 个 电话 吗？

Wǒ zài jiā.
我 在 家。

Méi wèntí,   qǐng wèn nín jiā de diànhuà hàomǎ shì duōshao?
H: 没 问题，请 问 您家的 电话 号码 是 多少?

Líng èr líng bā yāo jiǔ èr liù wǔ qī sān, Yīngguó qū hào shì líng líng sì sì.
J: 0　2 0 8 1 9 2 6 5 7 3, 英国 区号 是 0 0 4 4。

————————————→ One hour later, Hang Ling (H) calls Adam Jones (J).

Wèi,   shì Qióngsī xiānsheng ma?
H: 喂，是 琼斯 先生 吗?

Shì,   Huáng xiǎojiě.
J: 是，黄 小姐。

Zhēn duìbuqǐ, Zhāng zǒng hái zāi kāihuì,   nín xiǎng bù xiǎng gěi
H: 真 对不起，张 总 还在开会，您想 不 想 给

tā liú gè yán?
他留个言?

Hǎo ba.   Wǒ dǎ diànhuà shì xiǎng hé tā tántan xià gè yuè de
J: 好 吧。我打电话是 想 和他谈谈下个 月 的

yuángōng péixùn. Lái Yīngguó péixùn de yuángōng míngdān,
员工 培训。来英国 培训 的 员工 名单,

Zhāng zǒng jīntiān yídìng yào gěi wǒ.
张　总 今天一定要给我。

Zhège wǒ néng bāng nín. Wǒ qù wèn yíxià Liú Lán,   tā kěnéng
H: 这个我能 帮 您。我去问一下刘岚，她可能

yǒu.
有。

Tāi hǎo le.   Yàoshi nǐ yǒu le míngdān dehuà,   nǐ   kěyǐ   dǎ wǒ

J：太好了。要是你有了 名单 的话，你可以打我

bàngōngshì de diànhuà,   huòzhě dǎ wǒ de shǒujī.

办公室 的 电话，或者打我的手机。

Hǎo,   wǒ mǎshàng qù wèn.

H：好，我马上 去 问。

New Words and Expressions

喂	wèi	hello
问	wèn	to ask
正在	zhèngzài	grammatical marker (see language reminder)
开会	kāihuì	to have a meeting
哪位	nǎ wèi	which gentleman/lady (see language reminder)
帮	bāng	to help
让	ràng	to ask, to let
一会儿	yíhuìr	a moment
回	huí	to return
电话	diànhuà	telephone, phone call
号码	hàomǎ	number, code
区号	qūhào	area code
留个言	liú gè yán	to leave a message
打电话	dǎ diànhuà	to make (a) phone call
谈谈	tántan	to talk about, to discuss
下个月	xià gè yuè	next month

培训	péixùn	training, to train
名单	míngdān	(name)list
可以	kěyǐ	may, can
可能	kěnéng	maybe, possible
要是……的话	yàoshi … dehuà	if (see language reminder)
办公室	bàngōngshì	office
或者	huòzhě	or
手机	shǒujī	mobile phone
马上	mǎshàng	immediately, at once

Language Reminder

1. 请问 XX 在吗? (Qǐngwèn xx zài ma?)

Can I speak to XX, please? (Lit.: Is XX in?)

This is a common expression to ask for someone on the phone. Alternatively you can use the expression: 我找(Wǒ zhǎo) XX. I am looking for XX.

2. 您是哪位? (Nín shì nǎ wèi?)

Who is this, please? (Lit.: You are which gentleman/madam?)

This is a standard and polite way to ask about the caller's identity on the phone. 位(wèi) is a respectable MW for people as mentioned in *Topic 2*.

3. 张经理正在开会。 (Zhāng jīnglǐ zhèngzài kāihuì.)

Manager Zhang is having a meeting.

Pattern 正在(zhèngzài) + **verb** indicates that the verb action is in progress at the time of speaking. 正在(zhèngzài) can be shortened to 在 (zài), so you can say 张经理在开会

(zhāng jīnglǐ zài kāihuì) instead.

→ Adam正在给约翰打电话。(Adam Zhēngzài gěi Yuēhàn dǎ diànhuà.)

Adam is on the phone to John right now.

→ 张经理正在演讲。(Zhāng jīnglǐ zhēngzài yǎnjiǎng.)

Manager Zhang is in the middle of his presentation.

4. **你能让张总一会儿给我回个电话吗?** (Nǐ néng ràng Zhāng zǒng yíhuìr gěi wǒ huí gè diànhuà ma?)

Can you ask Director Zhang to call me back in a while?

This example works with the structure **让 Person A 给Person B回个电话**(ràng A gěi B huí gè diànhuà) (ask Person A to call Person B back).

5. **要是你有了名单的话，你可以打我办公室的电话，或者打我的手机。** (Yàoshì nǐ yǒu le míngdān dehuà, nǐ kěyǐ dǎ wǒ bàngōngshì de diànhuà, huòzhě dǎ wǒ de shǒujī.)

If you have got the list, please call my office or my mobile.

5.1   要是……的话 (yàoshì ... dehuà)

means *if …*, is commonly used in colloquial Chinese.

→ 要是方便的话，我想明天来见张先生。

(Yàoshì fāngbiàn dehuà, wǒ xiǎng míngtiān lái jiàn Zhāng xiānsheng.)

If it is convenient, I would like to see Mr. Zhang tomorrow.

→ 要是你们公司觉得不满意的话，请一定通知我们。

(Yàoshì nǐmen gōngsī juéde bù mǎnyì dehuà, qǐng yídìng tōngzhī wǒmen.)

If your company is not happy (with it), please do inform us.

5.2   Please note that although 可以 (kěyǐ) can be translated as *can* in the above examples, it is not exchangeable with 能(néng) mentioned in *Topic 6*. 可以(kěyǐ) means *may* or something is done with permission.

→ 你可以今天去，也可以明天去。

(Nǐ kěyǐ jīntiān qù, yě kěyǐ míngtiān qù.)

You can go either today or tomorrow.

→ 你可以走了。(Nǐ kěyǐ zǒu le.)

You may go.

→ 我打个电话，可以吗？(Wǒ dǎ gè diànhuà, kěyǐ ma?)

Is that OK if I make a phone call?

🎧 Additional Words and Phrases

我找……	wǒ zhǎo …	I am looking for …
他不在。	Tā búzài.	He is not in/available.
他什么时候在?	Tā shénme shíhou zài?	When is he in/available?
他出差了。	Tā chūchāi le.	He is on business trip.
他在休假。	Tā zài xiūjià.	He is on holiday.
开完	kāi wán	to finish (the meeting)
拿到	ná dào	to get, to obtain
人员	rényuán	staff, task-assigned staff
如果	rúguǒ	if

Try It Yourself   🔟 PROBLEM SOLVING

1. On the telephone: how can you ask to speak to someone and how can you ask who is calling. More than one way is possible for each.

2. If you answer the phone, what can you say if the caller can't talk to the

person he is looking for right now? What reasons can you give for the person being unavailable to the caller?

3. How do you pass on such a phone message: the caller wants the person he/she was looking for to return his/her call.

Try It Yourself   **2** SPOT THE DIFFERENCE

The scene of Adam talking to Huang Ling on the phone is replayed here, but slightly different. Can you spot the 7 differences in the language they have used?

Wèi, nín hǎo! Jiābǎo gōngsī.

H: 喂，您 好！嘉宝 公司。 ◀·······

Wèi, nín hǎo! Qǐng zhǎo yíxià Zhāng zǒng.

J: 喂，您 好！请 找 一下 张 总。 ◀·······

Zhāng zǒng zhèngzài kāihuì, nín shì nǎ wèi?

H: 张 总 正在 开会，您是 哪位？ ◀·······

Wǒ shì Yīngguó JFY gōngsī de Adam.

J: 我是 英国 JFY 公司的 Adam。 ◀·······

Qióngsī xiānsheng, nín hǎo! Wǒ shì Huáng Líng. Wǒ néng bāng

H: 琼斯 先 生，您 好！我 是 黄 玲。我 能 帮 ◀·······

nín zuò shénme ma?

您 做 什么 吗？ ◀·······

Nǐ néng bù néng qǐng Zhāng zǒng yíhuìr gěi wǒ huí gè diànhuà?

J: 你 能 不 能 请 张 总 一会儿给我回个电话？

Wǒ zài jiā.

我在家。

Méi wèntí, qǐng wèn nín jiā de diànhuà hàomǎ shì duōshao?

H: 没 问题, 请 问 您 家 的 电话 号码 是 多少？

Líng èr líng bā yāo jiǔ èr liù wǔ qī sān, Yīngguó qūhào shì líng líng sì sì.

J: 0 2 0 8 1 9 2 6 5 7 3, 英国 区号 是 0 0 4 4。

Wèi, shì Qióngsī xiānsheng ma?

H: 喂, 是 琼斯 先生 吗？

Shì, Huáng xiǎojiě.

J: 是, 黄 小姐。

Zhēn duìbuqǐ, Zhāng zǒng de huì hái méi kāi wán, nín xiǎng gěi

H: 真 对不起, 张 总 的会还没开完, 您 想 给

tā liúyán ma?

他留言吗？

Hǎo ba. Wǒ dǎ diànhuà shì xiǎng hé tā tántan xià gè yuè de

J: 好 吧。我打 电话 是 想 和他谈谈下个月 的

yuángōng péixùn. Wǒ jīntiān yídìng yào ná dào lái Yīngguó

员工 培训。我今天一定 要 拿到 来英国

péixùn de rényuán míngdān.

培训 的 人员 名单。

Zhège wǒ néng bāng nín. Liú Lán kěnéng yǒu, wǒ qù wèn yíxià.

H：这个我能 帮您。刘岚可能 有，我去问一下。

Tài hǎo le. Rúguǒ nǐ yǒu le míngdān, qǐng dǎ diànhuà dào wǒ de

J：太好了。如果你有了 名单，请 打电话 到我的

bàngōngshì, huòzhě dǎ wǒ de shǒujī.

办公室， 或者打我的 手机。

Hǎo, wǒ mǎshàng qù wèn.

H：好，我马上 去问。

Try It Yourself 3 MATCH THE SENTENCE

Can you match the sentences which have the same meaning?

Yàoshi nǐ yǒu le míngdān dehuà, nǐ ① Ⓐ Qǐng zhǎo yíxià Zhāng zǒng.
要是你有了 名单 的话，你 请 找 一下 张 总。
kěyǐ dǎ wǒ bàngōngshì de diànhuà.
可以打我 办公室 的 电话。

Wǒ shì Huáng Líng. Wǒ néng ② Ⓑ Rúguǒ nǐ yǒu le míngdān , qǐng dǎ
我是 黄 玲。我能 如果 你 有了 名单， 请 打
bāng nín ma ? diànhuà dào wǒ de bàngōngshì.
帮 您吗？ 电话 到我的 办公室。

Qǐng wèn Zhāng zǒng zài ma? ③ Ⓒ Wǒ shì Huáng Líng. wǒ néng bāng
请 问 张 总 在吗？ 我是 黄 玲。我能 帮
nín zuò shénme ma?
您做 什么吗？

Business Cultural Tips

▶ Chinese people answer the phone by saying "wĕi" or "wéi" first, maybe followed by "hello". As most business callers in China do not introduce themselves first, you should state the name of your company and then ask for the person you wish to speak to, rather than giving your own name first.

Phone directories in Chinese organizations may not be particularly well established. So it can be difficult to make initial enquiries and locate the right person to speak to in a new Chinese enterprise via the phone, particularly with small/medium size companies. Once you successfully track down the right person, the next step should be to arrange a face-to-face meeting or pay a visit to the company if you want to speed up the business-building process. Chinese people truly believe "actions speak louder than words" when it comes to dealing with western enterprises.

TOPIC 12

ARRANGING STAFF TRAINING

Business Communication Skill
Snowball

▶ Confirming a ticket booking:

Fēijī piāo dìng hǎo le ma?

飞机票 订 好 了 吗?   Have you booked the airplane tickets?

▶ Enquiring about the name of airline:

Nǐmen zuò nǎge hángkōng gōngsī de fēijī?

你们 坐 哪个 航空 公司 的飞机?

Which airline do you travel with?

▶ Talking about a hotel location:

Fàndiàn jiù zài wǒmen gōngsī fùjìn.

饭店 就在 我们 公司附近。

The hotel is near to our company.

▶ Giving the type of hotel room and service:

Liǎng jiān shuāngrénjiān hé yì jiān dānrénjiān, dōu bāo zǎocān.

两 间 双人间 和一 间 单人间, 都 包 早餐。

Two rooms with a double bed and one
with a single bed, all include breakfast.

 **Dialogue**

Jiabao sends 5 members of staff to London for a week's training. Huang Ling is in charge of all the arrangements. Liu Lan (L) asks Huang Ling (H) about the ticket bookings for the trainees.

Huáng Líng, péixùn rényuán qù Yīngguó de fēijī piào dìng hǎo le ma?

L: 黄 玲,培训人员 去英国的飞机票订 好了吗?

Dìng hǎo le. Wǔ zhāng cóng

H: 订 好了。五 张 从

Shànghǎi qù Lúndūn de

上海 去伦敦的

wǎngfǎn piào.

往返 票。

Tāmen zuò nǎge hángkōng gōngsī de fēijī?

L: 他们 坐 哪个 航空 公司的飞机?

Dōngháng de. Liù yuè sān hào zhōngwǔ shí'èr diǎn bàn qǐfēi,

H: 东航 的。六月三号 中午十二点 半起飞,

Lúndūn shíjiān xiàwǔ sān diǎn dào.

伦敦 时间下午三点到。

Dìng de dōu shì jīngjì cāng ma?

L: 订 的 都是 经济舱 吗?

Bú shì, tāmen qù de shíhou zuò jīngjì cāng, huílai de

H: 不是,他们去的时候坐 经济舱,回来的

shíhou zuò shāngwù cāng.

时候坐 商务 舱。

Huang Ling (H) talks to Adam Jones (J) on the phone to confirm flight and hotel details for the Chinese staff's training trip to London.

Wǒmen yǐjīng gěi péixùn rényuán dìng hǎo le fàndiàn. Fàndiàn jiù

J: 我们 已经 给 培训 人员 订 好了 饭店。饭店 就

zài wǒmen gōngsī fùjìn.

在 我们 公司 附近。

Fángjiān shì shénmeyàng de?

H: 房间 是 什么样 的?

Liǎng jiān shuāngrén jiān, yī jiān dānrén jiān, dōu bāo zǎocān.

J: 两 间 双人 间，一间 单人 间，都 包 早餐。

Péixùn rényuán měitiān zěnme cóng fàndiàn dào nǐmen gōngsī?

H: 培训 人员 每天 怎么 从 饭店 到 你们 公司?

Měitiān zǎoshang wǒmen pài rén kāichē qù jiē tāmen, wǎnshang

J: 每天 早上 我们 派人 开车 去接 他们，晚上

zài sòng tāmen huíqu.

再 送 他们 回去。

Tāmen zài nǎr chī wǎnfàn ne?

H: 他们 在 哪儿 吃 晚饭 呢?

Jiù zài tāmen fàndiàn de cāntīng. Nǎr yǒu xīcān yě yǒu

J: 就 在 他们 饭店 的 餐厅。那儿 有 西餐 也 有

zhōngcān.

中餐。

Tāi hǎo le,   Adam,   nǐmen gōngsī ānpái de hěn zhōudào.

H: 太 好 了，Adam，你们 公司 安排 得 很 周到。

Wǒmen xīwàng péixùn rényuán mǎnyì.

J: 我们 希望 培训 人员 满意。

🎧 New Words and Expressions

培训人员	péixùn rényuán	trainee
飞机	fēijī	aeroplane
票	piào	ticket
订	dìng	to book, to reserve
张	zhāng	MW for tickets
从	cóng	from
上海	Shànghǎi	Shanghai
伦敦	Lúndūn	London
往返票	wǎngfǎn piào	return ticket
航空公司	hángkōng gōngsī	airline
东航	Dōngháng	China Eastern Airline
中午	zhōngwǔ	mid day
起飞	qǐfēi	to take off
经济舱	jīngjì cāng	economy class
……的时候	…de shíhou	(the time) when … (see language reminder)
回来	huílai	to come back, to return
商务舱	shāngwù cāng	business class
附近	fùjìn	nearby (see language reminder)

房间	fángjiān	room
什么样的	shénmeyàng de	what kind of
间	jiān	MW for room
双人间	shuāngrén jiān	double room
单人间	dānrén jiān	single room
包	bāo	to include
早餐	zǎocān	breakfast
每天	měitiān	every day
怎么	zěnme	how
派人	pài rén	to send someone
开车	kāi chē	drive a car
接	jiē	to pick up
晚上	wǎnshang	evening
再	zài	again
送	sòng	to take … to (a destination)
回去	huíqu	go back
哪儿	nǎr	where
餐厅	cāntīng	restaurant, canteen
那儿	nàr	there
西餐	xīcān	Western food
中餐	zhōngcān	Chinese food
周到	zhōudào	thoughtful
满意	mǎnyì	to be satisfied (see language reminder)

Language Reminder

1. 坐 (zuò)

→ 他们坐哪个航空公司的飞机？ (Tāmen zuò nǎge hángkōng gōngsī de fēijī?)
Which airline are they flying with? (Lit: which airline's flight are they taking?)

坐 (zuò) means *to sit/sit down*. It also means *to take* when you talk about means of transport you travel by.

2. ……的时候 (... de shíhòu)

→ 他们去的时候坐经济舱，回来的时候坐商务舱。(Tāmen qù de shíhou zuò jīngjì cāng, huílai de shíhou zuò shāngwù cāng.)
They fly economy class when they go and fly first class when they come back.

……的时候 (... de shíhòu) means *the time when …*, but unlike in English it is preceded by the subject/verb in the clause.

→ 我走的时候，我的中国同事送了我中国茶叶。(Wǒ zǒu de shíhou, wǒ de Zhōngguó tóngshì sòng le wǒ Zhōngguó cháyè.)
When I left, my Chinese colleagues gave me Chinese tea as a gift.

→ 每一次开会的时候，都是王秘书负责做记录。(Měi yí cì kāihuì de shíhou, dōu shì wáng mìshū fùzé zuò jìlù.)
Secretary Wang is responsible for taking notes at every meeting.

3. 在……附近 (zài ... fùjìn)

→ 饭店就在我们公司附近。(Fàndiàn jiù zài wǒmen gōngsī fùjìn.)
The hotel is near to our company.

在……附近 (zài ... fùjìn) means *near to…*

→ 我们公司在银行附近。(Wǒmen gōngsī zài yínháng fùjìn.)
Our company is near to a bank.

Please see more prepositions of place described in Topic 14.

4. 满意(mǎnyì) & 对……满意(duì ... mǎnyì)

→ 我们希望培训人员满意。(Wǒmen xīwàng péixūn rényuán mǎnyì.)

We hope the trainees are happy with everything (arranged).

满意(mǎnyì) means *satisfied*, but more in terms of being happy with a kind of deal or arrangement/proposal/plan etc.

对……满意(duì ... mǎnyì) means *be satisfied with* ...

Please refer to *Topic 17* for phrases with a similar structure.

Here are two typical sentences where Chinese people ask their clients or customers if they are happy with everything:

→ 你们满意吗？(Nǐmen mǎnyì ma?)

Are you happy with (it)?

→ 你们对我们的价格满意吗？(Nǐmen duì wǒmen de jiàgé mǎnyì ma?)

Are you happy with our price?

🎧 *Additional Words and Phrases*

护照	hùzhào	passport
大使馆	dàshǐguǎn	embassy
单程票	dānchéng piào	single trip ticket
直飞	zhífēi	direct flight
转机	zhuǎnjī	to change flights
换钱	huàn qián	to change money
外币兑换处	wàibì duìhuàn chù	Bureau de Change
样样	yàngyàng	every kind, all kinds

Try It Yourself **1** PROBLEM SOLVING

1. How do you find out your Chinese business partners' flight schedule to the UK?

2. Tell your Chinese partners how you have arranged their travel from their hotel to your company.

3. Ask whether a certain facility is available at a hotel, for example Bureau de Change.

4. Ask your business partner if they are happy with your arrangements.

Try It Yourself **2** SPOT THE DIFFERENCE

The scene of Liu Lan talking to Huang Ling about the tickets and accommodation booking is replayed here, but slightly different. Can you spot the 9 differences in the language they have used?

Huáng Líng, péixùn rényuán qù Yīngguó de jīpiào dìng le ma?
L: 黄 玲，培训人员 去 英国 的 机票 订 了 吗？

Dìng le. Wǔ zhāng cóng Shànghǎi qù Lúndūn de wǎngfǎn piào.
H: 订了。五 张 从 上海 去 伦敦 的 往返 票。

Tāmen zuò shéme hángkōng gōngsī de fēijī?
L: 他们 坐 什么 航空 公司 的 飞机？

Dōngháng de. Liù yuè sān hào zhōngwǔ shí'èr diǎn bàn qǐfēi,
H: 东航 的。六 月 三 号 中午 十 二 点 半 起飞，

Lúndūn shíjiān xiàwǔ sān diǎn dào.

伦敦 时间下午三 点到。

Dìng de dōu shì jīngjì cāng ma?

L: 订 的 都 是 经济舱 吗?

Bú shì,   tāmen zuò jīngjì cāng qù, zuò shāngwù cāng huílai.

H: 不 是，他们 坐 经济舱去，坐 商务 舱 回来。

Wǒmen yǐjīng gěi péixùn rényuán dìng hǎo le fàndiàn. Fàndiàn jiù

J: 我们 已经 给 培训 人员 订 好了饭店。饭店 就

zài wǒmen gōngsī fùjìn.

在 我们 公司附近。

Shénmeyàng de fángjiān?

H: 什么样 的房间?

Liǎng jiān shuāngrén fáng, yì jiān dānrén fáng, dōu bāo zǎocān.

J: 两 间 双人 房，一间单人房，都包 早餐。

Péixùn rényuán měitiān zěnme qù nǐmen gōngsī?

H: 培训 人员 每天 怎么 去 你们 公司?

Měitiān zǎoshang wǒmen pài rén kāichē qù jiē tāmen, wǎnshang

J: 每天 早上 我们 派人开车去接他们，晚上

zài sòng tāmen huíqu.

再 送 他们 回去。

Tāmen de wǎnfàn zài nǎr chī?

H: 他们 的 晚饭 在 哪儿 吃?

Jiù zài tāmen fàndiàn de cāntīng. Nàr xīcān hé zhōngcān

J : 就 在 他们 饭店 的 餐厅。那儿 西餐 和 中餐

yàngyàng dōu yǒu.

样样 都 有。

Tài hǎo le,   Adam,   nǐmen gōngsī de ānpái hěn zhōudào.

H : 太 好 了，Adam，你们 公司 的 安排 很 周到。

Wǒmen xīwàng péixùn rényuán mǎnyì.

J : 我们 希望 培训 人员 满意。

Try It Yourself **3 MATCH THE SENTENCE**

Can you match the sentences which have the same meaning?

Tāmen zuò nǎge hángkōng gōngsī ①   Ⓐ Tāmen zuò shénme hángkōng

他们 坐 哪个 航空 公司   他们 坐 什么 航空

de fēijī?   gōngsī de fēijī?

的飞机？   公司 的飞机？

Nǐmen gōngsī ānpái de hěn zhōudào. ② Ⓑ Tāmen zuò jīngjì cāng qù,

你们 公司 安排得 很 周到。   他们 坐 经济 舱 去，

                       zuò shāngwù cāng huílai.

                       坐 商务 舱 回来。

Tāmen qù de shíhou zuò jīngjì cāng ③ Ⓒ Nǐmen gōngsī de ānpái hěn zhōudào.

他们 去 的 时候 坐 经济 舱   你们 公司 的 安排 很 周到。

huílai de shíhòu zuò shāngwù cāng.

回来 的 时候 坐 商务 舱。

Business Cultural Tips

▶ When embarking on training in a cross-cultural situation, cultural differences between the trainers and trainees need to be recognised to ensure successful training outcomes. If you are asked to give training to Chinese colleagues, selecting an appropriate training style is crucial to your success. Taking Chinese educational culture into consideration, a traditional approach would probably work better. Ensure good learning materials with well-delivered sessions, followed by effective assessment and that should work very well with your Chinese colleagues.

However, this is not to say that hands-on training methods do not work at all in China. Although the traditional learning style is heavily "taught", practical hands-on training methods are starting to become more popular with Chinese business people, who in general are keen to learn from their western colleagues. So it might be a good idea to conduct a questionnaire to find out which way your Chinese colleagues prefer to be trained. Regional differences across China should also play a big part in selecting the right training style. Chinese colleagues in wealthier areas may be willing to try out something different, while among middle and western areas, people may like to stick with more traditional methods.

If the training is conducted in English, humour and body language should be used with caution. Humorous talk during training or a presentation risks being mistaken for a lack of seriousness or even arrogance.

Although the English language is widely taught and used in China, informal expressions and slang should be avoided during training, if you want to get your message across clearly.

TOPIC 13

TRAVELLING FOR BUSINESS

Business Communication Skill Snowball

▶ Going through customs:

Wǒmen yīnggāi pái zài nǎ tiáo tōngdào?

我们 应该 排在 哪 条 通道?

Which line should we queue in?

▶ Reclaiming baggage:

Qǔ xíngli de dìfang zài nǎr?

取 行李 的 地方 在 哪儿?

Where is the baggage reclaim?

▶ Enquiring how far it is:

Jīchǎng lí zhèr yuǎn ma?

机场 离 这儿 远 吗?   Is the airport far from here?

▶ Asking about the journey time:

Zuò chē yào duō cháng shíjiān?

坐 车 要 多 长 时间?

How long does it take by car?

▶ Changing transport:

Ránhòu nǐ huàn zuò dìtiě huòzhě chūzūchē.

然后 你 换 坐 地铁 或者 出租车。

Then you change to the underground or taxi.

**Dialogue**

While the staff from Jiabao attend training in London, Adam Jones (J) and technical manager Stephen Wang (W) have just arrived at Shanghai Pudong Airport. Stephen Wang is British born Chinese and this is his first time in Shanghai. They are about to go through customs. Stephen practices his Chinese with Adam.

Zhème duō tōngdào, wǒmen yīnggāi pái nǎ tiáo?
W: 这么 多 通道, 我们 应该 排 哪 条?

Wǒmen pái zài zhōngjiān de zhè jǐ tiáo.　Nǐ de hùzhào ne?
J: 我们 排 在 中间 的 这 几 条。你 的 护照 呢?

Zài　zhèr.
W: 在 这儿。

Rùjìng dēngjì kǎ nǐ tián hǎo le ma?
J: 入境 登记 卡 你 填 好 了 吗?

Tián hǎo le,　hǎiguān shēnbào dān wǒ yě yǐjīng tián hǎo le.
W: 填 好 了, 海关 申报 单 我 也 已经 填 好 了。

→ They have finally got through customs.

Qǔ xíngli de dìfāng zài nǎr?　Yuǎn bù yuǎn?
W: 取 行李 的 地方 在 哪儿? 远 不 远?

Bù yuǎn. Wǒmen xiàng qián zǒu jǐ fēnzhōng, ránhòu xiàng zuǒ zhuǎn,
J: 不 远。我们 向 前 走 几 分钟, 然后 向 左 转,

nǐ jiù huì kànjiàn.
你 就 会 看见。

After they collect their luggage, it is already 6 o'clock in the evening, they get in a taxi. Stephen Wang (W) talks to the taxi driver (D).

Liǎng wēi xiānsheng qù nǎr?

D: 两 位 先生 去哪儿？

Wǒmen qù Hépíng Fàndiàn, zài Nánjīng Dōnglù Wàitān.

W: 我们 去和平 饭店，在 南京 东路外滩。

Suìdào jīngcháng dǔchē, wǒmen zǒu Yángpǔ Dàqiáo zěnmeyàng?

D: 隧道 经常 堵车，我们 走 杨浦 大桥 怎么样？

Yángpǔ Dàqiáo lí Hépíng Fàndiàn yuǎn bù yuǎn?

W: 杨浦 大桥 离和平 饭店 远 不 远？

Yuǎn yìdiǎn, kěshì bù dǔ chē.

D: 远 一点，可是 不 堵 车。

Wǒmen zuò chē yào duō

J: 我们 坐车要多

chāng shíjiān?

长 时间？

Yí gè bàn xiǎoshí zuǒyòu.

D: 一个半 小时 左右。

Xíng, nǐ kāichē ba. Tīngshuō cóng Pǔdōng Jīchǎng zuò cí fú

J: 行，你 开车 吧。 听说 从 浦东 机场 坐 磁浮

liēchē dào shì zhōngxīn hěn kuài.

列车 到市 中心 很 快。

Shì a, zuò cí fú liēchē shí fēnzhōng, ránhòu huàn zuò dìtiě

D：是啊，坐 磁浮 列车 十分钟，然后 换 坐 地铁

huòzhě chūzūchē, bú dào bàn gē xiǎoshí jiù dào shì zhōngxīn le.

或者 出租车，不到 半 个 小时 就 到 市 中 心 了。

New Words and Expressions

这么	zhème	so, such
通道	tōngdào	lane (for queuing), passage
排	pái	to queue
中间	zhōngjiān	in the middle, amongst
护照	hùzhào	passport
这儿	zhèr	here
入境	rùjìng	entry (to a country)
登记卡	dēngjì kǎ	registration card
填	tián	to fill in
海关	hǎiguān	customs
申报单	shēnbào dān	claim form
取	qǔ	to collect
行李	xíngli	luggage
地方	dìfang	place
远	yuǎn	far
前	qián	front, ahead
分钟	fēnzhōng	minute
然后	ránhòu	afterwards, then

左	zuǒ	left (direction)
转	zhuǎn	to turn
看见	kànjiàn	to see
南京东路	Nánjīng Dōnglù	East Nanjing Road
外滩	Wàitān	The Bund
隧道	suìdào	tunnel
经常	jīngcháng	often
堵车	dǔchē	traffic jam
杨浦大桥	Yángpǔ Dàqiáo	Yangpu Bridge
离	lí	(distance) from (see language reminder)
可是	kěshì	but, however
车	chē	car, vehicle
多长	duō cháng	how long
浦东	Pǔdōng	Pudong
机场	jīchǎng	airport
磁浮列车	cífú lièchē	maglev train
市中心	shì zhōngxīn	city centre
快	kuài	quick, fast
换	huàn	to change
地铁	dìtiě	underground, tube
出租车	chūzūchē	taxi
就……了	jiù…le	just (see language reminder)

Language Reminder

1. 我们向前走几分钟，然后向左转，你就会看见。 (Wǒmen xiǎng qián zǒu jǐ fēn zhōng, rǎnhòu xiǎng zuǒ zhuǎn, nǐ jiù huì kǎnjiǎn.)

We walk straight ahead for a few minutes and then turn left, you will see it.

会(huì) here does not mean *can* (as for ability), as mentioned in *Topic 3*. It means *will*, as for a future prediction. *Please see more examples in Topic 18.*

→ 今天晚上他会来吗？ (Jīntiān wǎnshàng tā huì lái ma?)
   Will he come tonight?

→ 要是我不来的话，我一定会给你们打电话。(Yàoshì wǒ bū lái dehuà, wǒ yídìng huì gěi nǐmen dǎ diānhuà.)
   If I do not come, I will certainly call you.

When giving directions in Chinese, the word order contrasts with English.

→ 向前走: (xiàng qián zǒu)
   go ahead (Lit.: toward ahead go)

→ 向左转: (xiàng zuǒ zhuǎn)
   turn left (Lit.: toward left turn)

2. 走杨浦大桥怎么样? (Zǒu Yángpǔ Dàqiáo zěnmeyàng?)

How about going (on the route) through Yangpu Bridge?

The basic meaning of 走(zǒu) is *to walk*, as in *Note 1* above, but it can also mean *to leave* (as in *Topic 8*) or as in this sentence *to take a certain route*.

→ 我们走吧! (Wǒmen zǒu ba!)
   Let's go.

→ 走高速公路吧! (Zǒu gāosù gōnglù ba!)
   Shall we go on the motorway?

3. **杨浦大桥离和平饭店远不远?** (Yángpǔ Dàqiáo lí Hépíng Fàndiàn yuǎn bù yuǎn?)

Is Yangpu Bridge far from Peace Hotel?

When talking about the distance between two places, 离(lí) is used, while 从……到 (cóng...dào) is used to give other information such as travelling time.

→ 中国离英国有五千英里。(Zhōngguó lí Yīngguó yǒu wǔ qiān yīnglǐ.)
   China is 5,000 miles away from Britain.

→ 从中国到英国坐飞机要多长时间? (Cóng Zhōngguó dào Yīngguó zuò fēijī yào duō cháng shíjiān?)
   How long does it take from China to Britain by air?

从……到(cóng...dào) is also used for talking about times in between.

→ 我从早上七点到晚上六点工作。(Wǒ cóng zǎoshàng qī diǎn dào wǎnshàng liù diǎn gōngzuò.)
   I work from 7a.m. to 6p.m.

→ 从星期一到星期五，他坐地铁上班。(Cóng Xīngqīyī dào Xīngqīwǔ, tā zuò dìtiě shàngbān.)
   From Monday till Friday, he takes tube to go to work.

4. **就……了** (jiù...le)

→ 不到半个小时就到市中心了。(Bù dào bàn gè xiǎoshí jiù dào shì zhōngxīn le.)
   It will take less than half an hour to get to the city centre.
   (Implying half an hour is not a long time.)

The 就……了(jiù...le) structure is used to emphasize that the verb action has been completed easily or to predict that it is to be completed *easily*. The above example belongs to the latter in the context.

→ 演讲十分钟就结束了。(Yǎnjiǎng shí fēnzhōng jiù jiéshù le.)
   Presentation only lasted 10 minutes.

→ 饭就好了。(Fàn jiù hǎo le.)
   Meal is almost ready.

Additional Words and Phrases

登机口	dēngjī kǒu	boarding gate
航站楼	hángzhàn lóu	terminal
换登机牌	huàn dēngjīpái	to check-in (at the airport)
停车场	tíngchē chǎng	car park
火车	huǒchē	train
公车/巴士	gōngchē/ bāshì	bus
站	zhàn	station, stop (on transport route)
右（边）	yòu（biān）	right (side)
后（边）	hòu（biān）	behind, in the back
东/南/西/北（边）	dōng/nán/xī/běi（biān）	East/South/West/North (side)
近	jìn	near, close
机场建设费	jīchǎng jiànshè fèi	airport tax
往	wǎng	towards, to
拐	guǎi	to turn
多久	duō jiǔ	how long (time)
大概	dàgài	approximately
要不了	yào bùliǎo	not even take (time) or not even cost (money)

Try It Yourself **1 PROBLEM SOLVING**

1. How would you ask for directions to a certain place/facility at the airport, e.g. Boarding Gate 15?

2. Ask how long it would take you to walk between two places at the airport, e.g. from terminal one to the taxi stand.

3. Ask if there is a bus or train from the airport to the city centre and how long it would take.

4. Imagine you are stay at the following hotel. Can you tell the taxi driver where to take you: Great Wall (changcheng) Hotel on South Malai Road located in the east of the city.

5. Say that the hotel you are staying in is very close to an underground station.

Try It Yourself **2 SPOT THE DIFFERENCE**

The scene of Adam and Stephen arriving at the airport and talking to the taxi driver is replayed here, but slightly different. Can you spot the 9 differences in the language they have used?

Wǒmen gāi pái zài nǎ tiáo tōngdào?

W: 我们 该 排在 哪条 通道？ ◀·············

Wǒmen pái zài zhōngjiān de zhè jǐ tiáo. Nǐ de hùzhào ne?

J: 我们 排 在 中间 的 这几条。你的护照呢？ ◀·············

Zài zhèr.

W: 在这儿。 ◀·············

Nǐ tiān le rùjìng dēngjì kǎ ma?

J: 你填了入境登记卡吗?

Tián hǎo le, hǎiguān shēnbào dān wǒ yě yǐjīng tián hǎo le.

W: 填好了,海关申报单我也已经填好了。

Xíngli zài nǎr qǔ? Lí zhèr yuǎn ma?

W: 行李在哪儿取?离这儿远吗?

Bù yuǎn. Wǒmen wǎng qián zǒu jǐ fēnzhōng, ránhòu zuǒ guǎi,

J: 不远。我们往前走几分钟,然后左拐,

nǐ jiù huì kànjiàn.

你就会看见。

Liǎng wèi xiānsheng dào nǎr qù?

D: 两位先生到哪儿去?

Wǒmen qù Hépíng Fàndiàn, zài Nánjīng Dōnglù Wàitān.

W: 我们去和平饭店,在南京东路外滩。

Suìdào jīngcháng dǔchē, wǒmen zǒu Yángpǔ Dàqiáo zěnmeyàng?

D: 隧道经常堵车,我们走杨浦大桥怎么样?

Yángpǔ Dàqiáo lí Hépíng Fàndiàn yuǎn bù yuǎn?

W: 杨浦大桥离和平饭店远不远?

Yuǎn yìdiǎn, kěshì bù dǔ chē.

D: 远一点,可是不堵车。

Wǒmen zuò chē yào duō jiǔ?

J: 我们坐车要多久?

Dàgài yào yí gè bàn xiǎoshí.

D: 大概要一个半小时。 ◄·········

Xíng, nǐ kāichē ba. Tīngshuō zuò cífú lièchē cóng Pǔdōng

J: 行，你开车吧。 听说 坐 磁浮列车 从 浦东

Jīchǎng qù shì zhōngxīn hěn kuài.

机场 去市 中心 很 快。 ◄·········

Shì a, zuò shí fēnzhōng cífú chē zài huàn dìtiě huò chūzū-

D: 是啊，坐十 分钟 磁浮 车再 换 地铁或出租

chē, yào bùle bàn gè xiǎoshí jiù dào shì zhōngxīn le.

车，要不了半个小时就 到 市 中心 了。 ◄·········

Try It Yourself   **3** MATCH THE SENTENCE

Can you match the sentences which have the same meaning?

Qǔ xíngli de dìfang zài nǎr? Yuǎn
取 行李 的 地方 在 哪儿？远
bù yuǎn?
不 远？

①   Ⓐ Wǒmen zuò chē yào duō jiǔ?
我们 坐 车 要 多久？

Liǎng wèi xiānsheng qù nǎr?
两 位 先生 去哪儿？

②   Ⓑ Liǎng wèi xiānsheng dào nǎr qù?
两 位 先生 到 哪儿去？

Wǒmen zuò chē yào duō cháng
我们 坐车要多 长
shíjiān?
时间？

③   Ⓒ Xíngli zài nǎr qǔ? Lí zhèr yuǎn ma?
行李 在 哪儿取？离 这儿远吗？

Business Cultural Tips

▶ Car rental to individuals is rarely available in China, including at major airports and train stations. Even in big cities like Beijing and Shanghai, the process is likely to be complex. Your Chinese business partners should generally look after all your traveling and accommodation needs while you are there. This should include all transfers between airports, hotels and their company premises.

But if you decide to travel in China yourself in order to build up new business links or if you plan to tap into the markets of middle and western areas of China, train and taxi would be the best choice for your travel, aside from flying, of course. In cities, jumping into a taxi is the best way to get to your destination; they are accessible (no need to book in advance) and they are still relatively cheap in China.

If you travel to a different city or a different province, taking the train is a good alternative to flying. Chinese trains are renowned for being reliable and punctual. Queuing at the station for tickets might be time consuming, but these days train tickets are being sold in many travel agencies and ticket agencies.

Once you get your train ticket you need to be aware that in China it is only valid for the specific journey and times printed on the ticket. Open tickets are much less common in China.

TOPIC 14

USING COMPANY FACILITIES

Business Communication Skill Snowball

▶ Asking how to use the office phone:

Wǒ zěnme dǎ wàixiàn?

我 怎么 打 外线?　　　How do I get an outside line?

▶ Asking if an office facility is available:

Zhèr yǒu chuánzhēnjī ma?

这儿 有 传真机 吗?　Is there a fax machine here?

▶ Helping someone find their way around:

Zǒuláng de jìntóu shì xǐshǒujiān.

走廊 的 尽头 是 洗手间。

The toilet is at the end of the corridor.

Xiūxi shì zài lóu xià, jiù zài Zhāng zǒng bàngōngshì de duìmiàn.

休息室 在 楼下, 就 在 张 总 办公室 的 对面。

The staff common room is downstairs, exactly opposite Director Zhang's office.

The day after his arrival, Stephen Wang (W) starts his temporary work at Jiabao while Adam Jones leaves to continue his business trip in China. Stephen shares an office with Liu Lan (L), who helps to familiarise him with the new working environment.

Stephen, Zhè shì nǐ de bàngōng zhuō hé diànnǎo, nà shì

L: Stephen, 这 是 你 的 办公 桌 和 电脑, 那 是

nǐ de zhíbō diànhuà.
你 的 直拨 电话。

W: Xièxie, wǒ zěnme dǎ wàixiàn?
谢谢，我 怎么 打 外线？

L: Nǐ xiān bō jiǔ, ránhòu bō
你 先 拨 九， 然后 拨

nǐ yào dǎ de diànhuà hàomǎ, guónèi hé guójì chángtú
你要打 的 电话号码，国内和国际长途

dōu néng dǎ.
都 能 打。

W: Nà shì wǒ diànnǎo de dǎyìnjī ma?
那 是 我 电脑 的 打印机 吗？

L: Duì, zhèxiē shì nǐ yào de dàng'ān jiā hé xìnzhǐ.
对， 这些 是 你 要 的 档案 夹 和 信纸。

W: Tài hǎo le, wǒ yíhuìr yào gěi JFY fā liǎng zhāng chuánzhēn,
太好了，我 一会儿要给JFY发两 张 传真，

zhèr yǒu chuánzhēnjī ma?
这儿有 传真机 吗？

L: Méiyǒu, chuánzhēnjī zài gébì de zīliàoshì li.
没有， 传真机 在 隔壁的 资料室里。

After settling down and writing two faxes, Stephen Wang (W) enters the Admin Office next door to send them off. Huang Ling (H) happens to be in the room.

Huáng Líng, nǐ zhīdào chuánzhēnjī zài nǎr ma?

W: 黄 玲, 你知道 传真机 在哪儿吗?

Jiù zài fùyìnjī pángbiān de zhuōzi shang.

H: 就 在复印机 旁边 的桌子上。

Ò, wǒ kàn dào le.

W: 哦, 我看到了。

Rúguǒ chuánzhēn zhǐ yòng wán le, zhuōzi xià de hézi li

H: 如果 传真 纸用 完了, 桌子下的盒子里

yǒu xīn de.

有 新 的。

Fā wán chuánzhēn, wǒ xiǎng qù xiūxi shì hē bēi shuǐ. Xiūxi

W: 发完 传真, 我想去休息室喝杯水。休息

shì shì bu shì zài zǒuláng jìntóu?

室是不是在走廊 尽头?

Zǒuláng de jìntóu shì xǐshǒujiān, xiūxi shì zài lóu xià, jiù

H: 走廊 的尽头是洗手间, 休息室在楼下, 就

zài Zhāng zǒng bàngōngshì de duìmiàn.

在 张 总 办公室 的 对面。

Zhāng zǒng de bàngōngshì wǒ zhīdào, yí xià diàntī, zuǒbian

W: 张 总 的 办公室 我知道, 一下电梯, 左边

dì èr gè fángjiān jiù shì.

第二个 房间 就是。

New Words and Expressions

办公桌	bāngōng zhuō	desk
电脑	diànnǎo	computer
直拨	zhíbō	direct line
外线	wàixiàn	outside line
先	xiān	first, in advance
拨	bō	to dial
国内	guónèi	domestic
国际	guójì	international
长途	chángtú	long distance
打印机	dǎyìn jī	printer
这些	zhèxiē	these
档案夹	dàng'ànjiā	file folder
信纸	xìnzhǐ	headed paper
纸	zhǐ	paper
发	fā	to send
传真	chuánzhēn	fax
传真机	chuánzhēn jī	fax machine
隔壁	gébì	next door
在……里	zài...li	in (see language reminder)
资料室	zīliào shì	administration room
复印机	fùyìn jī	photocopier
旁边	pángbiān	side, beside
在……上	zài ... shang	on
桌子	zhuōzi	table, desk

看到	kàn dào	to see (see language reminder)
如果	rúguǒ	if
用	yòng	to use
完	wán	to finish, to end
在……下	zài … xià	under
盒子	hézi	box
新	xīn	new
休息室	xiūxi shì	common room
水	shuǐ	water
走廊	zǒuláng	corridor
尽头	jìntóu	the end (of)
洗手间	xǐshǒu jiān	toilet
楼下	lóuxià	downstairs
对面	duìmiàn	opposite
电梯	diàntī	lift
左边	zuǒbiān	left, the left
第	dì	prefix for ordinal numbers

Language Reminder

1. 在 (zài) and *in, on, under* etc.

在 (zài) is usually used together with prepositions of place and direction (in, on, under left, opposite etc), but it is normally omitted when the preposition phrase is placed at the beginning of the sentence.

➔ 笔在桌子上。(Bǐ zài zhuōzi shang.)
The pen is on the table.

→ 银行在地铁站对面。(Yínháng zài dìtiě zhàn duìmiàn.)

The bank is opposite to the subway station.

→ 桌子上有一些信纸。(Zhuōzi shang yǒu yīxiē xìnzhǐ.)

On the table there is some headed paper.

→ 饭馆对面有一家银行。(Fànguǎn duìmiàn yǒu yì jiā yínháng.)

Opposite to the restaurant is a bank.

2. More on Chinese Word Order

When there are a few location phrases together in a sentence, the word order is opposite that of English.

→ 传真机在隔壁的资料室里。(Chuánzhēn jī zài gébì de zīliào shì li.)

(Lit.: fax machine is in next door's administration room)

The Fax machine is in the administration room next door.

→ 就在复印机旁边的桌子上。(Jiù zài fùyìnjī pángbiān de zhuōzi shang.)

(Lit: (it) is (precisely) on the photocopier next to the table).

(It) is (precisely) on the table next to the photocopier.

→ 桌子下的盒子里有新的。(Zhuōzi xià de hézi li yǒu xīn de.)

(Lit: under the table in the box there are some new ones.)

In the box under the table there are some new ones.

3. Verb Suffix

→ 我看到了。(Wǒ kàn dào le.)

I saw (it).

→ 如果传真纸用完了，…… (Rúguǒ chuánzhēn zhǐ yòng wán le, ...)

If the fax paper runs out, ...

→ 发完传真，…… (fā wán chuánzhēn, ...)

finish sending fax, ...

In Chinese, it is a common linguistic feature that a verb is followed by its suffix indicating the outcome of the verb action.

Verb + 到(dāo): to indicate the verb action is successful.

→ 看+ 到 (kàn + dāo)
to look + dāo, which means *to see*.

→ 买+到(mǎi+dāo)
to buy + dāo, which means *to get (successful purchase)*.

→ 写+完 (xiě + wán)
to write + wán, which means *to finish writing*.

→ 说+完(shuō wán)
to speak + wán, which means *to finish speaking*.

→ 演讲+完(yǎnjiǎng wán)
to give a presentation/speech + wán, which means *to finish a presentation/speech*.

4. 一······(yī...)

→ 一下电梯，左面第二个房间就是。(Yíxià diàntī, zuǒmiàn dì èr gē fángjiān jiū shì.)
As soon as you get out of the lift, it is the second room on the left.

一······(yī...) means *as soon as ...*, and is very often used together with 就(jiù) (*positioning in the second part of the sentence*), to indicate one action happens immediately after the other.

→ 一到公司我就给你发传真。(Yí dāo gōngsī wǒ jiū gěi nǐ fā chuánzhēn.)
As soon as I get to the company, I will fax you.

→ 一出飞机场我们就看到了他。(Yì chū fēijī chǎng wǒmen jiū kàn dāo le tā.)
As soon as we got out of the airport, we saw him.

5. 是不是(shì bú shì)

→ 休息室是不是在走廊尽头？(Xiūxi shì shì bú shì zài zǒulāng jìntóu?)
(Lit: common room is or is not at the end of the corridor?)

Is the common room at the end of the corridor?

是不是(shì bú shì) is used to confirm if the details of the sentence are correct. Thus, it is a common way to form a question in Chinese.

→ 是不是明天下午开会? (Shì bú shì míngtiān xiàwǔ kāihuì?)
  Is the meeting tomorrow?

→ 他是不是下个月去中国? (Tā shì bú shì xià gè yuè qù Zhōngguó?)
  Is he going to China next month?

Additional Words and Phrases

信封	xìnfēng	envelope
文件柜	wénjiànguì	filing cabinet
数码幻灯	shùmǎ huàndēng	digital projector
数码相机	shùmǎ xiàngjī	digital camera
数码摄相机	shùmǎ shèxiàngjī	camcorder
空白	kōngbái	blank
光盘/CD	guāngpán/CD	CD
U盘	U pán	pen drive
按	àn	to press
连接	liánjiē	to connect
找到	zhǎo dào	to find
出	chū	to exit

Try It Yourself 1 PROBLEM SOLVING

1. What would you say to get a Chinese colleague to show you how to use a particular facility in the office?

2. If a Chinese colleague is showing you around his office and he says the following:

   Xìnzhǐ zài chuánzhēn jī yòubian de wénjiàn guì li.
   信纸 在 传真 机 右边 的 文件 柜里。
   What is he saying? Can you translate this into English?

3. You are about to give a presentation. Find out if you could use PowerPoint in the conference room.

4. If your Chinese colleague describes where the common room is in this way, will you find it?
   Yí xià lóu, wǎng zuǒ guǎi, huìyì shì de gébì jiù shì.
   一下楼, 往 左 拐, 会议 室 的 隔壁 就是。

Try It Yourself 2 SPOT THE DIFFERENCE

The scene of Stephen Wang talking to Liu Lan and Huang Ling in the office is replayed here, but slightly different. Can you spot the 9 differences in the language they have used?

Stephen,　　nǐ de bàngōng zhuō hé diànnǎo zài zhèr,　　nà shì
L: Stephen, 你的 办公 桌 和 电脑在这儿，那是

nǐ　de zhíxiàn diànhuà.
你 的 直线 电话。

Xièxie,   zhè tái diànhuà de wàixiàn zěnme dǎ?
W: 谢谢，这台电话的外线怎么打？

Nǐ xiān àn jiǔ,   ránhòu àn nǐ yào dǎ de diànhuà hàomǎ,
L: 你先按九，然后按你要打的电话号码，

guónèi hé guójì chángtú dōu néng dǎ.
国内和国际长途都能打。

Nà tái dǎyìnjī shì liánjiē zhè tái diànnǎo de ma?
W: 那台打印机是连接这台电脑的吗？

Duì,   zhèxiē shì nǐ yào de dàng'àn jiā hé xìnzhǐ.
L: 对，这些是你要的档案夹和信纸。

Tài hǎo le,   wǒ   yíhuìr yào fā gěi JFY liǎng fèn chuánzhēn,
W: 太好了，我一会儿要发给JFY两份传真，

zhèr yǒu chuánzhēnjī ma?
这儿有传真机吗？

Méiyǒu,   gébì de zīliào shì li yǒu.
L: 没有，隔壁的资料室里有。

Huáng Líng, nǐ zhīdào chuánzhēnjī zài nǎr ma?
W: 黄玲，你知道传真机在哪儿吗？

Jiù zài   fùyìnjī pángbiān de zhuōzi shang.
H: 就在复印机旁边的桌子上。

Ò,   wǒ zhǎo dào le.
W: 哦，我找到了。

Yàoshi chuánzhēn zhǐ yòng wán le,   xīn de zài zhuōzi xià de

H: 要是 传真 纸用 完了, 新的在桌子下的 ◄ ⋯⋯⋯⋯⋯⋯⋯⋯⋯⋯⋯⋯

hézi   li.

盒子 里 。 ◄ ⋯⋯⋯⋯⋯⋯⋯⋯⋯⋯⋯⋯

Fā wán chuánzhēn, wǒ xiǎng qù   xiūxi shì hē bēi shuǐ.   Xiūxi

W: 发完 传真，我 想去休息室 喝杯水。休息 ◄ ⋯⋯⋯⋯⋯⋯⋯⋯⋯

shì shì bú shì zài zǒuláng jìntóu?

室 是 不 是 在 走廊 尽头？ ◄ ⋯⋯⋯⋯⋯⋯⋯⋯⋯⋯

Zǒuláng de jìntóu shì xǐshǒujiān,   xiūxi shì zài lóu xià, jiù

H: 走廊 的 尽头 是 洗手间，休息室 在 楼下，就

zài Zhāng zǒng bàngōngshì de duìmiàn.

在 张 总 办公室 的 对面。 ◄ ⋯⋯⋯⋯⋯⋯⋯⋯

Wǒ zhīdào Zhāng zǒng de bàngōngshì,   yì chū diàntī,   zuǒmiàn

W: 我 知道 张 总 的 办公室，一 出电梯，左面 ◄ ⋯⋯⋯⋯⋯⋯⋯⋯⋯⋯

dì èr gè fángjiān jiù shì.

第二个 房间 就 是。 ◄ ⋯⋯⋯⋯⋯⋯⋯⋯⋯⋯

Try It Yourself   ❸ MATCH THE SENTENCE

Can you match the sentences which have the same meaning?

Rúguǒ chuánzhēn zhǐ yòng wán le,   ①   Ⓐ Zhè tái diànhuà de wàixiàn zěnme dǎ?

如果 传真 纸用 完了，   这台 电话 的 外线 怎么 打？

zhuōzi xià de hézi li yǒu xīn de.

桌子 下 的 盒子 里有 新的。

Wǒ yíhuìr yào gěi JFY fā liǎng ②
我 一会儿要 给 JFY 发 两

zhāng chuánzhēn.
　张　　传真。

Wǒ zěnme dǎ wàixiàn? ③
我 怎么 打 外线?

Ⓑ Yàoshi chuánzhēn zhǐ yòng wán le,
要是　传真　　纸用完了，

xīn de zài zhuōzi xià de hézi li.
新 的 在 桌子 下 的 盒子 里。

Ⓒ Wǒ yíhuìr yào fā gěi JFY liǎng
我 一会儿 要 发给 JFY 两

fèn chuánzhēn.
份　传真。

Business Cultural Tips

▶ In daily life "thank you" and "sorry" are not used as much as in the West. This is just the same in a Chinese office between employees. Hierarchy exists throughout Chinese society, including in the working environment. Traditionally, a senior person would not say "thank you or sorry" to his junior in age or position and the working relationship between them would be formal.

However, a Chinese office can have a very pleasant and lively atmosphere. Employees are considerate and cooperative towards each other. As a foreign worker, your Chinese colleagues will be very hospitable and helpful towards you, including outside office hours if you need any help. Please also refer to Topic 18 Cultural Tips for topics which are appropriate and inappropriate for an informal conversation. It is most important not to "lose face" in China.

TOPIC 15

SEARCHING WEBSITES AND SENDING EMAILS

Business Communication Skill Snowball

▶ Logging on to a computer:

Zhè tái diànnǎo de dēngrù mìmǎ shì shénme?

这 台 电脑 的 登入 密码 是 什么?

What is the password to log on to this computer?

▶ Suggesting an alternative:

Nǐ wèishénme bú yòng Bǎidù lái sōusuǒ ne?

你为什么 不用 百度来 搜索 呢?

Why don't you use Baidu to search?

▶ Confirming receipt of an email:

Nǐ shōu dào wǒ de diànzǐ yóujiàn le ma?

你 收 到 我 的 电子 邮件 了 吗?

Have you received my email?

▶ Suggesting forward someone's email to others:

Wǒ gěi nǐ zhuǎnfā yíxià tā de diànzǐ yóujiàn ba!

我 给你 转发 一下 他 的 电子 邮件 吧!

Let me forward his email to you.

 **Dialogue**

Stephen Wang (W) comes back from the staff common room, sits down at his desk and turns on the computer. Liu Lan (L) is in the office working on her computer.

Liú Lán, zhè tái diànnǎo de dēngrù mìmǎ shì shénme?
W: 刘 岚，这 台 电脑 的 登入 密码 是 什么？

JB2008. Nǐ dēngrù yǐhòu, zhǐyào
L: JB2008。你 登入 以后，只要

diǎnjī yíxià càidān shàng de hùliánwǎng
点击 一下 菜单 上 的 互联网

biāojì jiù néng shàngwǎng le.
标记 就 能 上网 了。

Hǎo le, wǒ xiànzài yǐjīng dǎkāi Jiābǎo gōngsī de zhǔyè
W: 好 了，我 现在 已经 打开 嘉宝 公司 的 主页

le. zhèr yǒu Gǔgē de liànjiē, wǒ kěyǐ zhíjiē sōusuǒ le.
了。这儿 有 谷歌 的 链接，我 可以 直接 搜索 了。

Nǐ yào sōusuǒ de xìnxī shì guānyú Yīngguó de ma?
L: 你 要 搜索 的 信息 是 关于 英国 的 吗？

Bú shì, shì guānyú yì jiā Zhōngguó gōngsī de chǎnpǐn.
W: 不 是，是 关于 一 家 中国 公司 的 产品。

Nà nǐ wèishénme bú yòng Bǎidù lái sōusuǒ ne?
L: 那 你 为什么 不 用 百度 来 搜索 呢？

Zhōngguó rén dōu yòng Bǎidù ma?
W: 中国 人 都 用 百度 吗？

Yīnwèi Bǎidù yǒu gèng duō de Zhōngwén xìnxī, suǒyǐ hěn duō

L: 因为百度有更多的中文信息，所以很多

Zhōngguó rén dōu xǐhuan yòng.

中国人都喜欢用。

> A moment later, Liu Lan (L) recalls something and talks to Stephen Wang (W).

Nǐ yǒu méiyǒu shōu dào Yuēhàn zuótiān fā gěi dàjiā de diànzǐ

L: 你有没有收到约翰昨天发给大家的电子

yóujiàn?

邮件?

Wǒ xiànzài kàn yíxià.

W: 我现在看一下。

Shì guānyú xià gè xīngqī màoyì zhǎnxiāo huì de shìqing.

L: 是关于下个星期贸易展销会的事情。

Wǒ méiyǒu shōu dào.

W: 我没有收到。

Ràng wǒ kàn yíxià wǒ de yóujiàn. Nǐ de diànyóu dìzhǐ zài

L: 让我看一下我的邮件。你的电邮地址在

shōujiànrén míngdān shàng ya!

收件人名单上呀!

Duì le, rúguǒ shì BT de yóujiàn dìzhǐ, wǒ jiù shōu bú

W: 对了，如果是BT的邮件地址，我就收不

dào. Wǒ yǐjīng qǔxiāo le zhège dìzhǐ. Wǒ xiànzài yòng Yǎhǔ.

到。我已经 取消了这个地址。我 现在 用 雅虎。

Zhēn shì BT de. Méi guānxi, wǒ mǎshàng gěi nǐ zhuǎnfā

L：真 是BT 的。没 关系，我 马上 给你 转发

yíxià ba.

一下 吧。

Xièxie, wǒ yě xiě fēng diànzǐ yōujiàn gàosu Yuēhàn.

W：谢谢，我 也 写 封 电子 邮件 告诉 约翰。

🎧 New Words and Expressions

台	tāi	MW for electrical appliances that can"stand"
登入	dēngrù	to log on
密码	mìmǎ	password
只要……就……	zhǐyào...jiù...	as long as...(see language reminder)
点击	diǎnjī	to click
菜单	càidān	menu
互联网	hùliánwǎng	internet explorer
标记	biāojì	symbol, mark, sign
上网	shàngwǎng	to surf the Internet
现在	xiànzài	now, presently
打开	dǎkāi	to open up
主页	zhǔyè	home page
谷歌	Gǔgē	Google
链接	liànjiē	link

直接	zhíjiē	direct, directly
搜索	sōusuǒ	to search
信息	xìnxī	information
关于	guānyú	about, regarding
产品	chǎnpǐn	product
为什么	wèishénme	why
百度	Bǎidù	Baidu (name of Chinese search engine)
因为	yīnwèi	because (see language reminder)
更	gèng	more (than …)
更多	gèng duō	more (something)
中文	Zhōngwén	Chinese language
所以	suǒyǐ	therefore (see language reminder)
收	shōu	to receive (see language reminder)
昨天	zuótiān	yesterday
电子	diànzǐ	electronic
邮件	yóujiàn	mail
贸易	màoyì	trade
展销会	zhǎnxiāo huì	exhibition for promoting products
事情	shìqíng	matters, things
电邮	diànyóu	email
地址	dìzhǐ	address
收件人	shōujiànrén	receiver
呀	ya	modal particle
取消	qǔxiāo	to cancel
雅虎	Yǎhǔ	Yahoo
转发	zhuǎnfā	to forward

写	xiě	to write
封	fēng	MW for mail
告诉	gàosu	to tell

Language Reminder

1. 只要……就…… (zhǐyào … jiù …)

→ 只要点击一下菜单上的互联网标记就能上网了。 (Zhǐyào diǎnjī yíxià càidān shang de hùliánwǎng biāojì jiù néng shàngwǎng le.)

(You) simply click on the Internet symbol and you will be able to surf the internet.

1.1

"只要……就…… (zhǐyào … jiù …) " means *simply / you only need to ..., then ...*.

→ 只要给航空公司打个电话,飞机票就能订好。 (Zhǐyào gěi hángkōng gōngsī dǎ ge diànhuà, fēijī piào jiù néng dìng hǎo.)

Simply call the airline and the plane ticket will be booked.

→ 想上网购买我们的产品? 只要登陆我们的网站! (Xiǎng shàngwǎng gòumǎi wǒmen de chǎnpǐn? Zhǐyào dēnglù wǒmen de wǎngzhàn!)

Want to purchase our products online? Simply go to our website.

1.2

"只要……就…… (zhǐyào … jiù …) " can also be used to say *as long as ..., then (subject) will ...*

→ 只要不下雨, 我们明天就一定会来。 (Zhǐyào bú xiàyǔ, wǒmen míngtiān jiù yídìng huì lái.)

As long as it does not rain, we will make it tomorrow.

→ 只要你们的经销商不介入, 我们就一定会签合同。 (Zhǐyào nǐmen de jīngxiāo shāng bú jièrù, wǒmen jiù yídìng huì qiān hétong.)

As long as your distributors do not interfere, we will definitely sign the contract.

2. 因为……，所以……(yīnwèi ... , suǒyǐ ...)

→ 因为百度有更多的中文信息，所以很多中国人都喜欢用。(Yīnwèi Bǎidù yǒu gèng duō de Zhōngwén xìnxī , suǒyǐ hěn duō Zhōngguórén dōu xǐhuan yòng.) Baidu is very popular with Chinese people because it has more information in Chinese language.

因为……，所以……(yīnwèi ... , suǒyǐ ...), means *because/ the reason being is ..., that's why/therefore...*

→ 因为我的雅虎电邮地址取消了，所以你没收到我的回信/回电。 (Yīnwèi wǒ de Yǎhǔ diànyóu dìzhǐ qǔxiāo le, suǒyǐ nǐ méi shōu dào wǒ de huíxìn / huídiàn.) (Because) my Yahoo email address has been cancelled, that's why you have not received my reply.

→ 因为这台计算机没有安装MP3，所以不能播放这段录像。(Yīnwèi zhè tái jìsuànjī méiyǒu ānzhuāng MP3, suǒyǐ bū néng bōfàng zhè duàn lùxiàng.) (Because) this computer has no Mp3 player software installed, that's why it doesn't play the video clip.

3. 收到(shōu dào)

→ 你有没有收到约翰昨天发给大家的电子邮件? (Nǐ yǒu méiyǒu shōu dào Yuēhàn zuótiān fā gěi dàjiā de diànzǐ yóujiàn?) Did you receive the email John sent to everybody yesterday?

→ 如果是BT的邮件地址，我就收不到。 (Rúguǒ shì BT de yóujiàn dìzhǐ, wǒ jiù shōu bū dào.) If it is a BT email address, I won't be able to receive it.

收到(shōu dào) means *to receive* ("verb+到[dào]" as mentioned in *Topic 14*)

In Chinese there are 4 different variations in meaning when using the verb suffix structure, as outlined in *a-d below*.

a. 收得到(shōu de dào) — be able to receive

b. 收不到(shōu bú dào) — negative form of the above

→ 我们在中国收得到你的电邮。(Wǒmen zài Zhōngguó shōu de dào nǐ de diànyóu.)

We can receive your email in China.

→ 在中国收得到 BBC 吗? (Zài Zhōngguó shōu de dào BBC ma?)

Can you receive/get BBC in China?

→ 最近给我们客户发的传真，他们总收不到。(Zuìjìn gěi wǒmen kèhù fā de chuánzhēn, tāmen zǒng shōu bú dào.)

The emails we have sent to our client recently have always got lost.

→ 在中国收得到CNN，收不到BBC。(Zài Zhōngguó shōu de dào CNN, shōu bú dào BBC.)

CNN can be received in China, but not the BBC.

c. 收到了(shōu dào le) — to have received

d. 没收到(méi shōu dào) — negative form of above

→ 你收到经理的电邮了吗? (Nǐ shōu dào jīnglǐ de diànyóu le ma?)

Have you received the email from the manager?

→ 我收到了合同。(Wǒ shōu dào le hétong.)

I have received the contract.

→ 我们没收到你们的合同。(Wǒmen méi shōu dào nǐmen de hétong.)

We haven't received your contract.

→ 客户没收到我的电邮。(Kèhù méi shōu dào wǒ de diànyóu.)

The client hasn't received my email.

4. 如果……,(subject)就……(rúguǒ ... jiù ...)

→ 如果是BT 的邮件地址，我就收不到。(Rúguǒ shì BT de yóujiàn dìzhǐ, wǒ jiù shōu bú dào.)

If it is a BT email address, I won't be able to receive it.

"如果……, (subject) 就……(rúguǒ ... jiù ...)" means *if ..., (subject) will ...*

This structure is the formal form of *yaoshi ...de hua, (subject)... in Topic 11.*

→ 如果你没收到我的回信/回电，就给我打个电话。(Rúguǒ nǐ méi shōu dāo wǒ de huíxìn / huídiàn, jiù gěi wǒ dǎ gè diànhuà.)

If you haven't received my reply, please call me.

→ 如果你的密码不起作用，请通知IT部门。(Rúguǒ nǐ de mìmǎ bù qǐ zuòyòng, qǐng tōngzhī IT bùmén.)

If your password does not work, please let your IT department know.

Additional Words and Phrases

网站	wǎngzhàn	website
设定	shèdìng	to set up
安装	ānzhuāng	to install
用户名	yònghùmíng	user name, account name
删除	shānchú	to delete
关闭	guānbì	to shut down
垃圾邮件	lājī yóujiàn	junk mail
附件	fùjiàn	attachment
添加	tiānjiā	to attach
文档	wéndàng	document
图片	túpiàn	picture
抄送	chāosòng	to copy to
下载	xiàzǎi	to download
上传	shàngchuán	to upload
更新	gēngxīn	to update
有关	yǒuguān	regarding, related to

试试	shìshi	to have a try
没事	méi shì	no worries
进入	jìnrù	to enter

Try It Yourself 1 PROBLEM SOLVING

1. Ask your Chinese IT colleague what username and password they have set up for your computer.

2. Ask if your computer has been installed any particular software.

3. Tell your Chinese colleague you have cancelled your Yahoo email address and are now using MSN for your emails.

4. Tell your Chinese colleague that you didn't receive the email from the Managing Director to everybody and ask if he/she can forward it to you.

Try It Yourself 2 SPOT THE DIFFERENCE

The scene of Liu Lan helping Stephen Wang with web searching and email is replayed here, but slightly different. Can you spot the 9 differences in the language they have used?

Liú Lán,　zhè tái diànnǎo de dēngrù mìmǎ shì shénme?
W: 刘岚，这台电脑 的 登入 密码 是 什么？

JB2008.　　Nǐ dēngrù hòu,　zhǐyào zài càidān shang de
L: JB2008。你登入 后，只要 在 菜单 上 的

hùliánwǎng biāojì shang diǎnjī yíxià jiù néng shàngwǎng le.

互联网 标记上 点击一下就能 上网 了。

Hǎo le, wǒ xiānzài yǐjīng jìnrù Jiābǎo gōngsī de zhǔyè

W: 好了，我 现在 已经 进入 嘉宝 公司 的 主页

le. Zhèr yǒu Gǔgē de liànjiē, wǒ kěyǐ zhíjiē sōusuǒ le.

了。这儿有谷歌的链接，我可以直接搜索了。

Nǐ yào sōusuǒ de shì yǒuguān Yīngguó de xìnxī ma?

L: 你要搜索的是 有关 英国 的信息吗?

Bú shì, shì guānyú yì jiā Zhōngguó gōngsī de chǎnpǐn.

W: 不是，是关于一家 中国 公司 的产品。

Nà nǐ wèishénme bú shìshi Bǎidù ne?

L: 那你 为什么 不试试 百度呢?

Zhōngguó rén dōu yòng Bǎidù ma?

W: 中国 人都 用 百度吗?

Yīnwèi Bǎidù yǒu gèng duō de Zhōngwén xìnxī, suǒyǐ hěn duō

L: 因为 百度有 更 多 的 中文 信息, 所以 很多

Zhōngguó rén dōu xǐhuan yòng.

中国 人都 喜欢 用。

Nǐ yǒu méiyǒu kàn dào zuótiān Yuēhàn gěi dàjiā fā de diànyóu?

L: 你有没有看到 昨天约翰 给大家发的电邮?

Wǒ xiānzài kàn yíxià.

W: 我 现在 看一下。

Shì shuō xià gè xīngqī chǎnpǐn zhǎnxiāo huì de shì.

L: 是 说下个星期 产品 展销 会的事。

Yóuxiāng li méiyǒu zhè fēng yóujiàn.

W: 邮箱 里没有这封 邮件。

Ràng wǒ kàn yíxià wǒ shōu dào de. Nǐ de diànyóu dìzhǐ

L: 让 我看一下我 收 到的。你的电邮地址

zài shōujiànrén míngdān shang ya!

在 收件人 名单 上 呀!

Duì le, rúguǒ shì BT de dìzhǐ, wǒ jiù shōu bú dào.

W: 对了，如果是BT的 地址，我 就 收 不 到。

Wǒ yǐjīng bú yòng zhège dìzhǐ le. Xiànzài wǒ yòng Yǎhǔ.

我 已经不用 这个地址了。现在 我 用 雅虎。

Zhēn shì BT de. Méi shì, wǒ xiànzài zài gěi nǐ zhuǎnfā

L: 真 是BT的。没事，我 现在 再给你 转发

yíxià ba.

一下吧。

Xièxie, wǒ yě xiě fēng diànzǐ yóujiàn gàosù Yuēhàn.

W: 谢谢，我也写封 电子 邮件 告诉约翰。

Try It Yourself   **3 MATCH THE SENTENCE**

Can you match the sentences which have the same meaning?

Nǐ dēngrù yǐhòu, zhǐyào diǎnjī yíxià ①
你 登入 以后, 只要 点击 一下
cāidān shang de hùliánwǎng
菜单 上 的 互联网
biāojì jiù néng shàngwǎng le.
标记 就 能 上网 了。

Ⓐ Nǐ yào sōusuǒ de shì yǒuguān Yīngguó
你 要 搜索 的 是 有关 英国
de xìnxī ma?
的 信息 吗？

Shì guānyú xià gè xīngqī màoyì ②
是 关于 下个 星期 贸易
zhǎnxiāo huì de shìqing.
展销 会 的 事情。

Ⓑ Shì shuō xià gè xīngqī chǎnpǐn zhǎnxiāo
是 说 下个星期 产品 展销
huì de shì.
会 的 事。

Nǐ yào sōusuǒ de xìnxī shì guānyú ③
你要 搜索 的 信息是 关于
Yīngguó de ma?
英国 的 吗？

Ⓒ Nǐ dēngrù hòu, zhǐyào zài cāidān shang
你 登入 后, 只要 在 菜单 上
de hùliánwǎng biāojì diǎnjī yíxià jiù
的 互联网 标记 点击 一下 就
néng shàngwǎng le.
能 上网 了。

Business Cultural Tips

▶ Computers and the internet are well established and easy to access in many Chinese enterprises, though it may not be the case that all major enterprises have their own company websites or links to major national and international search engines.

Chinese people are familiar with English technical terms for the computer and internet. From the earliest "windows and word" to today's "acrobat reader and USB", many Chinese people use these English names directly rather than translate into Chinese. So when working with your Chinese colleagues, you should not need to worry about translating technical computer terms.

When writing emails to your Chinese colleagues in English, especially on initial contact. Please try to be linguistically sympathetic towards them by not using slang, informal expressions and abbreviations. For example, expressions like "once you get the news, give me a shout/beep" should be avoided.

If you plan to write your email in Chinese, make sure that you address your Chinese colleagues appropriately. For example, the word "dear" to start off a letter or an email, in a Chinese business context should be "zūnjìng de", not the general "qīn'ài de". Another example: do not translate "your company" as "nǐmen gōngsī"; instead it should be "guì gōngsī".

TOPIC 16

PREPARING FOR A TRADE SHOW

Business Communication Skill Snowball

▶ Describing your company stall at a trade show:

Suīrán wǒmen de zhǎnwèi bú dà,　dànshì
虽然 我们 的 展位 不大, 但是
yǒu gè xiǎo qiàtán qū.
有 个 小 洽谈区。

Our stall isn't big, but it has a small meeting area.

▶ Making an enquiry about other facilities:

Zhǎnwèi li yǒu wúxiàn kuāndài shèshī ma?
展 位里有 无线 宽带 设施吗?

Is there any wireless broadband facility at the stall?

▶ Discussing what needs to be brought to the trade show:

Wǒmen xūyào dài chǎnpǐn jièshào hé
我们 需要带 产品 介绍 和
jiàgé mùlù ma?
价格 目录吗?

Do we need to bring the brochure and the price list?

▶ Explaining clients' business orientation:

Xiāoshòu shāng hěn guānxīn shēngchǎn
销售 商 很 关心 生产
shāng de xìnyù hé shēngchǎn nénglì.
商 的信誉和 生产 能力。

Retailers are very focused on manufacturers' reputation and productivity.

Dialogue

The joint venture project for the two companies is for JFY to design a new type of mobile phone, and for Jiabao to manufacture it. Stephen Wang (W) and Liu Lan (L) prepare a trade show to promote the new mobile phone.

Suīrán wǒmen de zhǎnwèi bú dà, dànshì yǒu gè xiǎo qiàtán qū.

L: 虽然 我们 的 展位 不大, 但是 有 个 小 洽谈区。

Tài hǎo le. zhǎnwèi li yǒu diànyuán chāzuò hé chāxiànbǎn ma?

W: 太好了。展位里有 电源 插座和 插线板 吗?

Diànyuán chāzuò hé chāxiànbǎn dōu yǒu, dànshì méiyǒu zhǎnshì

L: 电源 插座和插线板 都有, 但是 没有 展示

tái. Nǐ juéde wǒmen xūyào zhǎnshì tái ma?

台。你 觉得 我们 需要 展示 台吗?

Xūyào, yǒu gè zhǎnshì tái jiù néng bǎ xīn shǒujī hé pèitào chǎnpǐn

W: 需要,有个 展示台就能 把新手机 和配套 产品

chénliè chūlai.

陈列 出来。

Hǎo zhǔyi, yǒu xìngqù de kèhù jiù

L: 好主意,有 兴趣 的客户就

kěyǐ shìyòng wǒmen de chǎnpǐn le.

可以试用 我们 的 产品 了。

Shuō de duì, jiù yào gè zhǎnshì tái ba. Wǒmen biè wàng le dài

W: 说 得对,就要个 展示台吧。我们 别 忘 了带

tái shǒutí diànnǎo, bǎ yìxiē xiāngguān zīliào cún zài diànnǎo li.

台手提 电脑,把一些 相关 资料存在电脑里。

zhǎnwèi li yǒu shàngwǎng de jiēkǒu ma?
展位里有 上网 的接口吗?

Tīngshuō yǒu wúxiàn kuāndài shèshī, wǒ zài qù quèrèn yíxià.
L: 听 说 有 无线 宽带 设施, 我 再 去 确认 一下。

Later, Stephen Wang (W) talks with Liu Lan (L) about what needs to be brought to the trade show.

Liú Lán, xīn shǒujī de xuānchuán túpiàn sòng lai le ma?
W: 刘岚, 新手机 的 宣传 图片 送来了吗?

Yǐjīng sòng lai le.   Hái yǒu chǎnpǐn jièshào hé jiàgé mùlù.
L: 已经 送 来了。还有 产品 介绍 和价格目录。

Wǒmen shì bú shì yīnggāi bǎ chǎnpǐn de shìchǎng bàogào yě
W: 我们 是 不 是 应该 把 产品 的 市场 报告 也

dài qu?
带 去?

Zuìhǎo dài qu, bǎ wǒmen liǎng jiā gōngsī de jiǎnjiè yě dài qu.
L: 最好 带 去, 把 我们 两 家 公司 的 简介 也 带去。

Xiànzài Zhōngguó de hěn duō xiāoshōu shāng yuèláiyuè guānxīn
现在 中国 的 很多 销售 商 越来越 关心

shēngchǎn shāng de xìnyù hé shēngchǎn nénglì.
生产 商 的信誉和 生产 能力。

Shì a, wǒmen zài Yīngguó cānjiā zhǎnxiāo huì yě yíyàng, xūyào
W: 是啊,我们 在 英国 参加 展销 会 也一样,需要

zhǔnbèi de zīliào yuèláiyuè duō.
准备 的资料越来越多。

Gōngchǎng gāng sòng lai shí tái shǒujī, nǐ yào kàn yíxià ma?

L: 工厂　　刚 送 来十台手机,你要 看一下吗？

zài Zhāng zǒng bàngōngshì.

在 张 总 办公室。

Hǎo, wǒ yíhuìr qù kàn yíxià.

W: 好，我一会儿去看一下。

🎧 New Words and Expressions

虽然…… 但是……	suīrán... dànshì...	although... (but)...(see language reminder)
展位	zhǎnwèi	stall
洽谈	qiàtán	to negotiate
区	qū	area
电源插座	diànyuán chāzuò	socket
插线板	chāxiànbǎn	cable extension
展示台	zhǎnshì tái	stand
没有	méiyǒu	not have, there is not
觉得	juéde	to think, to feel
需要	xūyào	to need, need
把	bǎ	structural word (see language reminder)
配套	pèitào	necessary accessories
陈列	chénliè	to display
出来	chūlai	to come out (see language reminder)
有兴趣	yǒu xìngqù	interested
客户	kèhù	client

试用	shìyòng	to try out
别	bié	do not
忘	wàng	to forget
手提电脑	shǒutí diànnǎo	lap top
相关	xiāngguān	relevant
资料	zīliào	material, information
存	cún	to save
接口	jiēkǒu	Ethernet connection
无线宽带	wúxiàn kuāndài	Wireless broadband
设施	shèshi	facility
宣传	xuānchuán	to publicise, publicity
图片	túpiàn	picture
产品介绍	chǎnpǐn jièshào	(product) brochure
价格目录	jiàgé mùlù	price list
市场	shìchǎng	market
报告	bàogào	report
简介	jiǎnjiè	brief introduction/profile
销售商	xiāoshòu shāng	retailer
越来越	yuèláiyuè	more and more
关心	guānxīn	to care
生产商	shēngchǎn shāng	manufacturer
信誉	xìnyù	reputation of (product, company)
生产能力	shēngchǎn nénglì	productivity
一样	yíyàng	the same, alike
工厂	gōngchǎng	factory
刚	gāng	just now

Language Reminder

1. (虽然)……，但是……（[suīrán]…, dānshì …）

→ 虽然我们的展位不大，但是有个小洽谈区。

(Suīrán wǒmen de zhǎnwèi bú dà, dānshì yǒu gè xiǎo qiàtán qū.)

Although our stall isn't big, there is a small meeting area in it.

虽然 (suírán) means *although* while 但是 (dānshì) means *but*, they are normally used together in a sentence. However, sentence-proceeding 虽然(suīrán) sometimes can be omitted.

→ 虽然这个公司小，但是他们有很多欧洲客户。

(Suīrán zhège gōngsī xiǎo, dānshì tāmen yǒu hěn duō Ōuzhōu kèhù.)

Although this company is small, they have many European clients.

→ 我们在中国的南方客户很多，但是在北方几乎没有。

(Wǒmen zài Zhōngguó de nánfāng kèhù hěn duō, dānshì zài běifāng jīhū méiyǒu.)

We have many Chinese clients in the south of China, but hardly any in the North.

2. 把 (bǎ)

→ 有个展示台就能把新手机和配套产品陈列出来。

(Yǒu gè zhǎnshì tái jiù néng bǎ xīn shǒujī hé pèitào chǎnpǐn chénliè chūlái.)

Having a stand can display the new mobile phones and accessory products.

In Chinese when emphasizing how a verb alters or controls its object, the "把 (bǎ) structure" is used. This sentence follows the pattern 把(bǎ) + **object** + **verb** + **modifying information.** (i.e. how the verb has altered/controlled the noun). The "把 (bǎ) structure" is often used in situations where the English would be to *get/have something done.*

More examples from the main dialogue:

→ 把产品的市场报告也带去？

(Bǎ chǎnpǐn de shìchǎng bàogào yě dài qu?)

(Lit.: Get + the market report of this product + taken there)

Take the market report of this product there?

→ 把一些相关资料存在电脑里。

(Bǎ yìxiē xiāngguān zīliào cún zài diànnǎo lǐ.)

(Lit.: Get + the relevant materials + stored + in the computer)

Store the relevant materials in the computer.

Some common situations using the "把(bǎ) structure":

→ 把门关上。 (Bǎ mén guān shang.)

Shut the door.

→ 请把你的手机关掉。 (Qǐng bǎ nǐ de shǒujī guān diào.)

Please switch off your mobile.

→ 请尽快把这份文件打印出来。

(Qǐng jǐnkuài bǎ zhè fèn wénjiàn dǎyìn chūlai.)

Please print out this document as soon as possible.

3. 最好 (zuìhǎo)

→ 最好 (把产品的市场报告) 带去。

(Zuìhǎo [bǎ chǎnpǐn de shìchǎng bàogào] dài qù.)

It would be best to take the market report of the product.

最好(zuìhǎo) means *had better, it would be best.*

→ 最好明天就去。

(Zuìhǎo míngtiān jiù qù.)

It would be best to go tomorrow.

→ 给他们发电邮，但是最好也给他们打电话。

(Gěi tāmen fā diànyóu, dànshì zuìhǎo yě gěi tāmen dǎ diànhuà.)

Email them, but it would be better to call them as well.

4. More on 是不是 (shì bú shì)

→ 我们是不是应该把产品的市场报告也带去？

(Wǒmen shì bú shì yīnggāi bǎ chǎnpǐn de shìchǎng bàogào yě dài qu?)

Do you think we should also take the market report with us?

When 是不是 (shì bú shì) is used in an object clause, it can also mean *if/whether or not*.

→ 我想是不是因为他的电邮地址有问题，所以我们没收到他的回复？

(wǒ xiǎng shì bú shì yīnwéi tāde diànyóu dìzhǐ yǒu wèntí, suǒyǐ wǒmen méi shōu dào tā de huífù?)

I wonder whether it is because there is a problem with his email address, that we didn't get his reply?

→ 你觉得我们是不是先跟这家公司确认一下，然后再去跟他们见面？

(Nǐ juéde wǒmen shì bú shì xiān gēn zhè jiā gōngsī quèrèn yíxià, ránhòu zàiqù gēn tāmen jiànmiàn?)

Do you think we should confirm with this company first, then go to meet them?

5. More on Verb Suffix

As mentioned in *Topic 14*, verb suffixes are used commonly in Chinese. 出来 (chūlai) is another verb suffix, which literally means *come out*. Therefore when it is attached to a verb, the action is manifested/realised.

→ 陈列出来 (chénliè chūlai)
   to display (products etc.)

→ 打印出来 (dǎyìn chūlai)
   to print out

It can also mean a positive outcome out of a mental/working process.

→ 想出来 (xiǎng chūlai)
   to think out/work out

→ 写出来 (xiě chūlai)
   to write up (essay etc.)

Please see *Topic 14* on how to form the negative forms of the above phrases.

Additional Words and Phrases

提供	tígōng	to provide
赠品	zēngpǐn	free samples
配套/兼容	pèitào/jiānróng	compatible
市场调查表	shìchǎng diàochá biǎo	market research form
满意度调查表	mǎnyìdù diàochá biǎo	satisfaction survey form
电子显示屏	diànzǐ xiǎnshìpíng	interactive whiteboard
感兴趣	gǎn xìngqū	be interested in
核实	héshí	to confirm
注重	zhùzhòng	to pay attention to (quality, efficiency etc.)
刚好	gānghǎo	coincidently, happen to be
订购	dìnggòu	to order (a facility)

Try It Yourself   1 PROBLEM SOLVING

1. Can you list a few things you would like to take to a trade show, e.g., free trial products etc.

2. Ask the host of the trade show what facility they provide at the stall.

3. What would you say to the host of the trade show if you want to request/order some equipment for the stall.

4. Can you say the following in Chinese to visitors on the trade show: *If you (can) fill out our Market Research Form, you will receive a free mobile (i.e. we will give you a free mobile).*

Try It Yourself   **2 SPOT THE DIFFERENCE**

The scene of Liu Lan and Stephen Wang preparing for the Trade Shows is replayed here, but slightly different. Can you spot the 7 differences in the language they have used?

Suīrán wǒmen de zhǎnwèi bú dà, dànshì yǒu gè xiǎo qiàtán qū.
L：虽然 我们 的 展位 不大，但是 有 个 小 洽谈 区。

Tài hǎo le. zhǎnwèi li yǒu diànyuán chāzuò hé chāxiànbǎn ma?
W：太好了。展位里有 电源 插座 和插线板 吗？

Diànyuán chāzuò hé chāxiànbǎn dōu yǒu, dànshì méiyǒu zhǎnshì
L：电 源 插座 和插线板 都有，但是 没有 展示

tái.　Nǐ juéde wǒmen xūyào zhǎnshì tái ma?
台。你觉得 我们 需要 展示台吗？

Xūyào,　yǒu gè zhǎnshì tái jiù néng bǎ xīn shǒujī hé pèitào chǎnpǐn
W：需要，有 个 展示台就能 把 新手机和配套 产品

chénliè chūlai.
陈列 出来。

Hǎo zhúyì,　gǎn xìngqù de kèhū　jiù néng shìyòng le.
L：好 主意，感 兴趣 的客户就能 试用 了。

Shuō de duì , jiù dìng gè zhǎnshì tái ba.　Wǒmen bié wàng le dài
W：说 得对，就订 个 展 示台吧。我们 别忘了带

tái shǒutí diànnǎo, cún yìxiē xiāngguān zīliào zài diànnǎo li.
台手提 电脑，存一些 相关 资料在 电脑里。

Zhǎnwèi li yǒu shàngwǎng de jiēkǒu ma?
展位里有 上网 的接口吗？

Hǎoxiāng yǒu wúxiàn kuāndài shèshī, wǒ zài qù héshí yíxià.
L：好象 有无线 宽带设施，我再去核实一下。

Liú Lán, yìnshuā chǎng bǎ xīn shǒujī de xuānchuán túpiàn sòng lai
W：刘岚，印刷 厂把新手机的 宣传 图片送来

le ma?
了吗？

Yǐjīng sòng lai le. Hái yǒu chǎnpǐn jièshào hé jiàgé mùlù.
L：已经 送来了。还有 产品 介绍和价格目录。

Wǒmen yào bú yào bǎ chǎnpǐn de shìchǎng bàogào yě dài qu?
W：我们 要不要把 产品 的 市场 报告也带去？

Zuìhǎo dài qu, bǎ wǒmen liǎng jiā gōngsī de jiǎnjiè yě dài qu.
L：最好 带去，把我们 两 家公司 的简介也带去。

Xiànzài Zhōngguó de hěn duō xiāoshòu shāng yuèláiyuè zhùzhòng
现在 中国 的很多 销售 商 越来越 注重

shēngchǎn chǎngjiā de xìnyù hé shēngchǎn nénglì.
 生产 厂家的信誉和 生产 能力。

Shì a, wǒmen zài Yīngguó zuò zhǎnxiāo huì yě shì zhèyàng, yào dài
W：是啊，我们在英国 做 展销 会也是这样，要带

de zīliào yuèláiyuè duō.
的资料越来越多。

Gōngchǎng gāng sòng lai shí tái shǒujī,   nǐ yào kàn yíxià ma?

L: 工厂　　刚 送来十台手机，你要看一下吗？

Zài Zhāng zǒng bàngōngshì.

在 张 总 办公室。

Hǎo,　wǒ yíhuìr qù kàn yíxià.

W: 好，我一会儿去看一下。

Try It Yourself

3 MATCH THE SENTENCE

Can you match the sentences which have the same meaning?

Bǎ yìxiē xiāngguān zīliào cún zài

把 一些 相关 资料 存在

diànnǎo li.

电脑 里。

① 　Ⓐ Hǎoxiāng yǒu wúxiàn kuāndài shèshī,

好象　有 无线 宽带 设施，

wǒ zài qù héshí yíxià.

我 再 去核实 一下。

Xīn shǒujī de xuānchuán túpiàn

新 手机的　宣传　图片

sòng lai le ma?

送 来了吗？

② 　Ⓑ Cún yìxiē xiāngguān zīliào zài

存 一些　相关　资料 在

diànnǎo li.

电脑 里。

Tīngshuō yǒu wúxiàn kuāndài shèshī, ③

听说　有 无线 宽带 设施，

wǒ zài qù quèrèn yíxià.

我 再 去确认 一下。

Ⓒ Yìnshuā chǎng bǎ xīn shǒujī de

印刷 厂 把新手机的

xuānchuán túpiàn sòng lai le ma?

宣传　图片 送 来了吗？

Business Cultural Tips

▶ International trade shows in China usually take place in Beijing, Shanghai and Guangzhou. At Chinese trade shows, delegates may be very happy to try out your product, give feedback or complete a survey, but reluctant to disclose their contact details to you. As a participant at the trade show in China, you are not allowed to hold any kind of prize draw or similar activities among the visitors in exchange for their contact details etc. If you want visitors to "remember" you after the trade show, prepare some small personalized company gifts such as key rings or pens to give away. This will work as a good way to advertise yourself and your business in China.

If you attend a Chinese domestic trade show and you are one of only a few foreigners, think about attracting some publicity by asking the local press or TV station to give you some media coverage. Having an interpreter or a local agent with you would be essential unless you are sure that only Chinese people who can speak English will come to that trade show. Making an effort to speak some Chinese is also certainly well received.

TOPIC 17

INTRODUCING PRODUCTS AND SERVICES

Business Communication Skill
Snowball

> Enquiry about a product's key features:

Zhège chǎnpǐn yǒu shénme tèdiǎn?

这个 产品 有 什么 特点?

What are the features of this product?

> Asking for more detailed information:

Nǐ yǒu méiyǒu jùtǐ de shùjù?

你有没有具体的数据？

Do you have figures for this?

> Talking about the price and functions of a product:

Wǒmen shǒujī de jiàgé hěn hélǐ, cāozuò yě bù nán.

我们 手机的 价格 很合理，操作 也 不 难。

Our mobile phone is reasonably priced and also easy to operate.

> Asking if any other services are available:

Nǐmen hái yǒu bié de fúwù ma?

你们还有别的服务吗？

Are there any other services?

🎧 *Dialogue*

Guangzhou International Trade Show is one of the biggest trade shows in China. It attracts thousands of enterprises every year and some of the biggest business deals are made here. Stephen Wang (W) and Liu Lan (L) are at their stall talking to a client (C) who is interested in their mobile phone.

Nǐmen de shǒujī yǒu shénme tèdiǎn?

C: 你们 的手机有 什么特点？

Zhè zhǒng shǒujī zhòngliàng qīng, gōngnéng duō, diànchí shǐyòng

W: 这 种 手机 重量 轻, 功能 多, 电池 使用

shíjiān cháng.

时间 长。

Nǐ yǒu méiyǒu jùtǐ de shùjù?

C: 你有没有具体的数据？

Yǒu, dōu zài zhè fèn chǎnpǐn jièshào shang, nín kàn yíxià ba.

L: 有，都在这份产品 介绍 上，您 看一下吧。

Ā, yǒu zhème duō gōngnéng, háishì nǐmen gěi wǒ jièshào

C: 啊，有这么多 功能，还是你们 给我介绍

yíxià ba.

一下 吧。

Hǎode. Zhè zhǒng shǒujī búdàn

W: 好的。这 种 手机 不但

néng shàngwǎng, fā diànyóu, érqiě kěyǐ zhàoxiàng, tīng yīnyuè.

能 上网、 发电邮，而且可以 照相、听音乐。

Zhēnde? Nàme jiàgé yídìng hěn guì ba? Cāozuò shì bú

C: 真的？那么 价格 一定 很 贵 吧？ 操作 是 不

shì hěn nán?

是 很 难？

Wǒmen shǒujī de jiàgé hěn hélǐ, cāozuò yě bù nán.

W: 我们 手机 的 价格 很 合理， 操作 也 不 难。

The client (C) tries several functions and starts to read the brochure. Stephen Wang (W) and Liu Lan (L) provide more information.

Rúguǒ nín dàliàng dìnggòu zhè zhǒng shǒujī, wǒmen gōngsī

L: 如果 您 大量 订购 这 种 手机，我们 公司

jiù zèngsòng shǒujī tào.

就 赠送 手机套。

Biéde shǒujī shēngchǎn shāng dōu hé diànxìn gōngsī yǒu yōuhuì

C: 别的手机 生产 商 都和 电信公司 有 优惠

xiéyì, nǐmen yǒu ma?

协议，你们 有 吗？

Yǒu. Rúguǒ yòng wǒmen de shǒujī, diànxìn gōngsī zài liǎng nián

L: 有。如果 用 我们 的 手机，电信 公司 在 两 年

nèi,   bùdàn gěi yònghù měi gè yuè yìbǎi fēnzhōng miǎnfèi
内，不但给用户每个月一百分钟 免费

tōnghuà,   érqiě   hái gěi fā duǎnxìn bànjià de yōuhuì.
通话，而且还给发短信半价的优惠。

Tīng shàngqu búcuò.   Háiyǒu bié de fúwù ma?
C: 听 上去不错。还有别的服务吗？

Wǒmen de shǒujī yǒu liǎng nián miǎnfèi bǎoxiū.
W: 我们的手机有两年免费保修。

Tài hǎo le.   Wǒ shì shǒujī dàilǐ shāng, yǐjīng dàilǐ le
C: 太好了。我是手机代理商，已经代理了

jǐ jiā gōngsī de shǒujī,   yě hěn xiǎng chéngwéi nǐmen de
几家公司的手机，也很想 成为 你们的

dàilǐ.   Bù zhīdào yīnggāi zěnme shēnqǐng?
代理。不知道应该怎么 申请？

Nín xiān tián yíxià zhè zhāng biǎo.   Rúguǒ wǒmen duì nǐ gōngsī
L: 您先填一下这张 表。如果我们对你公司

gǎn xìngqù,   jiù huì yǒu rén hé nín liánxì de.
感兴趣，就会有人和您联系的。

Xíng, xièxie nǐmen.
C: 行，谢谢你们。

🎧 New Words and Expressions

特点	tèdiǎn	feature
种	zhǒng	type
重量	zhōngliàng	weight
轻	qīng	light
功能	gōngnéng	function
电池	diànchí	battery
使用	shǐyòng	to use
具体	jùtǐ	detailed
数据	shùjù	numbers, figures
份	fèn	MW for documents, newspapers etc.
不但……而且……	búdàn...érqiě...	not only…but also …(see language reminder)
照相	zhàoxiàng	to take a photo
听	tīng	to listen
音乐	yīnyuè	music
价格	jiàgé	price
贵	guì	expensive
操作	cāozuò	to operate (machine)
难	nán	difficult
合理	hélǐ	reasonable
大量	dàliàng	large amount
订购	dìnggòu	to order (a facility)
赠送	zèngsòng	to give out for free
手机套	shǒujī tào	mobile phone case
电信	diànxìn	telecommunication

优惠	yōuhuì	discount
协议	xiéyì	agreement
内	nèi	within
用户	yònghù	user, customer
每	měi	every
免费	miǎnfèi	free of charge
通话	tōnghuà	talk
短信	duǎnxìn	text message
半价	bànjià	half price
听上去	tīng shàngqu	(it) sounds
服务	fúwù	service
保修	bǎoxiū	warranty
代理商	dàilǐ shāng	agent
代理	dàilǐ	to deputize, agent
成为	chéngwéi	to become
申请	shēnqǐng	to apply
表	biǎo	form
对……感兴趣	duì...gǎn xìngqù	be interested in (see language reminder)
联系	liánxì	to contact

Language Reminder

1. 不但……, 而且…… (búdàn..., érqiě...)

→ 这种手机不但能上网、发电邮, 而且可以照相、听音乐。(Zhè zhǒng shǒujī búdàn néng shàngwǎng, fā diànyóu, érqiě kěyǐ zhàoxiàng, tīng yīnyuè.)

Not only can this kind of mobile phone surf the internet and send emails, but can also be used to take photos and listen to music.

不但……, 而且……(búdàn... érqiě...) means *not only ..., but also ...*

Other examples from the Dialogue:

→ 不但给用户每个月一百分钟免费通话，而且还给发短信半价的优惠。(Búdàn gěi yònghù měi gē yuè yībǎi fēnzhōng miǎnfèi tōnghuà, érqiě hái gěi fā duǎnxìn bànjià de yōuhuì.)

Not only (do we) give our (mobile) users 100 minutes of free calls every month, but (we) also only charge half price for sending texts.

2. **对……感兴趣**(duì...gǎn xìngqù)

→ 如果我们对你公司感兴趣，……(Rúguǒ wǒmen duì nǐ gōngsī gǎn xìngqù,...)

If we're interested in your company, …

对……感兴趣(duì...gǎn xìngqù) means *be interested in ...*

This phrase can also be said as "对……有兴趣(duì...yǒu xìngqù)".

→ 对不起，我们对这种产品不感兴趣。(Duìbuqǐ, wǒmen duì zhè zhǒng chǎnpǐn bù gǎn xìngqù.)

Sorry, we are not interested in this kind of product.

→ 只要你们公司对我们的产品有兴趣，价格就会有优惠。(Zhǐyào nǐmen gōngsī duì wǒmen de chǎnpǐn yǒu xìngqù, jiàgé jiù huì yǒu yōuhuì.)

As long as you are interested in our products, price will be discounted.

🎧 *Additional Words and Phrases*

规格/型号	guīgé/xínghào	model
覆盖面	fùgàimiàn	coverage
广	guǎng	wide, vast
经久耐用	jīngjiǔ nàiyòng	long lasting
包装	bāozhuāng	package

按期交货	ānqī jiāohuò	(goods) on time delivery
送货到位	sōnghuò dàowèi	correct delivery
24小时 服务热线	èrshísì xiǎoshí fúwù rèxiàn	24 hours service hotline
详细	xiángxì	detailed
数字	shùzì	figure, number
既……又……	jì...yòu...	not only … but also…
其他	qítā	other

Try It Yourself   **1 PROBLEM SOLVING**

1. How many different selling points can you give for your products?

2. Can you talk about any price/special offers available to customers?

3. Introduce the after sales service you provide on your products.

4. What are the basic promises you can give about your delivery service?

Try It Yourself   **2 SPOT THE DIFFERENCE**

The scene of Liu Lan and Stephen Wang talking to a client at the Trade Shows is replayed here, but slightly different. Can you spot the 8 differences in the language they have used?

Nǐmen de shǒujī yǒu shénme tèdiǎn?

C：你们 的 手机 有 什么 特点？

Zhè zhǒng shǒujī zhōngliàng qīng, gōngnéng duō, diànchí

W: 这 种 手机 重量 轻，功能 多，电池

shǐyòng shíjiān cháng.

使用 时间 长。

Nǐ yǒu méiyǒu xiángxì de shùzì?

C: 你 有 没有 详细 的 数字？

Yǒu, dōu zài zhè fèn chǎnpǐn jièshào shang, nín kàn yíxià ba.

L: 有，都 在 这份 产品 介绍 上，您 看 一下 吧。

Ā, yǒu zhème duō gōngnéng, háishì nǐmen gěi wǒ jièshào

C: 啊，有 这么 多 功能，还是 你们 给 我 介绍

yíxià ba.

一下 吧。

Hǎode. Zhè zhǒng shǒujī jì néng shàngwǎng, fā diànyóu,

W: 好的。这 种 手机 既 能 上网、发电邮，

yòu néng zhàoxiàng, tīng yīnyuè.

又 能 照相、听 音乐。

Zhēnde? Nàme jiàgé yídìng bù piányi ba? Shì bú shì hěn

C: 真的？那么 价格 一定 不 便宜 吧？是 不是 很

nán cāozuò?

难 操作？

Wǒmen shǒujī de jiàgé hěn hélǐ, cāozuò yě bù nán.

W: 我们 手机 的 价格 很 合理，操作 也 不 难。

L: Yàoshi nín dìnggòu hěn duō zhè zhǒng shǒujī, wǒmen gōngsī
要是 您 订购 很 多 这 种 手机, 我们 公司

jiù zèngsòng shǒujī tào.
就 赠送 手机 套。

C: Qítā shǒujī shēngchǎn shāng dōu hé diànxìn gōngsī yǒu yōuhuì
其他手机 生产 商 都 和 电信 公司 有 优惠

xiéyì, nǐmen yǒu ma?
协议, 你们 有 吗?

L: Yǒu. Rúguǒ yòng wǒmen de shǒujī, diànxìn gōngsī zài liǎng nián
有。如果 用 我们 的 手机, 电信 公司 在 两 年

nèi, búdàn gěi yònghù měi gè yuè yìbǎi fēnzhōng miǎnfèi
内, 不但 给 用户 每 个 月 一百 分钟 免费

tōnghuà, érqiě hái gěi fā duǎnxìn bànjià de yōuhuì.
通话, 而且 还 给 发 短信 半价 的 优惠。

C: Tīng shàngqu hěn hǎo. Háiyǒu qítā fúwù ma?
听 上去 很 好。还有 其他 服务 吗?

W: Wǒmen de shǒujī yǒu liǎng nián miǎnfèi bǎoxiū.
我们 的 手机 有 两 年 免费 保修。

C: Tài hǎo le. Wǒ shì shǒujī dàilǐ shāng, yǐjīng zuò le jǐ
太 好 了。我 是 手机 代理 商, 已经 做 了 几

jiā gōngsī de shǒujī dàilǐ, yě hěn xiǎng chéngwéi nǐmen de
家 公司 的 手机 代理, 也 很 想 成为 你们 的

dàilǐ.   Bù zhīdào yīnggāi zěnme shēnqǐng?
代理。不 知道 应该 怎么 申请？

◄ ············

Nín xiān tián yíxià zhè zhāng biǎo.   Rúguǒ wǒmen gōngsī yǒu
L：您 先 填 一下 这 张 表。如果 我们 公司 有

◄ ············

xìngqù, jiù huì yǒu rén liánxì nín de.
兴趣，就 会 有 人 联系 您 的。

◄ ············

Xíng, xièxie nǐmen.
C：行， 谢谢 你们。

◄ ············

Try It Yourself   **3 MATCH THE SENTENCE**

Can you match the sentences which have the same meaning?

Nǐ yǒu méiyǒu jùtǐ de shùjù?   ①
你 有 没有 具体 的 数据？

Ⓐ Zhè zhǒng shǒujī jì néng shàngwǎng
这 种 手机既 能 上网
fā diànyóu, yòu néng zhàoxiàng
发 电邮，又 能 照相
tīng yīnyuè.
听 音乐。

Zhè zhǒng shǒujī búdàn néng   ②
这 种 手机 不但 能
shàngwǎng, fā diànyóu, érqiě néng
 上网、 发 电邮，而且 能
zhàoxiàng, tīng yīnyuè.
 照相、 听 音乐。

Ⓑ Rúguǒ wǒmen gōngsī yǒu xìngqù.
如果 我们 公司 有兴趣。

Rúguǒ wǒmen duì nǐ gōngsī gǎn xìngqù. ③
如果 我们 对你 公司 感兴趣。

Ⓒ Nǐ yǒu méiyǒu xiángxì de shùzì?
你 有 没有 详细 的 数字？

Business Cultural Tips

▶ Whether you are selling your product/service to Chinese clients or just introducing yourself to them for potential future business opportunities, a "soft and friendly" approach works better than a hard-sell. Culturally, Chinese people generally do not buy hard-sell, particularly when doing business between foreign enterprises. So selling/persuading with too much enthusiasm and confidence may have the opposite effect on Chinese people from the one intended.

Traditionally, before a Chinese enterprise introduces their product or service to you, the representative will prefer to spend a long time presenting the company and the product from a "big-picture" perspective (size, number of employees and their clients etc.), rather than concentrating on details of the product you are interested in. They will attach importance to the overall image of the company and will want to demonstrate they are a "complete" business. Bear this in mind when you introduce your own product. Chinese people firstly will like to know about your company's broader structure and "image" in your own country.

When a Chinese company introduces their product, the representatives may say things like "our product is very good, but we work hard to make it even better ". This is simply a sign of modesty, not a sign of weakness or having little confidence in their product. According to traditional Chinese culture, one should never be "too confident" about oneself or one's work.

TOPIC 18

PREPARING FOR NEGOTIATION

Business Communication Skill Snowball

▶ Clarifying the potential clients:

Zhège chǎnpǐn shì zhēnduì nǎxiē kèhù de?

这个 产品 是 针对 哪些 客户 的？

Who are your products targeted at?

▶ Enquiring about the bidding procedure:

Nǐmen de dàilǐ shāng zhāobiāo fāngshì hé shānxuǎn guòchéng shì

你们 的 代理商 招标 方式 和 删选 过程 是

zěnmeyàng de?

怎么样 的？

What's your bidding procedure for being an agency?

▶ Asking who is involved in decision making:

Zuìhòu de zhòngbiāo dàilǐ shāng yóu shéi lái juédìng?

最后 的 中标 代理 商 由 谁 来 决定？

Who will decide the winner of the bidding?

▶ Discussing the timeframe for the bidding:

Wǒmen xīwàng néng zài yí gè yuè nèi luòshí dàilǐ shāng de míngdān.

我们 希望 能 在一个月 内落实代理 商 的 名单。

We hope we can finalise the agents within one month.

 **Dialogue** — One week after the trade show, Zhang Jing (Z) holds a meeting with two agents, Mr. Xie (X) and Ms Fu (F), Liu Lan (L) is also there at the meeting.

Z:
Xièxie liǎng wèi jīntiān lái hé wǒmen qiàtán. Guānyú wǒmen
谢谢 两 位 今天 来 和 我们 洽谈。关于 我们

gōngsī de shǒujī dàilǐ quán, xiànzài yóu Liú xiǎojiě lái hé
公司 的 手机 代理 权，现在 由 刘 小姐 来 和

nǐmen tántan ba.
你们 谈谈 吧。

L:
Liǎng wèi zài zhǎnxiāo huì shang yǐjīng kàn dào le. Wǒmen de zhè
两 位 在 展销 会 上 已经 看 到 了。我们 的 这

liǎng kuǎn shǒujī búdàn cāozuò jiǎndān, gōngnéng qíquán, érqiě
两 款 手机 不但 操作 简单，功能 齐全，而且

bǐ mùqián shìchǎng shang de shǒujī dōu báo.
比 目前 市场 上 的 手机 都 薄。

X:
Nǐmen de shǒujī shì zhēnduì nǎxiē kèhù de?
你们 的 手机 是 针对 哪些 客户 的？

L:
Zhǔyào shì jīngcháng chūchāi, jīngcháng yào shōu fā diànyóu de
主要 是 经常 出差、经常 要 收发 电邮 的

shēngyì rén huòzhě gōngsī báilǐng.
生意 人 或者 公司 白领。

F:
Zhēnduì zhèyàng de kèhù qún, nǐmen de língshòu jià shì bú shi
针对 这样 的 客户 群，你们 的 零售 价 是 不是

huì bǐ biérén gāo de duō?

会 比 别人 高 得 多？

Huì gāo yìdiǎn,　dànshì hěn hélǐ.

Z：会 高 一点，但是 很 合理。

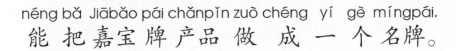

Wǒmen lǐxiǎng de　dàilǐ shāng shì

L：我们 理想 的 代理 商 是

néng bǎ Jiābǎo pái chǎnpǐn zuò chéng yí gè míngpái.

能 把 嘉宝 牌 产品 做 成 一 个 名牌。

Wǒ xiànzài　dàilǐ　de pǐnpái jiù yǒu shí gè, míngpái chǎnpǐn

X：我 现在 代理 的 品牌 就 有 十 个，名牌 产品

yídìng yào yǒu hǎo de shōuhòu fúwù.　Nǐmen de shōuhòu

一定 要 有 好 的 售后 服务。你们 的 售后

fúwù　zěnmeyàng?

服务 怎么样？

Shōuhòu fúwù shì hěn hǎo de.　Wǒmen de bǎoxiū qīxiàn bǐ

L：售后 服务是 很 好 的。我们 的 保修 期限 比

biérén de cháng,　érqiě yǒu hěn duō miǎnfèi fúwù.

别人 的 长，而且 有 很 多 免费 服务。

Nàme,　nǐmen de　dàilǐ shāng zhāobiāo fāngshì hé shānxuǎn

F：那么，你们 的 代理 商 招标 方式 和 删选

guòchéng shì zěnmeyàng de?

过程 是 怎么样 的？

> At that moment, Liu Lan (L) takes out two folders, giving one to Mr. Xie (X) and one to Ms Fu (F). Zhang Jing (Z) looks in his diary.

Zhè shì wǒmen shǒujī de dàilǐ shāng zhāobiāo shū.

L: 这 是 我们 手机 的 代理 商 招标 书。

Wǒ zhīdào jīntiān shì wǒmen de chūbù qiàtán, xiàyíbù

F: 我 知道 今天 是 我们 的 初步 洽谈，下一步

wǒmen yīnggāi zuò shénme?

我们 应该 做 什么？

Nǐmen bǎ jìngbiāo zīliào jǐnkuài jì gěi wǒmen, wǒmen shōudào

L: 你们 把 竞标 资料 尽快 寄给 我们，我们 收到

yǐhòu yì xīngqī nèi zài hé nǐmen liánxì.

以后 一 星期 内 再 和 你们 联系。

Zuìhòu de zhōngbiāo dàilǐ shāng yóu shéi lái juédìng?

X: 最后 的 中标 代理 商 由 谁 来 决定？

Yóu dǒngshìhuì zuìhòu juédìng.

L: 由 董事会 最后 决定。

Wǒmen xīwàng néng zài yí gè yuè nèi luòshí dàilǐ shāng de

Z: 我们 希望 能 在 一个 月 内 落实 代理 商 的

míngdān.

名单。

Hǎode, wǒmen huíqù jǐnkuài bǎ zīliào jì gěi nǐmen!

F&X: 好的，我们 回去 尽快 把 资料 寄 给 你们！

New Words and Expressions

代理权	dàilǐ quán	agent eligibility
由	yóu	by (see language reminder)
款	kuǎn	type, style
简单	jiǎndān	simple
齐全	qíquán	complete
比	bǐ	to compare with (see language reminder)
目前	mùqián	at present
薄	báo	thin
针对	zhēnduì	to target
哪些	nǎxiē	which
主要	zhǔyào	main
出差	chūchāi	to go on business trip
生意人	shēngyì rén	businessman
白领	báilǐng	white collar (office workers)
这样	zhèyàng	so, such
客户群	kèhù qún	customer group
零售价	língshòu jià	retail price
别人	biérén	other people, someone else
高	gāo	high
理想	lǐxiǎng	ideal
做成	zuò chéng	enable to become
名牌	míngpái	famous brand
品牌	pǐnpái	brand
售后服务	shòuhòu fúwù	customer service

期限	qīxiàn	duration
招标	zhāobiāo	to invite tenders/bids
方式	fāngshì	ways and means, style
删选	shānxuǎn	to select
过程	guòchéng	procedure
招标书	zhāobiāo shū	bid (prepared documents/pack)
初步	chūbù	initial step
下一步	xiàyíbù	next step
竞标	jìngbiāo	to compete for bids
尽快	jǐnkuài	as soon as possible
寄	jì	to send
最后	zuìhòu	final, last
中标	zhōngbiāo	to win a bid
谁	shéi	who, whom
决定	juédìng	to decide
董事会	dǒngshìhuì	board, committee
落实	luòshí	to finalise

Language Reminder

1. 由 (yóu)

→　……, 现在由刘小姐来和你们谈谈吧。(..., xiànzài yóu Liú xiǎojiě lái hé nǐmen tántan ba.)

Now it is Miss Liu who is going to talk about (it) with you.

由 (yóu) can be followed by a person/organization, to indicate the initiator of the action to follow. So if you were acting as an "anchor", you would use this structure to introduce the next speaker etc.

→ 现在由我们的代理商和你谈谈开连锁店的事。(Xiànzài yóu wǒmen de dàilǐ shāng hé nǐ tántan kāi liánsuǒdiàn de shì.)
Now it is our agent who will discuss opening a franchise with you.

→ 现在由我们的中方经理吴先生发言。(Xiànzài yóu wǒmen de Zhōngfāng jīnglǐ Wú xiānsheng fāyán.)
Now it is our Chinese manager Mr. Wu who will give the speech.

The other example with 由 (yóu) from the Dialogue:

→ ……由董事会最后决定 (... yóu dǒngshìhuì zuìhòu juédìng)
... will be finalised by the Board.

2. 比 (bǐ)

2.1

→ ……比目前市场上的手机都薄。(érqiě bǐ mùqián shìchǎng shang de shǒujī dōu báo.)
... (They) are thinner than any other mobiles on the market.

比 (bǐ) is used to make a comparison. The basic structure is:
A 比 (bǐ) B X — A compared to B is more X. (A is more X than B)
(X would be an adjective or adverbial phrase)

→ A书比B书好。(A shū bǐ B shū hǎo.)
Book A, compared to Book B, is better.
(Book A is better than Book B.)

→ 这种型号的功能比那种的多。(Zhè zhǒng xínghào de gōngnéng bǐ nà zhǒng de duō.)
This model, compared to that one, has got more functions.

(This mobile phone model has got more functions than the other one).

2.2

To form a negative comparison, 没有(méiyǒu) is used, rather than 不比(bùbǐ). For example:

→ B没有A X. (B méiyǒu A X.)
B is not as X as A.
(i.e. A is more X than B)

2.3

Another example from the dialogue of making a comparison, but this time indicating the degree of difference:

→ 你们的零售价是不是会比别人高得多？(Nǐmen de língshòu jià shì bú shì huì bǐ biérén gāo de duō?)
Is it true that your retail price will be a lot higher than others?

得多/多了/一点儿(de duō / duō le / yìdiǎnr) are the phrases positioned after X which indicate the degree of difference. Using 得多(de duō) or 多了(duō le) indicates a considerable degree of difference, whereas 一点儿 (yìdiǎnr) indicates a smaller degree of difference, often not significant.

→ A 比 B X得多/多了. (A bǐ B X de duō/duō le.)
A is much more X than B.

→ 我们的服务比别的公司的好得多。(Wǒmen de fúwù bǐ biéde gōngsī de hǎo de duō.)
Our service is much better than other companies.

→ A 比 B X一点儿. (A bǐ B X yìdiǎnr.)
A is a little more X than B.

→ 这台打印机比那台快一点儿。(Zhè tái dǎyìnjī bǐ nà tái kuài yìdiǎnr.)
This printer is a little faster than the other one.

With the same principle, a specific figure/number can also be used instead of 得多/多了/一点儿(de duō/duō le/yìdiǎnr) to indicate the exact difference.

→ 商务舱机票比经济舱的贵三百元。(Shāngwù cāng jīpiào bǐ jīngjì cāng de guì sānbǎi yuán.)
The plane ticket for business class is three hundred yuan more expensive than economy class.

3. 会 (huì)

→ ⋯⋯ 会比别人高。(... huì bǐ biérén gāo.)
The price will be higher than others.

会(huì) is one of many Chinese words which can have a few different meanings. 会(huì) in *Topic 3* means *be able to/can* and in *Topic 5* means *meeting or conference*, while in this topic 会(huì) is used to form a future tense, meaning *will or would*.

→ 我们保证在6月5日前你会得到我们的答复。(Wǒmen bǎozhèng zài liù yuè wǔ rì qián nǐ huì dédào wǒmen de dáfù.)
We guarantee you will hear from us before 5th June.

→ 明年你会再去中国吗? (Míngnián nǐ huì zài qù Zhōngguó ma?)
Will you go to China again next year?

4. 你们把竞标资料尽快寄给我们, 我们收到以后一星期内再和你们联系。(Nǐmen bǎ jìngbiāo zīliào jìnkuài jì gěi wǒmen, wǒmen shōu dào yǐhòu yì xīngqī nèi zài hé nǐmen liánxì.)

Post us your bid (prepared documents) as soon as you can and we will, within one week of receiving it, contact you again.

🎧 Additional Words and Phrases

高薪阶层	gāoxīn jiēcéng	high income group
普通老百姓	pǔtōng lǎobǎixìng	common people
目标	mùbiāo	target
投入……市场	tóurù … shìchǎng	enter the … market
连锁店	liánsuǒ diàn	franchise
最晚	zuìwǎn	at the latest
短	duǎn	short
初次	chūcì	first (as in first time)
会谈	huìtán	(political, business) meeting
中标人	zhòngbiāo rén	bid winner(s)
公布	gōngbù	to announce

Try It Yourself   **1 PROBLEM SOLVING**

1. Can you talk about the type of customers your products are aimed at?

2. Can you explain to your agent what market(s) you want to enter or establish franchises in?

3. Explain to bidders what you will do after receiving their bid.

4. You want to find out who is in charge of the bidding selection and when you will know the result. What do you say?

Try It Yourself   **2 SPOT THE DIFFERENCE**

The scene of Liu Lan and Zhang Jing holding an initial negotiation meeting with two agents is replayed here, but slightly different. Can you spot the 8 differences in the language they have used?

Xièxie liǎng wèi jīntiān lái hé wǒmen qiàtán.   Yǒuguān wǒmen

Z: 谢谢 两 位 今天 来 和 我们 洽谈。 有关 我们

gōngsī de shǒujī   dàilǐ quán, xiànzài ràng Liú xiǎojiě lái gěi

公司 的 手机 代理 权，现在 让 刘 小姐 来 给

nǐmen jièshào yíxià ba.

你们 介绍一下 吧。

Liǎng wèi zài zhǎnxiāo huì shang yǐjīng kàn dào le. wǒmen de zhè

L: 两 位在展销 会 上 已经 看 到 了。我们 的 这

liǎng zhǒng shǒujī búdàn róngyì shǐyòng, shénme gōngnéng dōu

两 种 手机不但容易 使用，什么 功能 都

yǒu,   érqiě shì mùqián shìchǎng shang zuì báo de shǒujī.

有，而且 是 目前 市场 上 最薄 的手机。

Nǎxiē rén shì nǐmen shǒujī de mùbiāo yònghù?

X: 哪些人 是 你们 手机 的 目标 用户？

Zhǔyào shì jīngcháng chūchāi, jīngcháng yào shōufā diànyóu de

L: 主要是 经常 出差、经常 要 收发 电邮 的

shēngyì rén huòzhě gōngsī báilǐng.
生意人 或者 公司 白领。

Zhēnduì zhèyàng de yònghù qún, nǐmen de língshòu jià huì bú huì
F: 针对 这样 的 用户 群, 你们 的 零售价 会 不会

bǐ biérén gāo de duō?
比 别人 高 得 多?

Huì gāo yìdiǎn, dànshì hěn hélǐ.
Z: 会 高 一点, 但是 很 合理。

Wǒmen lǐxiǎng de dàilǐ shāng shì néng bǎ Jiābǎo pái chǎnpǐn
L: 我们 理想 的 代理 商 是 能 把 嘉宝 牌 产品

zuòchéng yí gè míngpái.
做成 一个 名牌。

Wǒ xiànzài dàilǐ de pǐnpái jiù yǒu shí gè, míngpái chǎnpǐn
X: 我 现在 代理 的 品牌 就 有 十 个, 名牌 产品

yídìng yào yǒu hǎo de shòuhòu fúwù. Nǐmen de shòuhòu
一定 要 有 好 的 售后 服务。你们 的 售后

fúwù zěnmeyàng?
服务 怎么样?

Shòuhòu fúwù shì hěn hǎo de. Biérén de bǎoxiū qīxiàn dōu
L: 售后 服务 是 很 好 的。别人 的 保修 期限 都

bǐ wǒmen de duǎn, wǒmen hǎiyǒu hěn duō miǎnfèi fúwù.
比 我们 的 短, 我们 还有 很 多 免费 服务。

Nà, nǐmen de dàilǐ shāng zhāobiāo fāngshì hé shānxuǎn
F: 那，你们的代理商招标方式和删选

guòchéng shì zěnmeyàng de?
过程是怎么样的？

Zhè shì wǒmen shǒujī de dàilǐ shāng zhāobiāo shū.
L: 这是我们手机的代理商招标书。

Wǒ zhīdào jīntiān shì wǒmen de chūcì huìtán, xià yí bù
F: 我知道今天是我们的初次会谈，下一步

wǒmen gāi zuò shénme?
我们该做什么？

Nǐmen bǎ jìngbiāo zīliào jǐnkuài jì gěi wǒmen, wǒmen shōu dào
L: 你们把竞标资料尽快寄给我们，我们收到

yǐ hòu yì xīngqī nèi zài hé nǐmen liánxì.
以后一星期内再和你们联系。

Yóu shéi lái juédìng zuìhòu de zhòngbiāorén?
X: 由谁来决定最后的中标人？

Yóu dǒngshìhuì zuìhòu juédìng.
L: 由董事会最后决定。

Wǒmen xīwàng néng zài yí gè yuè nèi gōngbù dàilǐ shāng
Z: 我们希望能在一个月内公布代理商

míngdān.
名单。

Hǎode, wǒmen huíqù jǐnkuài bǎ zīliào jì gěi nǐmen!

F&X: 好的，我们 回去 尽快 把 资料 寄 给 你们！

Try It Yourself   3 MATCH THE SENTENCE

Can you match the sentences which have the same meaning?

Wǒmen de bǎoxiū qīxiàn bǐ biérén (1)
我们 的 保修 期限 比 别人
de chāng, érqiě yǒu hěn duō miǎnfèi
的 长，而且 有 很 多 免费
fúwù.
服务。

(A) Nǎxiē rén shì nǐmen shǒujī de mùbiāo
哪些 人 是 你们 手机 的 目标
yōnghù?
用户？

Nǐmen de shǒujī shì zhēnduì (2)
你们 的 手机 是 针对
nǎxiē kèhù de?
哪些 客户 的？

(B) Búdàn róngyì shǐyòng, shénme gōngnéng
不但 容易 使用，什么 功能
dōu yǒu, érqiě shì shìchǎng shang
都 有，而且 是 市场 上
zuì báo de shǒujī.
最 薄 的 手机。

Búdàn cāozuò jiǎndān, gōngnéng (3)
不但 操作 简单，功能
qíquán, érqiě bǐ mùqián shìchǎng
齐全，而且 比 目前 市场
shang de rènhé shǒujī dōu báo.
上 的 任何 手机 都 薄。

(C) Biérén de bǎoxiū qīxiàn dōu bǐ wǒmen
别人 的 保修 期限 都 比 我们
de duǎn, wǒmen hái yǒu hěn duō
的 短，我们 还 有 很 多
miǎnfèi fúwù.
免费 服务。

Business Cultural Tips

▶ Before entering into formal negotiations with your Chinese clients, you may meet them informally, perhaps in a restaurant or a hotel. On these occasions, you might want to have a pleasant and informal chat with them to create a good personal relationship (guānxi). "Guānxi" is such an important part of Chinese business culture. Good "guānxi" increases the chance of success greatly. The general topics for "small talk" or informal conversation in China tend to be very different from in the west. Traditionally Chinese people's small talk quite often involves things that in Western culture people regard as private, such as your age, marital status and your salary. This is a sign that they genuinely want to get to know you and they regard that as an important part of the business. In many urban areas which have been more influenced by the West, Chinese people will know not to probe these topics.

Chinese people generally like to talk about their children and especially, their children's education, so questions involving their children would stand you in good stead. You can ask questions like: "Which school/college/ university does he/she go? What does he/she study? Where would he/she like to work after they graduate? Does he/she want to study/work abroad one day?"

Questions that relate to someone's financial or social status should be avoided because they may feel that they will lose "face" in front of you or their colleagues by their answers. These typical questions to be avoided therefore include "Do you have a car? Do you drive to work? Have you been to any country outside China?"

Before walking into the negotiation room, make sure you know exactly who will be present on the Chinese side and their hierarchy and professional position in their company. This is so you can learn how to address them properly with appropriate titles, which culturally is very important for Chinese people.

TOPIC 19

WORKING ON DETAILS

Business Communication Skill Snowball

▶ Enquiring about commission:

Zuò nǐmen dújiā   dàilǐ de xiāoshòu tíchéng shì duōshao?

做 你们 独家 代理 的 销售 提成 是 多少?

> How much is the commission on being your sole agent?

▶ Explaining your company's commission policy:

Yìbān shì chǎnpǐn língshòu jià de bǎifēnzhī shí.

一般 是 产品 零售 价 的 百分之十。

> Normally it's 10% of the retail price.

▶ Asking about technical support:

Nǐmen huì gěi dàilǐ shāng tígōng shénmeyàng de jìshù zhīchí?

你们 会 给 代理 商 提供 什么样 的 技术支持?

> What kind of technical support will you provide to
> an agent?

▶ Giving additional information about customer services:

Wǒmen hái zhǔnbèi kāitōng jìshù zīxún rèxiàn.

我们 还 准备 开通 技术咨询热线。

> We're also preparing to open a technical support hotline.

Dialogue

After receiving bids from the agents, Zhang Jing (Z) and Liu Lan (L) have another meeting with Mr. Xie (X) and Ms Fu (F). Adam Jones (J) has finished his trip and also attends the meeting.

Jīntiān qǐng liǎngwèi lái shì xiǎng zài jìnyíbù tǎolùn dàilǐ wǒmen

L: 今天 请 两位来是 想 再进一步讨论代理我们

chǎnpǐn de wèntí.

产品 的 问题。

Zhènghǎo wǒmen gōngsī de Yīngfāng dàibiǎo Qióngsī xiānsheng

Z: 正好 我们 公司 的 英方 代表 琼斯 先生

yě zài. Guānyú jìshù shang de wèntí, nǐmen kěyǐ hé

也 在。关于技术上 的 问题，你们 可以 和

tā tǎolùn.

他 讨论。

Hěn gāoxìng yǒu jīhuì hé liǎng wèi jiànmiàn. Yǒu shénme wèntí,

J: 很 高兴有机会和两 位见面。有什么问题，

qǐng jǐnguǎn wèn wǒ.

请 尽管 问我。

Xièxie!

X&F: 谢谢！

Wǒmen xiǎng quèrèn yíxià,

X: 我们 想 确认一下，

guì gōngsī yào zhǎo de shì dújiā dàilǐ háishi duōjiā dàilǐ?
贵 公司 要 找 的 是独家代理 还是 多家 代理?

Liǎng zhǒng dàilǐ dōu xíng. Zhǐyào dàilǐ shāng nénggòu bǎozhèng
Z: 两 种代理都行。只要代理商 能够 保证

wǒmen chǎnpǐn de xiāoliàng.
我们 产品 的 销量。

Zuò nǐmen dújiā dàilǐ de xiāoshòu tíchéng shì duōshao?
F: 做 你们 独家 代理 的 销售 提成 是多少?

Yìbān shì chǎnpǐn língshòu jià de bǎifēnzhī shí.
L: 一般 是产品 零售 价的百分之十。

Duōjiā dàilǐ de tíchéng shì bú shì bǐ zhè dī?
X: 多家 代理 的 提成 是不 是比这低?

Bù yídìng.
Z: 不一定。

Duì wǒmen dàilǐ shāng láishuō, dújiā xiāoshòu jìngzhēng jiù shǎo,
F: 对 我们 代理 商 来说,独家 销售 竞争 就 少,

huì gèng yǒulì.
会 更 有利。

Nà dāngrán! Rúguǒ duō jiā xiāoshòu de yèjì hǎo, tíchéng huì
X: 那 当然!如果多家 销售 的 业绩 好,提成 会

bú huì zēngjiā?
不会 增加?

Dāngrán huì. Wǒmen háiyǒu yí xìliè de jiǎnglì bānfǎ hé

L: 当然 会。我们 还有一系列的 奖励 办法和

shìchǎng cùxiāo shǒuduàn.

市场 促销 手段。

⟶ Mr. Xie (X) then turns to Adam Jones (J) for other questions.

Qióngsī xiānsheng, nǐmen huì gěi dàilǐ shāng tígōng shénmeyàng

X: 琼斯 先生，你们 会给代理 商 提供 什么样

de jìshù zhīchí?

的 技术支持?

Wǒmen chúle wèi shēngchǎn shāng hé   dàilǐ shāng tígōng jìshù

J: 我们 除了为 生产 商 和代理 商 提供技术

péixùn,   hái huì pài jìshù gùwèn dào xiànchǎng zhǐdǎo.

培训，还会派技术顾问到 现场 指导。

Wǒmen hái zhǔnbèi kāitōng jìshù   zīxún   rèxiàn.

Z: 我们 还 准备 开通 技术 咨询 热线。

Tài hǎo le!   Yǒu le zhèyàng de fúwù,   wǒmen hé yònghù duì

X: 太 好 了! 有 了 这样 的 服务，我们 和 用户 对

guì gōngsī de chǎnpǐn jiù huì gèng yǒu xìnxīn.

贵 公 司 的 产 品 就 会 更 有 信心。

Zhāng zǒng, wǒmen shénme shíhou néng zhīdào jìngbiāo jiéguǒ?

F: 张 总，我们 什么 时候 能 知道 竞标结果?

Sān gè xīngqī yǐhòu, nǐmen jiù kěyǐ zhīdào.

Z: 三 个 星期 以后，你们 就 可以 知道。

Hǎo jíle! Xīwàng wǒmen néng yǒu jīhuì hézuò!

F: 好 极了！希望 我们 能 有 机会 合作！

Zhù nǐmen hǎo yùn!

Z: 祝 你们 好 运！

🎧 New Words and Expressions

进一步	jìnyíbù	one more step forward (further)
正好	zhènghǎo	just in time, happen to
英方	Yīngfāng	British side
代表	dàibiǎo	representative
技术	jìshù	technology
机会	jīhuì	opportunity
尽管问	jǐnguǎn wèn	feel free to ask
找	zhǎo	to look for
独家代理	dújiā dàilǐ	sole agent
多家代理	duōjiā dàilǐ	multiple agents
能够	nénggòu	can, be capable of
保证	bǎozhèng	to guarantee
销量	xiāoliàng	sales volume
销售	xiāoshòu	sales
提成	tíchéng	commission

一般	yìbān	normally, in general
百分之……	bǎifēnzhī …	percent
低	dī	low
对……来说	duì … láishuō	speak on one's behalf (see language reminder)
竞争	jìngzhēng	competition
少	shǎo	little, few
有利	yǒulì	beneficial
当然	dāngrán	certainly
业绩	yèjì	merit
增加	zēngjiā	to increase
一系列	yí xìliē	a series of
奖励	jiǎnglì	rewarding, reward
办法	bànfǎ	ways and means
促销	cùxiāo	to promote sales
手段	shǒuduàn	means, measure
提供	tígōng	to provide
支持	zhīchí	support
除了……还……	chúle…hái…	apart from … also (see language reminder)
派	pài	to send
顾问	gùwèn	consultant
现场	xiànchǎng	scene, site of
指导	zhǐdǎo	to supervise
开通	kāitōng	to open and connect
咨询	zīxún	to consult, consultation

热线	rèxiàn	hotline
信心	xìnxīn	confidence
什么时候	shénme shíhou	when
结果	jiéguǒ	result
好极了	hǎo jíle	excellent
好运	hǎo yùn	good luck

Language Reminder

1. (在)……上(zài...shang)

关于技术上的问题，……(guānyú jìshù shang de wèntí, ...)

on (any) technical questions …

(在)……上(zài...shang) follows a noun to mean *in the aspect/area of ...* , which is similar to 在……方面(zài...fāngmiàn) in *Topic 20. Please observe the difference of word order between Chinese and English when use this phrase and the ones in below Note 3 and 5.*

→ 这个公司在服务上有很多问题。(Zhège gōngsī zài fúwù shang yǒu hěn duō wèntí.)

This company has lot of problems with their service.

→ 看来我们之间在合同上还有很多分歧。(Kànlái wǒmen zhījiān zài hétong shang háiyǒu hěn duō fēnqí.)

It looks like we still have many disagreements over the contract between us.

2. 什么 (shénme)

有什么问题，请尽管问我。(Yǒu shénme wèntí, qǐng jǐnguǎn wèn wǒ.)

(If) there is any question, please feel free to ask me.

什么(shéme) can mean *something/anything*, as shown above. It is especially common in colloquial Chinese.

→ 有什么需要我帮忙的，请尽管找我。(Yǒu shénme xūyào wǒ bāngmáng de, qǐng jǐnguǎn zhǎo wǒ.)

(If) there is anything (you) need me to help with, please feel free to ask me.

→ 你不想喝点什么？(Nǐ bù xiǎng hē diǎn shénme?)

Do you not want to drink anything?

3. 对(duì)+person/organization+来说 (láishuō)

对我们代理商来说，独家销售竞争就少，会更有利。(Duì wǒmen dàilǐ shāng láishuō, dújiā xiāoshōu jìngzhēng jiù shǎo, huì gèng yǒulì.)

From our perspective, being the sole retailer/agent has less competition and will be more advantageous.

对(duì) + person/organization + 来说 (láishuō) means *from that person/organization's perspective.*

4. 除了……(还)……(chúle …[hái] …)

我们除了为生产商和代理商提供技术培训，还会派技术顾问到现场指导。(Wǒmen chúle wèi shēngchǎn shāng hé dàilǐ shāng tígōng jìshù péixùn, hái huì pài jìshù gùwèn dào xiànchǎng zhǐdǎo.)

Apart from providing technical training for our manufacturers and agents, we will also send our technical consultant to go to the shops for support.

除了……还……(chúle … hái …) means *apart from …, also…* It is another commonly used conjunction in Chinese.

除了(chúle) on its own can mean *except for, except that…*

→ 除了小王，公司里所有的人都收到了这封电邮。(Chúle xiǎo Wáng, gōngsī lǐ suǒyǒu de rén dōu shōu dào le zhè fēng diànyóu.)

Everybody in the company received the email except for Xiao Wang.

5. 对……有信心(duì … yǒu xìnxīn) &……了……就……(… le… jiù…)

有了这样的服务，我们和用户对贵公司的产品就会更有信心。(Yǒu le zhèyàng de fúwù, wǒmen hé yònghù duì guì gōngsī de chǎnpǐn jiù huì gèng yǒu xìnxīn.)

We (as agents) and the customers will have more confidence in your product with the services you provide.

对……有信心(duì ... yǒu xìnxīn) means *be confident with/have confidence in ...*

The ……了……就……(... le... jiù...) structure indicates that one thing (就……) happens quickly after the first action. It may be used for both the actions in the past and for predicting actions in the future.

→ 跟王先生吃完了饭，我们就回公司了。(Gēn Wáng xiānsheng chī wán le fàn, wǒmen jiù huí gōngsī le.)
After having dinner with Mr. Wang, we went back to the company.

→ 到了北京，我就给你打电话。(Dào le Běijīng, wǒ jiù gěi nǐ dǎ diànhuà.)
I will call you immediately after I arrive in Beijing.

Additional Words and Phrases

每隔多久	měi gé duō jiǔ	how often
举办	jǔbàn	to hold (a game, campaign)
促销活动	cùxiāo huódòng	sale promotion (activity)
抽奖活动	chōujiǎng huódòng	prize draw (activity)
恰好	qiàhǎo	happen to be, coincidently
提出来	tí chūlai	to raise (a question)
一成	yì chéng	ten percent
多种	duō zhǒng	many kinds (of)
放心	fàngxīn	worry free
推广	tuīguǎng	to promote, promotion

有关	yǒuguān	regarding, related to
自然	zìrán	natural
得知	dézhī	to know

Try It Yourself **1 PROBLEM SOLVING**

1. As an agent, how would you ask about the commission offered from the company?

2. Can you talk about your company's commission policy for agents?

3. Can you name 3 things, in terms of the technical support you will provide, for your agent?

4. As an agent, how would you ask what technical or market support is available to you. For example, how often do you send technicians to visit us on site?

Try It Yourself **2 SPOT THE DIFFERENCE**

The scene of Liu Lan, Zhang Jing and Adam Jones meeting two agents is replayed here, but slightly different. Can you spot the 11 differences in the language they have used?

Jīntiān qǐng liǎng wèi lái shì xiǎng zài jìnyíbù tǎolùn dàilǐ

L: 今天 请 两位 来 是 想 再 进一步 讨论 代理

wǒmen chǎnpǐn de wèntí.
我们 产品 的 问题。

Wǒmen Yīngguó gōngsī de dàibiǎo Qióngsī xiānsheng qiàhǎo
Z：我们 英国 公司的 代表 琼斯 先生 恰好

yě zàichuǎng. Tā kěyǐ hé nǐmen tǎolūn yǒnguān jìshū shang
也 在场。 他可以 和你们 讨论 有关 技术上

de wèntí.
的 问题。

Hěn gāoxìng yǒu jīhuì hé liǎng wèi jiànmiàn. Yǒu shénme xūyào
J：很 高兴 有机会和 两 位 见面。有什么 需要

wǒ huídā de, qǐng jǐnguǎn tí chūlai.
我 回答的，请 尽管 提出来。

Xièxie!
X&F：谢谢！

Wǒmen xiǎng gǎo qīngchǔ guì gōngsī yào zhǎo de shì dújiā
X：我们 想搞 清楚 贵公司要 找 的是独家

dàilǐ háishi duōjiā dàilǐ?
代理 还是多家 代理?

Liǎng zhǒng dàilǐ dōu xíng. Zhǐyào dàilǐ shāng nénggòu bǎozhèng
Z：两 种代理都行。只要 代理商 能够 保证

wǒmen chǎnpǐn de xiāoliàng.
我们 产品 的 销量。

Zuò nǐmen dújiā dàilǐ de xiāoshòu tíchéng shì duōshao?
F：做 你们 独家 代理 的 销售 提成 是 多少?

Tōngcháng shì chǎnpǐn shòujià de yì chéng.
L：通常 是产品 售价 的 一 成。

Duōjiā dàilǐ de tíchéng shì bú shì bǐ zhè dī?
X：多家 代理 的 提成 是 不 是 比 这 低?

Bù yídìng.
Z：不 一定。

Duì wǒmen dàilǐ shāng láishuō, dújiā xiāoshòu jìngzhēng jiù shǎo,
F：对 我们 代理 商 来说, 独家 销售 竞争 就 少,

huì gèng yǒulì.
会 更 有利。

Nà zìrán! Rúguǒ duōjiā xiāoshòu de yèjì hǎo, tíchéng huì
X：那 自然! 如果 多家 销售 的 业绩 好, 提成 会

bú huì zēngjiā?
不会 增加?

Dāngrán huì. Wǒmen háiyǒu duō zhǒng jiǎnglì fāngshì hé
L：当然 会。我们 还有 多 种 奖励 方式 和

shìchǎng tuīguǎng shǒuduàn.
市场 推广 手段。

Qióngsī xiānsheng, zài jìshù shang nǐmen gěi dàilǐ shāng huì
X：琼斯 先生, 在 技术 上 你们 给 代理 商 会

tígōng shénmeyàng de zhīchí?

提供 什么样 的 支持?

Wǒmen búdàn wèi shēngchǎn shāng hé dàilǐ shāng tígōng jìshù

J: 我们 不但 为 生产 商 和 代理 商 提供 技术

péixùn, érqiě huì pài jìshù gùwèn dào xiànchǎng zhǐdǎo.

培训，而且 会 派 技术 顾问 到 现场 指导。

Wǒmen hái zhǔnbèi kāitōng jìshù zīxún rèxiàn.

Z: 我们 还 准备 开通 技术 咨询 热线。

Tài hǎo le! Yǒu le zhèyàng de fúwù, wǒmen hé yónghù jiù

X: 太 好 了! 有 了 这样 的 服务，我们 和 用户 就

néng gèng fàngxīn de shǐyòng nǐmen gōngsī de chǎnpǐn.

能 更 放心 地 使用 你们 公司 的 产品。

Zhāng zǒng, nǐmen shénme shíhou tōngzhī wǒmen jìngbiāo jiéguǒ?

F: 张 总，你们 什么 时候 通知 我们 竞标 结果?

Sān xīngqī hòu, nǐmen jiù kěyǐ dézhī jiéguǒ.

Z: 三 星期 后，你们 就 可以 得知 结果。

Hǎo jíle! Xīwàng wǒmen néng yǒu jīhuì hézuò!

F: 好 极 了! 希望 我们 能 有 机会 合作!

Zhù nǐmen hǎo yùn!

Z: 祝 你们 好 运!

Try It Yourself ■ MATCH THE SENTENCE

Can you match the sentences which have the same meaning?

Yìbān shì chǎnpǐn língshòu jià de （1）
一般 是 产品 零售 价的
bǎifēnzhī shí.
百分之 十。

（A）Zài jìshù shàng nǐmen gěi　dàilǐ
在 技术上　你们 给 代理
shāng huì tígōng shénmeyàng de zhīchí?
商 会提供 什么样 的支持?

Wǒmen háiyǒu yí xìliè de jiǎnglì （2）
我们 还有一系列的 奖励
bànfǎ hé shìchǎng cùxiāo shǒuduàn.
办法 和 市场 促销 手段.

（B）Tōngcháng shì chǎnpǐn shòu jià
通常 是 产品 售价
de yī chéng.
的一 成。

Nǐmen huì gěi dàilǐ shāng tígōng （3）
你们 会给代理 商 提供
shénmeyàng de jìshù zhīchí?
什么样 的技术支持?

（C）Wǒmen háiyǒu duō zhǒng jiǎnglì fāngshì
我们 还有多 种 奖励 方式
hé shìchǎng tuīguǎng shǒuduàn.
和 市场 推广 手段。

Business Cultural Tips

▶ You may be asked to sign a "letter of intent" at the beginning of the negotiation to symbolize the start of the negotiation process. It should not be legally binding. There would then be a period of time to assess the feasibility of the deal and its financial sense to both sides. Negotiations are arranged during this period and take place on two different levels, the public level and the private level.

The public level is the frontline, formal negotiation will take place at the company or a hotel. The private level is about building "guānxi", and is likely to take place in restaurants or karaoke rooms. Chinese people usually use these occasions to get to know more about their business partners on a personal level, to find out if there is trust between both sides. Sometimes, the conclusions Chinese people may draw from your behaviour at this level will make more of a difference than your performance in frontline negotiations.

TOPIC 20

CONCLUDING A DEAL

Business Communication Skill Snowball

▶ Giving details about a business agreement:

Zhè shì yí fèn wéiqī sān nián de dújiā dàilǐ xiéyì.

这是一份为期三年的独家代理协议。

This is a 3 year sole agency agreement.

▶ Querying some terms and conditions:

Wǒ bútài tóngyì zhè yì tiáokuǎn.

我不太同意这一条款。

I'm not sure about this term.

▶ Asking someone to sign:

Yàoshì méiyǒu wèntí dehuà, qǐng zài zhèr qiānzì.

要是没有问题的话，请在这儿签字。

If everything's fine, please sign here.

▶ Congratulations on concluding a deal:

Zhùhè wǒmen yuánmǎn dáchéng jiāoyì.

祝贺我们圆满达成交易。

Here's to us successfully concluding a deal.

🎧 *Dialogue*

The bidding process takes another three weeks. In the end, both Mr. Xie (X) of Duode Ltd. and Ms Fu (F) of Yida Ltd. are among the bidders invited to the final meeting. Zhang Jing (Z) and Liu Lan host the meeting.

Jīngguò dǒngshìhuì de tǎolùn, wǒmen juédìng qǐng Yìdá gōngsī
Z: 经过 董事会 的 讨论, 我们 决定 请 易达公司

zuò wǒmen de dújiā dàilǐ shāng. Zhùhè nǐ, Fù nǚshì!
做 我们 的 独家 代理 商。祝贺 你, 傅女士!

Gǎnxiè Jiābǎo gōngsī gěi "Yìdá" zhège jīhuì. Wǒmen
F: 感谢 嘉宝 公司 给 "易达" 这个 机会。我们

yídìng huì nǔlì, jǐnkuài bǎ Jiābǎo shǒujī tuī xiàng shìchǎng.
一定 会 努力, 尽快 把 嘉宝 手机 推 向 市场。

Wǒ yě yào gǎnxiè Duōdé gōngsī de Xiè xiānsheng gěi wǒmen
Z: 我 也 要 感谢 多德 公司 的 谢 先生 给 我们

de hěn duō jiànyì.
的 很 多 建议。

Xīwàng bùjiǔ néng zài qítā
X: 希望 不久 能 在 其它

fāngmiàn gēn "Jiābǎo" hézuò.
方面 跟 "嘉宝" 合作。

A buffet reception is arranged after the meeting to thank all the participants. After that, Ms Fu (F), Zhang Jing (Z) and Liu Lan (L) move to another room to sign the agreement.

Fù nǚshì,   zhè shì yí fèn wéiqī sān nián de dújiā   dàilǐ
L: 傅女士，这是一份 为期三 年 的 独家 代理

xiéyì,   qǐng nín kàn yíxià.
协议，请 您 看 一下。

Hǎo …,   wǒ bú tài tóngyì zhè yì tiáokuǎn: měi nián xiāoshòu
F: 好……，我 不太 同意 这 一条款：每年 销售

shǒujī wǔshí wàn tái, xiāoshòu tíchéng bǎifēnzhī shí.
手机 五十 万 台，销售 提成 百分之十。

Wǒmen de zhège xiāoliàng shì gēnjù nǐ jì lái de xiāoshòu
Z: 我们 的 这个 销量 是 根据 你 寄来 的 销售

jìhuà zhìdìng de.
计划 制定 的。

Jiābǎo shǒujī shì gè xīn pǐnpái, wǒmen gōngsī xūyào huā hěn
F: 嘉宝手机是个 新品牌，我们 公司 需要 花 很

duō jīnglì zuò tuīguǎng. Xiāoliàng zài yì kāishǐ bù yīnggāi
多 精力 做 推广。 销量 在一开始 不 应该

zhìdìng de tài gāo.
制定 得 太高。

Nàme wǒmen jiù zhúnián zēngjiā, zěnmeyàng?
Z: 那么 我们 就 逐年 增加，怎么 样？

F：行！我建议第一年定额三十万台，第二年
四十万台，第三年五十万台。

Z：这个销量对独家代理来说有点保守。不过，
要是你们保证作为我们的独家代理商，不
经营其它同类产品，我们就接受这个建议。

F：我绝对保证。我还想在提成方面加一条：
超过定额后，每多销售五万台，提成就
增加百分之一。张总，您看怎么样？

Z：傅女士真厉害！好吧，作为回报，你们公司
每隔半年提供一份详细的市场报告和
用户反馈。

Zhège juéduì méi wèntí!

F： 这个 绝对 没 问题！

Zhè fèn xiéyì sān nián yǒuxiào, sān nián hòu wǒmen huì zài qiān

Z： 这份 协议 三年 有效，三 年 后 我们 会再 签

yí fèn xīn xiéyì.

一份 新协议。

Zhang Jing (Z) waits until Ms Fu (F) goes through the rest of the agreement and then asks Liu Lan (L) to make an amendment and reprint it. Liu Lan comes back with two copies of the new agreement.

Fù nǚshì, qǐng nín zài kàn yíxià zhè liǎng fèn xiéyì. Yàoshi

L： 傅 女士，请 您 再 看 一下 这 两份 协议。要 是

méiyǒu wèntí dehuà, qǐng zài zhèr qiānzì.

没有 问题 的话，请 在 这儿 签字。

Hǎo..., wǒ dōu hěn mǎnyì! Wǒ lái qiānzì.

F： 好……，我 都 很 满意！我 来 签字。

Tài hǎo le! Zhùhè wǒmen yuánmǎn dáchéng jiāoyì!

Z： 太 好 了！祝贺 我们 圆满 达成 交易！

New Words and Expressions

经过	jīngguò	under a process, under discussion (see language reminder)
易达	Yìdá	Yida (company name)

祝贺	zhùhè	to congratulate
女士	nǚshì	Ms, Madam
感谢	gǎnxiè	to be grateful, to thank
努力	nǔlì	make efforts
推向	tuīxiàng	to push forward (to a new market/area etc.)
多德	Duōdé	Duode (company name)
建议	jiànyì	suggestion, to suggest
不久	bùjiǔ	soon
其它	qítā	other
方面	fāngmiàn	aspect, area (see language reminder)
为期	wéiqī	for the duration of
同意	tóngyì	to agree
条款	tiáokuǎn	terms and conditions
万	wàn	ten thousand
根据	gēnjù	according to (see language reminder)
计划	jìhuà	to plan, plan
制定	zhìdìng	to make (a policy, plan)
花	huā	to spend
精力	jīnglì	energy and time
推广	tuīguǎng	promotion, to promote
逐年	zhúnián	year by year
定额	dìng'é	quota
有点	yǒudiǎn	a little bit
保守	bǎoshǒu	conservative
作为	zuòwéi	to act as

经营	jīngyíng	to manage, to run (a business)
同类	tónglèi	in the same/similar category
绝对	juéduì	absolutely
加	jiā	to add
超过	chāoguò	exceed
厉害	lìhài	skilful
回报	huíbào	return (a favour, help), reward
每隔	měi gé	at an interval of
详细	xiángxì	detailed
反馈	fǎnkuì	feedback
有效	yǒuxiào	valid, effective
签(订)	qiān (dìng)	to sign (a document)
签字	qiānzì	to provide a signature
圆满	yuánmǎn	successful, satisfactory
达成	dáchéng	to reach, to conclude
交易	jiāoyì	deal

Language Reminder

1. **经过······讨论** (jīngguò ... tǎolùn)

   → 经过董事会的讨论，我们决定请易达公司做我们的独家代理
   商。(Jīngguò dǒngshìhuì de tǎolùn, wǒmen juédìng qǐng Yìdá gōngsī zuò
   wǒmen de dújiā dàilǐshāng.)

   After our board members' discussion, we have decided that we will invite Yida
   Company to be our sole agent.

   经过······讨论 (jīngguò ... tǎolùn) means *after (some people's) discussion*.

→ 经过讨论，我们决定我们先签一年的合同。(Jīngguò tǎolùn, wǒmen juédìng wǒmen xiān qiān yì nián de hétong.)

After discussion, we have decided we will sign an one-year contract initially.

→ 经过董事会讨论，新产品今年不推向欧美市场。(Jīngguò dǒngshìhuì tǎolùn, xīn chǎnpǐn jīnnián bù tuī xiàng Ōu Měi shìchǎng.)

After the Board's discussion, our new products will not be introduced into the European and American market.

2. 根据(gēnjù)

→ 我们的这个销量是根据你寄来的销售计划制定的。(Wǒmen de zhège xiāoliàng shì gēnjù nǐ jì lái de xiāoshòu jìhuà zhìdìng de.)

This (figure) of sales volume has been made based on the sales plan you sent to us.

是根据……制定的(shì gēnjù ... zhìdìng de) means *(a plan, policy etc) was made based on* ...(Lit: *was based on ... made*) . The 是……的(shì ... de) structure here is used to indicate the past tense, and would be omitted from the structure for present/future situations.

Other phrases with 根据(gēnjù):

根据……设计(gēnjù ... shèjì) means *design according to* ....

根据……修改(gēnjù ... xiūgǎi) means *revise according to* ....

→ 这个产品是根据我们客户的需求设计的。(Zhège chǎnpǐn shì gēnjù wǒmen kèhù de xūqiú shèjì de.)

This product was designed according to our customers' needs.

→ 你能根据我们的讨论修改第三到第五条条款吗？(Nǐ néng gēnjù wǒmen de tǎolùn xiūgǎi dì sān dào dì wǔ tiáo tiáokuǎn ma?)

Can you revise term 3 to term 5 based on our discussion?

3. 一开始(yì kāishǐ)

→ 销量在一开始不应该定得太高。(Xiāoliàng zài yì kāishǐ bù yīnggāi

dìng de tài gāo.)

Sales (volume) should not be made too high at beginning.

一开始(yì kāishǐ) means *at the beginning/start or initially.*

4. **在……方面**(zài …fāngmiàn)

→ 我还想在提成方面加一条……(Wǒ hái xiǎng zài tíchéng fāngmiàn jiā yì tiáo…)

I would like to add one more term regarding commission ...

在……方面(zài …fāngmiàn) means *in the area of/regarding.*

🎧 Additional Words and Phrases

愿意	yuànyì	be willing to, be ready to
合同	hétong	contract
必须	bìxū	must
写进	xiě jìn	to write into
重新协商	chóngxīn xiéshāng	to re-negotiate
修改	xiūgǎi	to revise, amendment
重新审阅	chóngxīn shěnyuè	to review (a contract, agreement etc.)
不成(问题)	bù chéng (wèntí)	not in question (in no doubt)
佣金	yōngjīn	commission
百分点	bǎifēndiǎn	%
重（新）签（字）	chóng (xīn) qiān (zì)	to re-sign (a document)

Try It Yourself   **1** PROBLEM SOLVING

1. Say your company is prepared to sign a 5-year contract, but after 3 years the contract should be reviewed and this has to be written into the contract.

2. Say you don't agree with Term 5 and it needs renegotiating/revising.

3. How do you politely ask your business partners to sign the contract?

4. What do you say in a meeting after successfully concluding a deal?

Try It Yourself   **2** SPOT THE DIFFERENCE

The scene of Zhang Jing & Liu Lan signing the agreement with Ms Fu is replayed here, but slightly different. Can you spot the 9 differences in the language they have used?

Jīngguò dǒngshìhuì de tǎolùn, wǒmen juédìng qǐng Yìdá

Z: 经过　董事会的讨论，我们决定请易达

gōngsī zuò wǒmen de dújiā　dàilǐ shāng. Zhùhè nǐ,　Fù nǚshì!

公司做我们的独家代理商。祝贺你，傅女士!

Gǎnxiè Jiābǎo gōngsī bǎ zhège jīhuì gěile　"Yìdá".　Wǒmen

F: 感谢嘉宝公司把这个机会给了"易达"。我们

yídìng huì nǔlì,　jìnkuài bǎ Jiābǎo shǒujī tuī xiàng shìchǎng.

一定会努力，尽快把嘉宝手机推向市场。

Wǒ yě yào gǎnxiè Duōdé gōngsī de Xiè xiānsheng gěi wǒmen
Z: 我 也 要 感谢 多德 公司 的 谢 先生 给 我们

de hěn duō jiànyì.
的 很 多 建议。

Xīwàng bùjiǔ néng zài qítā fāngmiàn gēn "Jiābǎo" hézuò.
X: 希望 不久 能 在 其它 方面 跟 "嘉宝" 合作。

Fù nǚshì, zhè shì fèn yǒuxiàoqī sān nián de dújiā dàilǐ
L: 傅 女士，这 是 份 有效期 三 年 的 独家 代理

xiéyì, qǐng nín kàn yíxià.
协议，请 您 看 一下。

Hǎo …, wǒ bú tài tóngyì zhè yì tiáokuǎn: nián xiāoshòu
F: 好……，我 不太 同意 这 一 条款：年 销售

shǒujī wǔshí wàn tái, yōngjīn bǎifēnzhī shí.
手机 五十 万 台，佣金 百分之 十。

Wǒmen de zhège xiāoliàng shì gēnjù nǐ jì lái de xiāoshòu
Z: 我们 的 这个 销量 是 根据 你 寄来 的 销售

jìhuà zhìdìng de.
计划 制定 的。

Jiābǎo shǒujī shì gè xīn pǐnpái, wǒmen gōngsī xūyào huā hěn
F: 嘉宝 手机 是 个 新 品牌，我们 公司 需要 花 很

duō jīnglì zuò tuīguǎng. Xiāoliàng zàihǎo yì kāishǐ bú yào dìng
多 精力 做 推广。销量 最好 一开始 不要 定

dé tài gāo.
得 太 高。

Nàme wǒmen jiù zhúnián zēngjiā, zěnmeyàng?
Z： 那么 我们 就 逐年 增加，怎么样？

Xíng! Wǒ jiànyì dì yī nián dìng'é sānshí wàn tái, dì èr nián
F： 行！我 建议 第一年 定额 三十 万 台，第二年

sìshí wàn tái, dì sān nián wǔshí wàn tái.
四十 万 台，第三年 五十 万 台。

Zhège xiāoliàng duì dújiā dàilǐ láishuō yǒudiǎn bǎoshǒu. Búguò,
Z： 这个 销量 对独家代理来说 有点 保守。不过，

yàoshi nǐmen bǎozhèng zuòwéi wǒmen de dújiā dàilǐ shāng, bù
要是 你们 保证 作为 我们 的独家代理 商，不

jīngyíng qítā tónglèi chǎnpǐn, wǒmen jiù jiēshòu zhège jiànyì.
经营 其它 同类 产品，我们 就接受 这个 建议。

Wǒ juéduì bǎozhèng. Wǒ hái xiǎng zài yòngjīn fāngmiàn jiā yì tiáo:
F： 我 绝对 保证。我 还 想 在 佣金 方面 加一条：

chāoguò dìng'é hòu, měi duō xiāo wǔwàn tái, yòngjīn jiù
超过 定额 后，每多 销 五万 台，佣金 就

zēngjiā yí gè bǎifēndiǎn. Zhāng zǒng, nín kàn zěnmeyàng?
增加一个 百分点。张 总，您 看 怎么样？

Fù nǚshì zhēn lìhài! Hǎo ba, zuòwéi huíbào, nǐmen gōngsī
Z： 傅 女士 真 厉害！好 吧，作为 回报，你们公司

měi liù gè yuè bìxū tígōng yí fèn xiángxì de shìchǎng bàogào
每 六 个 月 必 须 提供 一份 详细 的 市场 报告

hé yònghù fǎnkuì.
和 用 户 反 馈。

Zhège juéduì méi wèntí!
F: 这个 绝对 没 问题!

Zhè fèn xiéyì sān nián yǒuxiào, dàoqī hòu wǒmen zài chóngqiān.
Z: 这 份 协 议 三年 有效,到 期 后 我 们 再 重签。

Fù nǚshì, qǐng nín zài kàn yíxià zhè liǎng fèn xiéyì. Yàoshi
L: 傅 女士, 请 您 再 看 一下 这 两 份 协议。要是

nín tóngyì dehuà, qǐng zài zhèr qiānmíng.
您 同意 的 话, 请 在 这 儿 签 名。

Hǎo..., wǒ dōu hěn mǎnyì! Wǒ lái qiānzì.
F: 好……, 我 都 很 满意!我 来 签 字。

Tài hǎo le! Zhùhè wǒmen de jiāoyì yuánmǎn dáchéng!
Z: 太 好 了! 祝贺 我 们 的 交易 圆满 达成!

Try It Yourself

3 MATCH THE SENTENCE

Can you match the sentences which have the same meaning?

Zhè shì yí fèn wéiqī sān nián de
这 是 一 份 为期 三 年 的
dújiā dàilǐ xiéyì.
独家 代理 协议。

①   Ⓐ Zhè shì fèn yǒuxiàoqī sān nián de dújiā
这 是 份 有效期 三 年 的 独家
dàilǐ xiéyì.
代理 协议。

Xiāoliàng zài yì kāishǐ bù yīnggāi
销量 在一开始 不 应该
dìng de tài gāo.
定 得太 高。

②   Ⓑ Yòngjīn bǎifēnzhī shí.
佣金 百分之十。

Xiāoshōu tíchéng bǎifēnzhī shí.
销售 提成 百分之十。

③   Ⓒ Xiāoliàng zuìhǎo yì kāishǐ bú yào dìng
销量 最好一开始 不要 定
de tài gāo.
得太 高。

Business Cultural Tips

▶ When embarking on formal negotiations, make sure that your negotiator(s) matches the Chinese side, both in terms of hierarchy and professional level. This is to demonstrate to the Chinese side that you are serious about this negotiation and want to reach a deal with them. Otherwise the negotiations may falter or proceed very slowly, as the Chinese side may doubt your sincerity and your judgement.

Chinese people are tough negotiators. In many cases it is a team game. Throughout the negotiation, you need to identify the decision maker(s) on their side. The Chinese side may work very differently in terms of allocating time and people to negotiations and measuring the progress of each stage.

The secret to reaching a successful deal is to be patient and persistent.

If you use interpreters, speak clearly to your interpreter, using Standard English over informal expressions or colloquialism, in order to avoid any confusion.

After reaching a deal and signing the contract, you may want to express your appreciation, happiness or relief by shaking hands, bowing, offering a drink or toast to your business partners. Always follow your hosts' lead if you are not sure what to do on such occasions.

Saying Chinese Numbers

Numbers 0 — 99

líng	yī	ěr	sān	sì	wǔ	liù	qī	bā	jiǔ	shí
0	1	2	3	4	5	6	7	8	9	10

"shí" (ten) is sometimes said as "yīshí" — literally *one ten*, especially when talking about numbers over 100. Please see the example of 111 below.

11 – shíyī   (Lit. ten one)

12 – shí'ěr   (Lit. ten two)

19 – shíjiǔ   (Lit. ten nine)

20 – ěrshí   (Lit. two tens)

21 – ěrshíyī   (Lit. two tens one)

22 – ěrshí'ěr   (Lit. two tens two)

30 – sānshí   (Lit. three tens)

40 – sìshí   (Lit. four tens)

90 – jiǔshí   (Lit. nine tens)

99 – jiǔshíjiǔ   (Lit. nine tens nine)

Numbers 100 — 999

100 – yìbǎ   (Lit. one hundred)

110 – yìbǎi yīshí   (Lit. one hundred one ten)

111 – yìbǎi yīshíyī   (Lit. one hundred one ten one)

Please distinguish the following two systems:

101 – yìbǎi líng yī   (Lit. one hundred zero one)

110 – yìbǎi yīshí   (Lit. one hundred one ten)

When there are no *units of ten*, as in 101 above, the zero has to be spoken. This is to distinguish *101* from *110*, because in colloquial Chinese 110 can be said as "yìbǎi yī", which literally means *one hundred one*.

200 – ērbǎi   (Lit. two hundred)

300 – sānbǎi   (Lit. three hundred)

900 – jiǔbǎi   (Lit. nine hundred)

909 – jiǔbǎi líng jiǔ   (Lit. nine hundred zero jiu)

990 – jiǔbǎi jiǔshí   (Lit. nine hundred nine tens)

999 – jiǔbǎi jiǔshíjiǔ   (Lit. nine hundred nine tens nine)

Numbers 1,000 — 9,999

1000 – yìqiān   (Lit. one thousand)

1001 – yìqiān líng yī   (Lit. one thousand zero one)

1110 – yìqiān yībǎi yīshí   (Lit. one thousand one hundred one ten)

2000 – liǎng qiān   (Lit. a couple of thousand)

liang is often used instead of *er* in many situations, like two thousand, two o'clock, two beers etc.

2050 – liǎngqiān líng wǔshí   (Lit. two thousand zero five tens)

2200 – liǎngqiān èrbǎi   (Lit. two thousand two hundred)

2220 – liǎngqiān èrbǎi èrshí   (Lit. two thousand two hundred two tens)

9999 – jiǔqiān jiǔbǎi jiǔshíjiǔ   (Lit. nine thousand nine hundred nine tens nine)

Numbers 10, 000 — 999,999

10, 000 – yíwǎn   (Lit. one wan)

Chinese uses the fixed word *wan* for the unit 10, 000. So it is incorrect to follow the English format and say *shiqian* for 10, 000.

11, 000 – yíwǎn yīqiān   (Lit. one "wan" one thousand)

22, 200 – liǎngwǎn liǎngqiān èrbǎi (Lit. two "wan" two thousand two hundred)

99, 999 (9, 9999) – jiǔwǎn jiǔqiān jiǔbǎi jiǔshíjiǔ   (Lit. nine "wan", nine thousand nine hundred nine tens nine)

100, 000 – shíwǎn   (Lit. ten wan)

999, 999 (99, 9999) – jiǔshíjiǔ wǎn jiǔqiān jiǔbǎi jiǔshíjiǔ   (Lit. nine tens nine wan nine thousand nine hundred nine tens nine)

Because *wan* (ten thousand) is used in Chinese as a base unit rather than saying "ten thousand" in English, this can cause much confusion with correctly saying larger figures in Chinese. A very useful tip for the Chinese language learner is to put a comma in to separate the "*wans*", rather than the thousands. You then simply start with the number of *wans* – more easily identifiable with the comma in the new position – when saying the figure.

Numbers Million – Billion – Trillion

1, 000, 000 (100, 0000) – yìbǎi wǎn   (Lit. one hundred wan)

There is no fixed word for million in Chinese, as in English. Instead *one hundred wan* is combined to say one million.

10, 000, 000 (1000, 0000) – yìqiān wǎn   (Lit. one thousand wan)

As mentioned in the above tip, put the separation comma in for the "*wans*" and it will become easier to say larger numbers in Chinese.

100 million – yíyì   (Lit. one yi)

yi is a fixed word for *100 million* in Chinese. It is also the highest single unit in modern Chinese language. Therefore the following numbers in Chinese are all counted based on *yi*:

billion – shíyì   (Lit. ten yi)

trillion – wǎnyì   (Lit. wan yi)

Try it Yourself

Can you say the numbers in the following 5 groups correctly in Chinese?

1. 4; 10; 14; 40; 44; 99

2. 100; 105; 110; 150; 910; 999

3. 1,000; 1,001; 1,010; 2,000; 2,500; 9,999

4. 10, 000; 10, 001; 20, 500; 25, 000; 99, 999

5. 1 million; 1.5 million; 10 million; 100 million; 1 billion

Answers:

1. sì; shí; shísì; sìshí; sìshísì; jiǔshíjiǔ

2. yìbǎi; yìbǎi líng wǔ; yìbǎi yīshí; yìbǎi wǔshí; jiǔbǎi yīshí; jiǔbǎi jiǔshíjiǔ

3. yìqiān; yìqiān líng yī; yìqiān líng yīshí; liǎngqiān; liǎngqiān wǔbǎi; jiǔqiān jiǔbǎi jiǔshíjiǔ

4. yíwàn; yíwàn líng yī; liǎngwàn líng wǔbǎi; liǎngwàn wǔqiān; jiǔwàn jiǔqiān jiǔbǎi jiǔshíjiǔ

5. yìbǎi wàn; yìbǎi wǔshí wàn; yìqiān wàn; yíyì; shíyì

Answers for Problem Solving

Topic 1

Zǎoshang hǎo! Douse jīnglǐ.

1. 早上　　好! Douse 经理。

Nín shì Lǐ xiānsheng ma?

2. 您 是 李 先生 吗?

Wǒ bú shì Zhāng zhùlǐ, wǒ shì Lǐ mìshū.

3. 我 不 是 张 助理，我 是 李 秘书。

Topic 2

Nǐ hǎo! Zhāng jīnglǐ, wǒ jiào Wáng Yī. Zhè shì wǒ de míngpiàn, hěn

1. 你 好! 张 经理，我 叫 王 一。这 是 我 的 名片，　很

gāoxìng rènshi nín.

高兴 认识 您。

Wǒ lái jiàn Zhāng jīnglǐ.

2. 我 来 见 张 经理。

Jiào wǒ Adam ba.

3. 叫 我 Adam 吧。

Topic 3

Wǒmen gōngsī yǒu bā ge bùmén. Yǒu shìchǎng bù, guǎnggào bù,

1. 我们 公司 有 八 个 部门。有 市场 部，广告 部，

rénshì bù.

人事 部。

Wǒmen gōngsī zài Měiguó yǒu bànshìchù, zài Nánfēi yě yǒu wǒmen

2. 我们 公司 在 美国 有 办事处，在 南非 也 有 我们

de fēn gōngsī.

的 分 公司。

Wǒmen de wàiguó yuángōng yǒu Měiguó rén, Nánfēi rén hé Ōuzhōu

3. 我们 的 外国 员工 有 美国 人，南非人 和 欧洲

rén. Tāmen dōu huì shuō Zhōngwén.

人。他们 都 会 说 中文。

Topic 4

Dàjiā hǎo, wǒ lái jièshào yíxià.

1. 大家 好, 我 来 介绍 一下。

Wǒ dǎsuàn sì yuè shí hào qù Zhōngguó. Zài Zhōngguó wǒ dǎsuàn

2. 我 打算 四月 十 号 去 中国。 在 中国 我 打算

dāi shí tiān.

呆 十 天。

Yuángōng xiūxi shì zài èr lóu 208 hào fángjiān.

3. 员工 休息室在二楼 208 号 房间。

Topic 5

Zhēn búcuò. Xièxie, nǐ guòjiǎng le.

1. 真 不错。谢谢, 你 过奖 了。

Wǒ xiǎng gēn Wǔxīng gōngsī de Lǐ jīnglǐ jiàn gè miàn.

2. 我 想 跟 五星 公司 的李 经理 见 个 面。

Wǒmen xīngqīyī zài nǐ gōngsī jiànmiàn, nǐ kàn zěnmeyàng?

3. 我们 星期一 在你 公司 见面,你 看 怎么样?

Jiànmiàn yǐhòu wǒmen qù chī gè fàn.

4. 见面 以后 我们 去 吃 个 饭。

Topic 6

Wáng jīnglǐ, xià xīngqīliù wǒ xiǎng (yāo) qǐng nǐ qù wǒ jiā chīfàn.

1. 王 经理, 下 星期六 我 想 (邀) 请 你 去 我家 吃饭。

Zhēn duìbuqǐ, (kǒngpà bùxíng). Xià xīngqīliù wǒ yào qù jiàn Lǐ

2. 真 对不起,(恐怕 不行)。下 星期六 我 要 去见 李

xiānsheng. / Xià xīngqīliù wǒ yào gēn Lǐ xiānsheng jiànmiàn.

先生。/ 下 星期六 我 要 跟李 先生 见面。

Xièxie nǐ de yāoqǐng, wǒ yídìng lái / qù.

3. 谢谢 你 的 邀请, 我 一定 来 / 去。

Topic 7

Nǐmen xiǎng hē diǎn shénme?

1. 你们　　想 喝点 什么？

Jīntiān qǐng nǐmen cháng yíxià zuì hǎo de Máotái hé Lóngjǐng.

2. 今天　　请　你们　尝　一下 最 好 的 茅台 和 龙井。

Wèi wǒmen de hézuò, gānbēi!

3. 为　　我们 的 合作，干杯！

Xièxie nǐ de kuǎndài, wǒmen chī de hěn gāoxìng.

4. 谢谢 你 的　款待，　我们 吃 得 很　高兴。

Topic 8

Zhè bāo cháyè duōshao qián? Nǐmen yǒu dà bāo de ma?

1. 这 包 茶叶 多少　钱？你们　有 大 包 的 吗？

Yígòng duōshao qián?

2. 一共　　多少　钱？

Nǐ yào zǒu le, wǒmen sòng nǐ jǐ jiàn lǐwù. Xīwàng nǐ xǐhuan.

3. 你 要 走 了，我们　送 你 几 件 礼物。希望　你 喜欢。

Nǐ tài kèqi le.

4. 你 太 客气 了。

Topic 9

Nǐ jiā yǒu jǐ gè rén? Nín tàitai zuò shénme gōngzuò?

1. 你 家 有 几 个 人？您 太太 做　什么　工作？

Chén xiānsheng de jiā hěn dà, yě hěn piàoliang.

2. 陈　　先生　的 家 很 大，也 很　漂亮。

Zhè shì wǒ cóng Yīngguó dài lái de liǎng jiàn xiǎo lǐwù, qǐng shōu xià.

3. 这 是 我 从　英国 带 来 的 两 件 小 礼物，请 收 下。

Topic 10

Xièxie nǐmen yāoqǐng wǒ lái.

1. 谢谢 你们 邀请 我 来。

Wǒ xiàng nǐmen bàinián! Zhù nǐ quánjiā shēntǐ jiànkāng!

2. 我 向 你们 拜年！ 祝 你 全家 身体 健康！

Zhù Jiābǎo gōngsī zài xīn de yì nián zhēngzhēng rì shàng!

祝 嘉宝 公司 在 新 的 一 年 蒸蒸 日上！

Zhù nǐ shēngrì kuàilè!

祝 你 生日 快乐！

Topic 11

Qǐngwèn Zhāng zǒng zài ma? / Wǒ zhǎo Zhāng zǒng, xièxie.

1. 请问 张 总 在 吗？ / 我 找 张 总，谢谢。

Nín shì nǎ wèi? / Nín zhǎo shéi?

您 是 哪位？ / 您 找 谁？

Tā bú zài. Tā zhèngzài kāihuì / tā zài xiūjià.

2. 他 不 在。他 正在 开会/ 他 在 休假。

Qióngsī xiānsheng dǎ diànhuà le, tā ràng nǐ gěi tā huí gè diànhuà.

3. 琼斯 先生 打 电话了，他 让 你 给 他 回 个 电话。

Topic 12

Nǐmen zuò nǎ ge hángkōng gōngsī de fēijī? Jǐ diǎn cóng Zhōngguó

1. 你们 坐 哪个 航空 公司 的飞机？几 点 从 中国

qǐfēi? Jǐ diǎn dào Yīngguó?

起飞？几 点 到 英国？

Měitiān zǎoshang wǒmen pài rén kāichē qù jiē nǐmen, wǎnshang zài

2. 每天 早上 我们 派人 开车 去 接 你们， 晚上 再

sòng nǐmen huíqu.

送 你们 回去。

Fàndiàn yǒu wàibì duìhuàn chù ma?

3. 饭店 有 外币 兑换 处 吗？

Wǒmen de ānpái nǐmen mǎnyì ma? / Nǐmen duì wǒmen de ānpái

4. 我们 的 安排 你们 满意 吗？ / 你们 对 我们 的 安排

mǎnyì ma?

满意 吗？

Topic 13

Shíwǔ hào dēngjī kǒu zài nǎr?

1. 15 号 登机 口 在 哪儿?

Cóng yī hào hángzhàn lóu dào chūzū chēzhàn yào zǒu duō cháng

2. 从 1号 航站 楼 到 出租 车站 要 走 多 长

shíjiān?

时间?

Cóng fēijīchǎng yǒu méiyǒu huǒchē dào shì zhōngxīn? Zuò huǒchē

3. 从 飞机场 有 没有 火车 到 市 中心? 坐 火车

yào duō cháng shíjiān?

要 多 长 时间?

4. Wǒ yào qù Chángchéng Fàndiàn. Chángchéng Fàndiàn zài chéngshì

我 要 去 长城 饭店。 长城 饭店 在 城市

dōngmiàn de Mǎlái Nánlù shang.

东面 的 马来 南路 上。

Wǒ zhù de fàndiàn lí dìtiě zhàn hěn jìn.

5. 我 住 的 饭店 离 地铁 站 很 近。

Topic 14

Wǒ zěnme yòng (zhè tái) shūmǎ huàndēngjī?

1. 我 怎么 用 (这台) 数码 幻灯机?

2. Headed paper is in the filing cupboard on the right of fax machine.

Huìyì shì li yǒu méiyǒu Powerpoint?

3. 会议 室 里 有 没有 Powerpoint?

4. Turn left after you go down stairs, (the common room) is next to the meeting room.

Topic 15

Wǒ diànnǎo de yònghù míng hé mìmǎ shèdìng hǎo le ma? Shì shénme?

1. 我 电脑 的 用户 名 和 密码 设定 好 了吗? 是 什么?

Wǒ de jìsuànjī yǒu méiyǒu ānzhuāng MP3 PLAYER?

2. 我 的 计算机 有 没有 安装 MP3 PLAYER?

Wǒ yǐjīng qǔxiāo le wǒ de Yǎhǔ diànyóu dìzhǐ. Wǒ xiànzài yòng

3. 我 已经 取消 了 我的 雅虎 电邮 地址。我 现在 用

 MSN shōu fā diànyóu.

 MSN 收 发 电邮。

Wǒ méiyǒu shōu dào zǒngjīnglǐ fā gěi dàjiā de diànyóu. Nǐ néng bù

4. 我 没有 收 到 总经理 发 给 大家 的 电邮。你 能 不

néng gěi wǒ zhuǎnfā yíxià?

 能 给 我 转发 一下?

Topic 16

Shìchǎng bàogào/ chǎnpǐn jièshào / zèngpǐn / shìchǎng diàochá biǎo.

1. 市场 报告/ 产品 介绍/ 赠品/ 市场 调查 表。

Nǐmen gěi měi yí gè zhǎnwèi tígōng shénmeyàng de shèshī?

2. 你们 给 每一个 展位 提供 什么样 的 设施?

Wǒmen xiǎng dìng yí gè diànzǐ xiǎnshìpíng fàng zài zhǎnwèi li.

3. 我们 想 订 一个 电子 显示屏 放 在 展位 里。

Rúguǒ nǐ tián (xiě) wǒmen de shìchǎng diàochá biǎo, wǒmen jiù

4. 如果 你 填 (写) 我们 的 市场 调查 表,我们 就

sòng nǐ yí gè shǒujī.

 送 你 一个 手机。

Topic 17

Zhōngliàng qīng, zuì xīn bāozhuāng, sònghuò dàowèi, yǒu èrshísì xiǎoshí

1. 重量 轻,最新 包装, 送货 到位,有 24 小时

fúwù rèxiàn.

 服务 热线。

Yìbǎi fēnzhōng miǎnfèi tōnghuà; fā duǎnxìn bànjià; miǎnfèi sòng huò.

2. 一百 分钟 免费 通话;发 短信 半价; 免费 送 货。

Liǎng nián miǎnfèi bǎoxiū; èrshísì xiǎoshí fúwù rèxiàn.

3. 两 年 免费 保修; 24 小时 服务 热线。

Sōnghuò zhǔnshí, dàowèi.
4. 送货 准时， 到位。

Topic18

Wǒmen de chǎnpǐn zhēnduì de shì shēngyì rén huòzhě gōngsī
1. 我们 的 产品 针对 的是 生意 人 或者 公司

báilǐng.
白领。

Wǒmen lǐxiǎng de dàilǐ shāng shì néng zài sān nián nèi zài quán
2. 我们 理想 的代理商 是 能 在三 年 内在 全

Zhōngguó kāi sānqiān jiā liánsuǒdiàn.
中国 开 三千 家 连锁店。

Nǐmen bǎ jìngbiāo zīliào jǐnkuài jì gěi wǒmen, wǒmen shōu dào
3. 你们 把 竞标 资料尽快 寄给 我们， 我们 收 到

yǐhòu yì xīngqī nèi zài hé nǐmen liánxì.
以后 一 星期 内 再 和 你们 联系。

Zuìhòu de zhòngbiāo dàilǐ shāng yóu shéi lái juédìng?
4. 最后 的 中标 代理 商 由 谁来 决定?

zhòngbiāo rén / dàilǐ shāng míngdān zuìwǎn shénme shíhou gōngbù?
中标 人/ 代理 商 名单 最晚 什么 时候 公布?

Topic 19

Zuò nǐmen dàilǐ de xiāoshōu tíchéng shì duōshao?
1. 做 你们 代理 的 销售 提成 是 多少?

Yìbān shì chǎnpǐn língshòu jià de bǎifēnzhī shí.
2. 一般 是 产品 零售 价的 百分之 十。

Rúguǒ xiāoshōu de yèjì hǎo, tíchéng dāngrán huì zēngjiā.
如果 销售 的业绩 好, 提成 当然 会 增加。

Tígōng jìshù péixùn; pài jìshù gùwèn dìngqī dào dàilǐ diàn
3. 提供 技术 培训;派 技术 顾问 定期 到 代理 店

xiànchǎng zhǐdǎo; kāitōng jìshù zīxún rèxiàn.
现场 指导；开通 技术 咨询 热线。

Nǐmen huì gěi dàilǐ shāng tígōng shénmeyàng de jìshù zhīchí?
4. 你们 会 给 代理 商 提供 什么样 的 技术 支持？

Nǐmen měi gé duō jiǔ pài jìshù gùwèn dào xiànchǎng gěi wǒmen
你们 每隔 多久 派 技术 顾问 到 现场 给 我们

zhǐdǎo yí cì?
指导 一次？

Topic 20

Wǒmen gōngsī yuànyì qiān wǔ nián de hétong, dànshì sān nián yǐhòu
1. 我们 公司 愿意 签 五 年 的 合同， 但是 三 年 以后

hétong yào chóngxīn shěnyuè. Zhè yì tiáo bìxū xiě jìn hétong.
合同 要 重新 审阅。 这一条 必须 写 进 合同。

Wǒ bù tóngyì dì wǔ tiáo tiáokuǎn, xūyào chóngxīn xiūgǎi.
2. 我 不 同意 第 五 条 条款， 需要 重新 修改。

Qǐng zài zhèr qiānzì.
3. 请 在 这儿 签字。

Zhùhè wǒmen yuánmǎn dáchéng jiāoyì!
4. 祝贺 我们 圆满 达成 交易！

Answers for Spot the Difference

Topic 1: 7D

Nín shì Qióngsī xiānsheng ma?　　Nín shì bu shì Qióngsī xiānsheng?

1. 您 是 琼斯 先生 吗？→ 您 是 不是 琼斯 先生？

Duì, wǒ shì Adam Jones.　　Shì, wǒ shì Adam Jones.

2. 对，我 是Adam Jones。→ 是，我 是 Adam Jones。

Zǎoshang hǎo, Liú Lán.　　Nǐ zǎo, Liú Lán.

3. 早上 好，刘 岚。→ 你 早，刘 岚。

Zǎoshang hǎo, Huáng Líng.　　Nǐ zǎo, Huáng Líng.

4. 早上 好，黄 玲。→ 你 早，黄 玲。

Zǎoshang hǎo, Shǐmìsī jīnglǐ.　　Nín zǎo, Shǐmìsī jīnglǐ.

5. 早上 好，史密斯 经理。→ 您 早，史密斯 经理。

Ò, duìbuqǐ.　　Ò, bù hǎoyìsi.

6. 哦，对不起。→ 哦，不 好意思。

Wǒ hěn hǎo!　　Wǒ búcuò.

7. 我 很 好！→ 我 不错。

Topic 2: 3D

Bú kèqi, jiào wǒ Adam ba.　　Bú kèqi, nǐ kěyǐ jiào wǒ Adam.

1. 不客气，叫 我 Adam 吧。→ 不客气，你 可以 叫 我 Adam。

Adam, zhè biān qǐng.　　Adam, qǐng gēn wǒ lái.

2. Adam, 这 边 请。→ Adam, 请 跟 我 来。

Wǒ xìng Zhāng, wǒ jiào Zhāng Jīng, rènshi nín hěn gāoxìng.

3. 我 姓 张，我 叫 张 京，认识 您 很 高兴。→

Wǒ de míngzi jiào Zhāng Jīng, hěn gāoxìng rènshi nín.

我 的 名字 叫 张 京，很 高兴 认识 您。

Topic 3: 6D

Zhè shì shìchǎng bù, nà shì cáiwù bù.　　Zhèr shì shìchǎng bù, nàr

1. 这 是 市场 部，那 是 财务部。→ 这儿 是 市场 部，那儿

shì cáiwù bù.
是 财务 部。

Wǒmen yǒu liǎng gè fēn gōngsī, Měiguó yǒu yí gè, Yīngguó háiyǒu yí gè.
2. 我们 有 两 个分 公司， 美国 有 一个，英国 还有 一个。→

Wǒmen yǒu liǎng gè fēn gōngsī, yí gè zài Měiguó, háiyǒu yí gè zài Yīngguó.
我们 有 两 个分 公司，一个在 美国， 还有 一个在 英国。

Zhāng jīnglǐ, nǐmen gōngsī yǒu hěn duō wàiguó yuángōng a.
3. 张 经理， 你们 公司 有 很 多 外国 员工 啊。→

Zhāng jīnglǐ, nǐmen gōngsī yǒu bù shǎo wàiguó yuángōng a.
张 经理， 你们 公司 有 不少 外国 员工 啊。

Tāmen dōu shì cóng Měiguó hé Yīngguó de fēn gōngsī lái de.
4. 他们 都是 从 美国 和 英国 的分 公司 来 的。→

Tāmen dōu láizì Měiguó fēn gōngsī hé Yīngguó fēn gōngsī.
他们 都来自 美国 分 公司 和 英国 分 公司。

Shì a, tāmen de Hànyǔ dōu hěn hǎo!   Shì a, tāmen dōu huì shuō
5. 是 啊，他们 的汉语 都 很 好! → 是 啊，他们 都 会 说

hěn hǎo de Zhōngwén!
很 好 的 中文!

Tāmen dōu huì shuō Hànyǔ ba.   Tāmen dōu huì shuō Zhōngwén ba.
6. 他们 都会 说 汉语 吧。→ 他们 都 会 说 中文 吧。

Topic 4: 7D

Gèwèi, wǒ lái jièshào yíxià.   Duìbuqǐ, gèwèi, ràng wǒ lái jièshào
1. 各位，我 来 介绍 一下。→ 对不起， 各位，让 我 来 介绍

yíxià.
一下。

Wǒ míngtiān xiàwǔ yǒu yí gè jièshào wǒmen JFY gōngsī de yǎnjiǎng,
2. 我 明天 下午有 一 个 介绍 我们 JFY 公司 的 演讲，

huānyíng dàjiā lái.   Wǒ míngtiān xiàwǔ yǒu yí gè guānyú wǒmen
欢迎 大家来。→ 我 明天 下午有 一个 关于 我们

JFY gōngsī de yǎnjiǎng, huānyíng gèwèi lái.
JFY 公司 的 演讲， 欢迎 各位 来。

Shǐmìsī jīnglǐ dǎsuàn jǐ yuè jǐ hào lái Zhōngguó?　Shǐmìsī jīnglǐ

3. 史密斯　经理　打算　几 月 几 号 来　中国? → 史密斯　经理

jìhuà shénme shíhou lái Zhōngguó?

计划　什么　时候 来　中国?

Èr yuè shíwǔ hào.　　Èr yuè shíwǔ rì.

4. 二 月 十五 号。→ 二 月 十五 日。

Tài hǎo le, tā dǎsuàn zài Zhōngguó dāi jǐ tiān?　　Tài hǎo le, tā jìhuà

5. 太 好 了,他 打算 在　中国　呆 几 天? → 太 好 了,他 计划

zài Zhōngguó dāi duō cháng shíjiān?

在　中国　呆 多　长　时间?

Yí gè xīngqī zuǒyòu.　Chàbuduō yí gè xīngqī.

6. 一个　星期　左右。→　差不多　一 个 星期。

Nǐmen yǒu shíjiān ma?　Nǐmen yǒu kòng ma?

7. 你们　有 时间 吗? → 你们　有 空 吗?

Topic 5: 8D

Huáng xiǎojiě, wǒ de yǎnjiǎng jǐ diǎn kāishǐ?　　Huáng xiǎojiě, wǒ de

1. 黄　小姐, 我的　演讲 几 点 开始? →　黄　小姐, 我 的

yǎnjiǎng shénme shíhou kāishǐ?

演讲　什么　时候 开始?

Yī diǎn bàn kāishǐ, yǎnjiǎng shíjiān shì yí gè xiǎoshí.　Yī diǎn sān-

2. 一点　半 开始, 演讲　时间　是 一 个 小时。→ 一 点 三

shí fēn kāishǐ, yǎnjiǎng shíjiān shì yí gè xiǎoshí.

十 分 开始, 演讲　时间　是 一 个 小时。

Nín sān diǎn hé Zhāng zǒng háiyǒu yí gè huìyì.　　Nín sān diǎn hé

3. 您 三 点 和　张 总　还有 一 个 会议。→ 您 三 点 和

Zhāng zǒng hái yào kāi yí gè huì.

张　总 还要 开一个会。

Qióngsī xiānsheng, nǐ de yǎnjiǎng zhēn búcuò!　Qióngsī xiānsheng, nǐ

4. 琼斯　先生, 你的　演讲　真 不错! → 琼斯　先生, 你

de yǎnjiǎng fēicháng hǎo!

的　演讲　非常　好!

Guò jiǎng le.　　Nǎli nǎli.
5. 过　奖　了。→ 哪里 哪里。

Tā èr yuè shíwǔ hào xīngqīsān jǐ diǎn dào?　　Tā èr yuè shíwǔ hào
6. 他二月 十五 号　星期三 几点 到?→ 他二月 十五 号

xīngqīsān shénme shíhòu dào?
　星期三　什么　时候 到?

Xiàwǔ yī diǎn yí kè.　　Xiàwǔ yī diǎn shíwǔ fēn.
7. 下午 一点 一刻。→ 下午 一点　十五 分。

Sì diǎn lái gōngsī hé jǐ wèi dǒngshì jiàn gè miàn, nǐ kàn zěnmeyàng?
8. 四 点 来 公司 和 几 位　董事 见 个 面, 你 看　怎么样?→

Sì diǎn lái gōngsī hé jǐ wèi dǒngshì jiànmiàn, nǐ kàn xíng ma?
四 点 来 公司 和 几 位　董事　见面, 你 看 行 吗?

Topic 6: 8D

Wǒmen xiǎng yāoqǐng shǐmìsī xiānsheng èr yuè shíqī hào cānjiā yí
1. 我们　想　邀请 史密斯　先生 二月 十七 号 参加 一

gè kāiyè diǎnlǐ, bù zhīdào tā yǒu kòng ma?　Wǒmen xiǎng yāoqǐng
个 开业 典礼, 不 知道 他 有 空　吗?→ 我们　想　邀请

Shǐmìsī xiānsheng èr yuè shíqī hào chūxí yí gè kāiyè diǎnlǐ, bù
史密斯　先生 二月 十七 号 出席 一 个 开业 典礼, 不

zhīdào tā shì bú shì yǒu kòng?
知道 他 是 不 是 有 空?

Zhēn duìbuqǐ, nà tiān tā hěn máng, kǒngpà bù xíng.　Zhēn bàoqiàn,
2. 真　对不起, 那天他 很　忙, 恐怕 不 行。→ 真　抱歉,

tā nà tiān hěn máng, kǒngpà bù xíng.
他 那天 很　忙, 恐怕 不 行。

Nàme, shíbā hào de wǎnyàn tā néng cānjiā ma?　Nàme, tā néng
3. 那么, 十八 号 的 晚宴 他 能　参加 吗?→ 那么, 他 能

chūxí shíbā hào de wǎnyàn ma?
出席 十八 号 的 晚宴 吗?

4. Yīnggāi méi wèntí, búguò, wǒ děi hé tā quèrèn yíxià.   Yīnggāi xíng,
   应该 没 问题，不过，我 得 和 他 确认 一下。 → 应该 行，

   kěshì, wǒ děi hé tā quèrèn yíxià.
   可是，我 得 和 他 确认 一下。

5. Nín de yāoqǐng Shǐmìsī xiānsheng jiēshòu le.   Shǐmìsī xiānsheng
   您 的 邀请 史密斯 先生 接受 了。 → 史密斯 先生

   jiēshòu le nín de yāoqǐng.
   接受 了 您 的 邀请。

6. Tài hǎo le.   Hǎo jíle.
   太 好 了。 → 好 极 了。

7. Qī diǎn kāishǐ, zài Hépíng Fàndiàn.   Qī diǎn zài Hépíng Fàndiàn.
   七点 开始，在 和平 饭店。 → 七 点 在 和平 饭店。

8. Hǎo, wǒmen dàoshí jiàn!   Hǎo, wǒmen nàshí jiàn!
   好，我们 到时 见！ → 好，我们 那时 见！

Topic 7: 8D

Tīngshuō Zhōngguó de Máotái jiǔ hěn yǒumíng, wǒ xiǎng cháng yíxià.

1. 听说 中国 的 茅台酒 很 有名，我 想 尝 一下。 →
   Tīngshuō Zhōngguó de Máotái jiǔ hěn chūmíng, wǒ xiǎng chángchang.
   听说 中国 的 茅台酒 很 出名，我 想 尝尝。

   Nǐ xǐhuan hē hóngchá háishi lǜchá?   Nǐ xǐhuan hē hóngchá háishi
2. 你 喜欢 喝 红茶 还是 绿茶？ → 你 喜欢 喝 红茶 还是
   xǐhuan hē lǜchá?
   喜欢 喝 绿茶？

   Wǒ zuì xǐhuan Lóngjǐng chá.   Wǒ zuì xǐhuan de chá shì Lóngjǐng
3. 我 最 喜欢 龙井 茶。 → 我 最 喜欢 的 茶 是 龙井
   chá.
   茶。

   Qióngsī xiānsheng, nǐ chī guo zhège cài ma?   Qióngsī xiānsheng,
4. 琼斯 先生，你 吃 过 这个 菜 吗？ → 琼斯 先生，

zhège cài nǐ cháng guo ma?

这 个 菜 你 尝 过 吗?

Méi chī guo! Zhè shì niúròu ma?　　Méi cháng guo! Zhè shì bú shì niúròu?

5. 没 吃 过! 这 是 牛肉 吗? → 没 尝 过! 这 是 不 是 牛肉?

Zhè shì tiánjī ròu, nǐ cháng yíxià, hěn hǎochī.　　Zhè shì tiánjī ròu,

6. 这 是 田鸡 肉, 你 尝 一下, 很 好吃。→ 这 是 田鸡 肉,

nǐ cháng chang, wèidào hěn hǎo.

你 尝 尝, 味道 很 好。

Wèidào búcuò, búguò wǒ háishi xǐhuan chī kǎoyā hé zházhā.

7. 味道 不错, 不过 我 还是 喜欢 吃 烤鸭 和 炸虾。→

Wèidào búcuò, kěshì wǒ gèng xǐhuan chī kǎoyā hé zházhā.

味道 不错, 可是 我 更 喜欢 吃 烤鸭 和 炸虾。

Zhāng jīnglǐ, xièxie nǐ de kuǎndài, wǒmen chī de hěn gāoxìng.

8. 张 经理, 谢谢 你 的 款待, 我们 吃 得 很 高兴。→

Zhāng jīnglǐ, xièxie nǐ de zhāodài, wǒmen chī de hěn jìnxìng.

张 经理, 谢谢 你 的 招待, 我们 吃 得 很 尽兴。

Topic 8: 8D

Wǒ xiǎng sòng Yuēhàn yìxiē Zhōngguó gōngyìpǐn.　　Wǒ xiǎng sòng

1. 我 想 送 约翰 一些 中国 工艺品。→ 我 想 送

Yuēhàn jǐ jiàn Zhōngguó gōngyìpǐn.

约翰 几 件 中国 工艺品。

Jǐngtàilán shì hěn hǎo de lǐwù, wàiguórén dōu xǐhuan.　　Wàiguórén

2. 景泰蓝 是 很 好 的 礼物, 外国人 都 喜欢。→ 外国人

dōu xǐhuan jǐngtàilán, tā shì hěn hǎo de lǐwù.

都 喜欢 景泰蓝, 它 是 很 好 的 礼物。

Wǒ zhīdào Yuēhàn hěn xǐhuan hē Máotái.　　Wǒ tīngshuō Yuēhàn hěn

3. 我 知道 约翰 很 喜欢 喝 茅台。→ 我 听说 约翰 很

xǐhuan hē Máotái.

喜欢 喝 茅台。

4. Xiǎojiě, zhège jǐngtàilán huāpíng duōshao qián? → Xiǎojiě, zhè jǐngtàilán
   小姐，这个 景泰蓝 花瓶 多少 钱？ → 小姐，这 景泰蓝

   huāpíng duōshao qián yí gè?
   花瓶 多少 钱 一 个？

5. Yīqiān bābǎi yuán, nàge xiǎo de piányi yìdiǎn, yìqiān èrbǎi wǔshí
   一千 八百 元，那个 小 的 便宜 一点，一千 二百 五十

   yuán liù jiǎo. Yìqiān bābǎi kuài, nàge xiǎo de piányi yìxiē,
   元 六角。→ 一千 八百 块，那个 小 的 便宜 一些，

   yìqiān èrbǎi wǔshí kuài liù máo.
   一千 二百 五十 块 六 毛。

6. Nǐmen yǒu zhēnsī wéijīn ma? → Zhēnsī wéijīn nǐmen yǒu ma?
   你们 有 真丝 围巾 吗？ → 真丝 围巾 你们 有 吗？

7. Yǒu, nín yào shénme yánsè? → Yǒu, nín yào nǎ zhǒng yánsè?
   有，您要 什么 颜色？ → 有，您 要 哪 种 颜色？

8. Yígòng shì yìqiān jiǔbǎi wǔshí yuán. → Yígòng shì yìqiān jiǔbǎi
   一共 是 一千 九百 五十 元。→ 一共 是 一千 九百

   wǔshí kuài.
   五十 块。

Topic 9: 10D

1. Chén xiānsheng jiā yǒu jǐ gè rén? → Chén xiānsheng jiā yǒu jǐ kǒu rén?
   陈 先生 家 有 几个人？ → 陈 先生 家 有 几 口 人？

2. Sān gè rén. Sān kǒu rén.
   三 个人。→ 三 口 人。

3. Tā, tā tàitai hé yí gè nǚ'ér. Tā, tā tàitai hé tāmen de nǚ'ér.
   他，他太太 和 一个 女儿。→ 他，他太太 和 他们 的 女儿。

4. Tā nǚ'ér jīnnián duō dà le? Tā nǚ'ér jīnnián jǐ suì le?
   他女儿 今年 多大了？ → 他女儿 今年 几岁了？

5. Tā tàitai zuò shénme gōngzuò? Tā tàitai shì zuò shénme de?
   他太太 做 什么 工作？ → 他太太 是 做 什么 的？

Chén xiānsheng zài nǐ gōngsī gōngzuò le hěn cháng shíjiān le ba!

6. 陈　先生　在你公司　工作了很长　时间了吧！→

Chén xiānsheng zài nǐ gōngsī gōngzuò le hěn jiǔ le ba!

陈　先生　在你公司　工作了很久了吧！

Zhè shì wǒ cóng Yīngguó dài lái de liǎng jiàn xiǎo lǐwù, qǐng shōu xià.

7. 这是我从　英国　带来的两件小礼物，请　收下。→

Zhè shì liǎng jiàn wǒ zài Yīngguó mǎi de xiǎo lǐwù, qǐng xiàonà.

这是两件我在英国买的小礼物，请笑纳。

Jīntiān wǒ hé Zhāng zǒng wèi nǐ sòngxíng, nǐ yào duō hē jǐ bēi a!

8. 今天我和张　总为你　送行，你要多喝几杯啊！→

Jīntiān wǒ hé Zhāng zǒng wèi nǐ sòngxíng, nǐ yào duō hē diǎn jiǔ a!

今天我和张　总为你　送行，你要多喝点酒啊！

Chén Nán, nǐ tàitai hé nǚ'ér ne?　Chén Nán, nǐ tàitai hé nǚ'ér zài nǎr?

9. 陈　南，你太太和女儿呢？→ 陈　南，你太太和女儿在哪儿？

Tāmen zài chúfáng zhǔnbèi wǎnfàn, wǒ qù jiào tāmen.　Tāmen zài

10. 她们在厨房准备　晚饭，我去叫她们。→ 她们在

chúfáng zuò wǎnfàn, wǒ qù jiào tāmen.

厨房做　晚饭，我去叫她们。

Topic 10: 8D

Wǒ lái jièshào yíxià, zhè shì wǒ tàitai, zhè shì wǒ nǚ'ér Qiànqian.

1. 我来介绍一下，这是我太太，这是我女儿茜茜。→

Dàjiā rènshi yíxià, zhè shì wǒ tàitai, zhè shì Qiànqian, wǒ nǚ'ér.

大家认识一下，这是我太太，这是茜茜，我女儿。

Jīntiān nǐ néng lái wǒmen jiā zuòkè, zhēn shì tài hǎo le.　Jīntiān nǐ

2. 今天你能来我们家做客，真是太好了。→ 今天你

néng lái zuòkè, wǒmen hěn gāoxìng.

能来做客，我们很高兴。

Chūnjié kuài dào le, wǒ xiǎng nǐmen bàinián!　Chūnjié jiù yào dào le,

3. 春节　快到了，我向你们拜年！→ 春节就要到了，

wǒ gěi nǐmen bàinián!

我 给 你们 拜年!

Zhù nǐmen Xīnnián kuàilè! Zhù nǐmen wànshì rúyì!

4. 祝 你们 新年 快乐! → 祝 你们 万事 如意!

Zhù Shǐmìsī xiānsheng yílù shùnfēng! Zhù Shǐmìsī xiānsheng lǚtú

5. 祝 史密斯 先生 一路 顺风! → 祝 史密斯 先生 旅途

shùnlì!

顺利!

Yě zhù wǒmen de hézuò chénggōng! Yě zhù wǒmen hézuò yúkuài!

6. 也 祝 我们 的 合作 成功! → 也 祝 我们 合作 愉快!

Duìbuqǐ, Qiànqian, wǒmen méi gěi nǐ zhǔnbèi lǐwù.   Duìbuqǐ,

7. 对不起, 茜茜, 我们 没 给你 准备 礼物。 → 对不起,

Qiànqian, wǒmen méi dài lǐwù gěi nǐ.

茜茜, 我们 没 带 礼物 给你。

Méi guānxi, wǒ māma yǐjīng gěi wǒ mǎi le shēngrì dàngāo.

8. 没 关系, 我 妈妈 已经 给我 买了 生日 蛋糕。→

Bú yàojǐn, wǒ māma yǐjīng wèi wǒ mǎi le shēngrì dàngāo.

不要紧, 我 妈妈 已经 为我 买了 生日 蛋糕。

Topic 11: 7D

Qǐngwèn Zhāng zǒng zài ma?   Qǐng zhǎo yíxià Zhāng zǒng.

1. 请问 张 总 在 吗? → 请 找 一下 张 总。

Wǒ néng bāng nín ma?   Wǒ néng bāng nín zuò shénme ma?

2. 我 能 帮 您 吗? → 我 能 帮 您 做 什么 吗?

Nǐ néng ràng Zhāng zǒng yíhuìr gěi wǒ huí gè diànhuà ma?

3. 你 能 让 张 总 一会儿 给我 回个 电话 吗? →

Nǐ néng bù néng qǐng Zhāng zǒng yíhuìr gěi wǒ huí gè diànhuà?

你 能 不 能 请 张 总 一会儿 给我 回个 电话?

Zhāng zǒng hái zài kāihuì, nín xiǎng bù xiǎng gěi tā liú gè yán?

4. 张 总 还在 开会, 您 想 不 想 给他 留个 言? →

Zhāng zǒng de huì hái méi kāi wán, nín xiǎng gěi tā liúyán ma?
张　总 的 会 还 没 开完，您 想 给 他 留言 吗？

Lái Yīngguó péixùn de yuángōng míngdān, Zhāng zǒng jīntiān yídìng
5. 来 英国 培训 的 员工 名单， 张 总 今天 一定

yào gěi wǒ.　　Wǒ jīntiān yídìng yào ná dào lái Yīngguó péixùn de rényuán
要 给我。→我 今天 一定 要 拿到 来 英国 培训 的 人员

míngdān.
名单。

Wǒ qù wèn yíxià Liú Lán, tā kěnéng yǒu.　　Liú Lán kěnéng yǒu, wǒ qù
6. 我 去 问 一下 刘岚， 她 可能 有。→ 刘岚 可能 有，我 去

wèn yíxià.
问 一下。

Yàoshi nǐ yǒu le míngdān dehuà, nǐ kěyǐ dǎ wǒ bàngōngshì de
7. 要是 你 有了 名单 的话， 你 可以 打我 办公室 的

diànhuà.　　Rúguǒ nǐ yǒu le míngdān, qǐng dǎ diànhuà dào wǒ de
电话。→ 如果 你 有了 名单， 请 打 电话 到 我 的

bàngōngshì.
办公室。

Topic 12: 9D

Péixùn rényuán qù Yīngguó de fēijī piào dìng hǎo le ma?
1. 培训 人员 去 英国 的 飞机票 订 好了吗？→

Péixùn rényuán qù Yīngguó de jīpiào dìng le ma?
培训 人员 去 英国 的 机票 订 了吗？

Tāmen zuò nǎge hángkōng gōngsī de fēijī?　　Tāmen zuò shénme
2. 他们 坐 哪个 航空 公司 的 飞机？→ 他们 坐 什么

hángkōng gōngsī de fēijī?
航空 公司 的 飞机？

Bú shì, tāmen qù de shíhou zuò jīngjì cāng, huílai de shíhou zuò shāngwù
3. 不是，他们 去 的 时候 坐 经济 舱，回来 的 时候 坐 商务

cāng.　　Bú shì, tāmen zuò jīngjì cāng qù, zuò shāngwù cāng huílai.
舱。→ 不 是, 他们 坐 经济 舱 去, 坐 商务 舱 回来。

Fángjiān shì shénmeyàng de?　　Shénmeyàng de fángjiān?
4. 房间 是 什么样 的? → 什么样 的 房间?

Liǎng jiān shuāngrén jiān, yì jiān dānrén jiān, dōu bāo zǎocān.
5. 两 间 双人 间, 一 间 单人 间, 都 包 早餐。→

Liǎng jiān shuāngrén fáng, yī jiān dānrén fáng, dōu bāo zǎocān.
两 间 双人 房, 一 间 单人 房, 都 包 早餐。

Péixùn rényuán měitiān zěnme cóng fàndiàn dào nǐmen gōngsī?
6. 培训 人员 每天 怎么 从 饭店 到 你们 公司? →

Péixùn rényuán měitiān zěnme qù nǐmen gōngsī?
培训 人员 每天 怎么 去 你们 公司?

Tāmen zài nǎr chī wǎnfàn ne?　　Tāmen de wǎnfàn zài nǎr chī?
7. 他们 在 哪儿 吃 晚饭 呢? → 他们 的 晚饭 在 哪儿 吃?

Nǎr yǒu xīcān yě yǒu zhōngcān.　　Nǎr xīcān hé zhōngcān yàngyàng
8. 那儿有 西餐 也 有 中餐。→ 那儿 西餐 和 中餐 样样

dōu yǒu.
都 有。

Tài hǎo le, Adam, nǐmen gōngsī ānpái de hěn zhōudào.　Tài hǎo le,
9. 太 好 了, Adam, 你们 公司 安排 得 很 周到。→ 太 好 了,

Adam, nǐmen gōngsī de ānpái hěn zhōudào.
Adam, 你们 公司 的 安排 很 周到。

Topic 13: 9D

Zhème duō tōngdào, wǒmen yīnggāi pái nǎ tiáo?　　Wǒmen gāi pái
1. 这么 多 通道, 我们 应该 排 哪 条? → 我们 该 排

zài nǎ tiáo tōngdào?
在 哪 条 通道?

Rùjìng dēngjì kǎ nǐ tián hǎo le ma?　　Nǐ tián le rùjìng dēngjì kǎ ma?
2. 入境 登记卡 你 填 好 了 吗? → 你 填 了 入境 登记卡 吗?

3. Qǔ xíngli de dìfang zài nǎr? Yuǎn bù yuǎn? Xíngli zài nǎr qǔ?
取 行李 的 地方 在 哪儿? 远 不 远? → 行李 在 哪儿 取?

Lí zhèr yuǎn ma?
离 这儿 远 吗?

4. Wǒmen xiàng qián zǒu jǐ fēnzhōng, ránhòu xiàng zuǒ zhuǎn, nǐ jiù huì
我们 向 前 走 几 分钟, 然后 向 左 转, 你 就 会

kànjiàn. Wǒmen wǎng qián zǒu jǐ fēnzhōng, ránhòu zuǒ guǎi, nǐ
看见。→ 我们 往 前 走 几 分钟, 然后 左 拐, 你

jiù huì kànjiàn.
就 会 看见。

5. Liǎng wèi xiānsheng qù nǎr? Liǎng wèi xiānsheng dào nǎr qù?
两 位 先生 去 哪儿? → 两 位 先生 到 哪儿 去?

6. Wǒmen zuò chē yào duō cháng shíjiān? Wǒmen zuò chē yào duō jiǔ?
我们 坐车要 多 长 时间? → 我们 坐 车 要 多 久?

7. Yí gè bàn xiǎoshí zuǒyòu. Dàgài yào yí gè bàn xiǎoshí.
一个 半 小时 左右。→ 大概 要 一 个 半 小时。

8. Tīngshuō cóng Pǔdōng Jīchǎng zuò cífú lièchē dào shì zhōngxīn hěn kuài.
听说 从 浦东 机场 坐 磁浮列车 到 市 中心 很 快。→

Tīngshuō zuò cífú lièchē cóng Pǔdōng Jīchǎng qù shì zhōngxīn hěn kuài.
听说 坐 磁浮列车 从 浦东 机场 去 市 中心 很 快。

9. Shì a, zuò cífúchē shí fēnzhōng, ránhòu huàn zuò dìtiě huòzhě chūzūchē,
是 啊, 坐 磁浮车 十 分钟, 然后 换 坐 地铁 或者 出租车,

búdào bàn gè xiǎoshí jiù dào shì zhōngxīn le. Shì a, zuò shí
不到 半 个 小时 就 到 市 中心 了。→ 是 啊, 坐 十

fēnzhōng cífúchē zài huàn dìtiě huò chūzūchē, yào bùliǎo bàn gè
分钟 磁浮车 再 换 地铁 或 出租车, 要 不 了 半 个

xiǎoshí jiù dào shì zhōngxīn le.
小时 就 到 市 中心 了。

Topic 14: 9D

Zhè shì nǐ de bàngōngzhuō hé diànnǎo, nà shì nǐ de zhíbō diànhuà.

1. 这 是 你 的 办公桌 和 电脑，那 是 你 的 直拨 电话。→

Nǐ de bàngōngzhuō hé diànnǎo zài zhèr, nà shì nǐ de zhíxiàn diànhuà.

你 的 办公桌 和 电脑 在 这儿，那 是 你 的 直线 电话。

Xièxie, wǒ zěnme dǎ wàixiàn?   Xièxie, zhè tái diànhuà de wàixiàn

2. 谢谢，我 怎么 打 外线？→ 谢谢，这 台 电话 的 外线

zěnme dǎ?

怎么 打？

Nǐ xiān bō jiǔ, ránhòu bō nǐ yào dǎ de diànhuà hàomǎ.   Nǐ xiān

3. 你 先 拨 九，然后 拨 你 要 打 的 电话 号码。→ 你 先

àn jiǔ, ránhòu àn nǐ yào dǎ de diànhuà hàomǎ.

按 九，然后 按 你 要 打 的 电话 号码。

Nà shì wǒ diànnǎo de dǎyìnjī ma?   Nà tái dǎyìnjī shì liánjiē zhè

4. 那 是 我 电脑 的 打印机 吗？→ 那 台 打印机 是 连接 这

tái diànnǎo de ma?

台 电脑 的 吗？

Wǒ yíhuìr yào gěi JFY fā liǎng zhāng chuánzhēn.   Wǒ yíhuìr yào fā gěi

5. 我 一会儿 要 给 JFY 发 两 张 传真。→ 我 一会儿 要 发 给

JFY liǎng fèn chuánzhēn.

JFY 两 份 传真。

Méiyǒu, chuánzhēnjī zài gébì de zīliào shì li.   Méiyǒu, gébì de

6. 没有， 传真机 在 隔壁 的 资料 室 里。→ 没有，隔壁 的

zīliào shì li yǒu.

资料 室 里 有。

Ò, wǒ kàn dào le.   Ò, wǒ zhǎo dào le.

7. 哦，我 看 到 了。→ 哦，我 找 到 了。

Rúguǒ chuánzhēn zhǐ yòng wán le, zhuōzi xià de hézi li yǒu xīn de.

8. 如果 传真 纸 用 完 了，桌子 下 的 盒子 里 有 新 的。→

Yàoshi chuánzhēnzhǐ yòng wán le, xīn de zài zhuōzi xià de hézi li.

要是 传真纸 用 完 了，新 的 在 桌子 下 的 盒子 里。

Zhāng zǒng de bàngōngshì wǒ zhīdào, yí xià diàntī, zuǒbian dì èr gè
9. 张　　总　的　　办公室　我　知道，一下　电梯，左边　第二个

fángjiān jiū shì.　　Wǒ zhīdào Zhāng zǒng de bàngōngshì, yì chū diàntī,
房间　就是。→ 我　知道　张　总　的　　办公室，一　出　电梯，

zuǒmiàn dì èr gè fángjiān jiū shì.
左面　第二个　房间　就是。

Topic 15: 9D

Nǐ dēngrù yǐhòu, zhǐyào diǎnjī yíxià càidān shang de hùliánwǎng
1. 你　登入　以后，只要　点击　一下　菜单　上　的　　互联网

biāojì jiū néng shàngwǎng le.　　Nǐ dēngrù hòu, zhǐyào zài càidān
标记　就　能　　上网　了。→ 你　登入　后，只要　在　菜单

shang de hùliánwǎng biāojì shang diǎnjī yíxià jiū néng shàngwǎng le.
上　的　互联网　标记　上　点击　一下就　能　　上网　了。

Nǐ yào sōusuǒ de xìnxī shì guānyú Yīngguó de ma?　　Nǐ yào sōusuǒ
2. 你要　搜索　的　信息是　关于　英国　的　吗?→ 你要　搜索

de shì yǒuguān Yīngguó de xìnxī ma?
的　是　有关　　英国　的　信息　吗?

Nà nǐ wèishénme bú yòng Bǎidù lái sōusuǒ ne?　　Nà nǐ wèishénme
3. 那你　为什么　不　用　百度来　搜索　呢? → 那你　为什么

bú shìshi Bǎidù ne?
不　试试　百度　呢?

Nǐ yǒu méiyǒu shōu dào Yuēhàn zuótiān fā gěi dàjiā de diànzǐ yóujiàn?
4. 你有　没有　收　到　约翰　昨天　发　给　大家的　电子　邮件? →

Nǐ yǒu méiyǒu kàn dào zuótiān Yuēhàn gěi dàjiā fā de diànyóu?
你有　没有看　到　昨天　约翰　给大家发的　电邮?

Shì guānyú xià gè xīngqī màoyì zhǎnxiāo huì de shìqing.
5. 是　关于　下个　星期　贸易　展销　会　的　事情。→

Shì shuō xià gè xīngqī chǎnpǐn zhǎnxiāo huì de shì.
是　说　下个　星期　产品　　展销　会的　事。

Wǒ méiyǒu shōu dào.　　Yóuxiāng li méiyǒu zhè fēng yóujiàn.
6. 我　没有　收　到。→ 邮箱　里没有　这　封　　邮件。

Ràng wǒ kàn yíxià wǒ de yóujiàn.　　Ràng wǒ kàn yíxià wǒ shōu dào de.

7. 让 我 看 一下 我 的 邮件。→ 让 我 看 一下 我 收到的。

Wǒ yǐjīng qǔxiāo le zhège dìzhǐ. Wǒ xiànzài yòng Yǎhǔ.

8. 我 已经 取消 了 这个 地址。我 现在 用 雅虎。→

Wǒ yǐjīng bú yòng zhège dìzhǐ le. Xiànzài wǒ yòng Yǎhǔ.

我 已经 不用 这个 地址了。现在 我 用 雅虎。

Méi guānxi, wǒ mǎshàng gěi nǐ zhuǎnfā yíxià ba.　　Méi shì, wǒ xiànzài

9. 没 关系，我 马上 给 你 转发 一下 吧。→ 没事，我 现在

zài gěi nǐ zhuǎnfā yíxià ba.

再 给 你 转发 一下 吧。

Topic 16: 7D

Hǎo zhúyi, yǒu xìngqù de kèhù jiù kěyǐ shìyòng wǒmen de chǎnpǐn le.

1. 好 主意，有 兴趣 的 客户 就 可以 试用 我们 的 产品 了。→

Hǎo zhúyi, gǎn xìngqù de kèhù jiù néng shìyòng le.

好 主意，感 兴趣 的 客户 就 能 试用 了。

Bǎ yìxiē xiāngguān zīliào cún zài diànnǎo li.　　Cún yìxiē xiāngguān

2. 把 一些 相关 资料 存在 电脑 里。→ 存 一些 相关

zīliào zài diànnǎo li.

资料 在 电脑 里。

Tīngshuō yǒu wúxiàn kuāndài shèshī, wǒ zài qù quèrèn yíxià

3. 听说 有 无线 宽带 设施，我 再 去 确认 一下。→

Hǎoxiàng yǒu wúxiàn kuāndài shèshī, wǒ zài qù héshí yíxià.

好象 有 无线 宽带 设施，我 再 去 核实 一下。

Liú Lán, xīn shǒujī de xuānchuán túpiàn sòng lai le ma?　　Liú Lán,

4. 刘岚，新 手机 的 宣传 图片 送 来 了吗？→ 刘岚，

yìnshuāchǎng bǎ xīn shǒujī de xuānchuán túpiàn sòng lai le ma?

印刷厂 把 新 手机 的 宣传 图片 送 来 了 吗？

Wǒmen shì bú shì yīnggāi bǎ chǎnpǐn de shìchǎng bàogào yě

5. 我们 是不是 应该 把 产品 的 市场 报告 也

dài qu? Wǒmen yào bú yào yě bǎ chǎnpǐn de shìchǎng bàogào

带 去？→ 我们 要 不要 也 把 产品 的 市场 报告

dāi qu?
带 去?

Xiānzài Zhōngguó de hěn duō xiāoshòushāng yuèláiyuè guānxīn
6. 现在 中国 的 很多 销售商 越来越 关心

shēngchǎnshāng de xìnyù hé shēngchǎn nénglì. Xiànzài Zhōngguó
生产商 的 信誉 和 生产 能力。→ 现在 中国

de hěn duō xiāoshòushāng yuèláiyuè zhùzhòng shēngchǎn chǎngjiā
的 很多 销售商 越来越 注重 生产 厂家

de xìnyù hé shēngchǎn nénglì.
的 信誉 和 生产 能力。

Wǒmen zài Yīngguó cānjiā zhǎnxiāo huì yě yíyàng, xūyào zhǔnbèi de
7. 我们 在 英国 参加 展销 会 也 一样，需要 准备 的

zīliào yuèláiyuè duō. Wǒmen zài Yīngguó zuò zhǎnxiāo huì yě shì
资料 越来越 多。→ 我们 在 英国 做 展销 会 也 是

zhèyàng, yào dài de zīliào yuèláiyuè duō.
这样，要 带 的 资料 越来越 多。

Topic 17: 8D

Nǐ yǒu méiyǒu jùtǐ de shùjù? Nǐ yǒu méiyǒu xiángxì de shùzì?
1. 你 有 没有 具体的 数据? → 你 有 没有 详细 的 数字?

Zhè zhǒng shǒujī búdàn néng shàngwǎng、 fā diànyóu, érqiě kěyǐ
2. 这 种 手机 不但 能 上网、 发电邮，而且 可以

zhàoxiàng、 tīng yīnyuè. Zhè zhǒng shǒujī jì néng shàngwǎng、 fā
照相、 听 音乐。→ 这 种 手机 既 能 上网、 发

diànyóu, yòu néng zhàoxiàng、 tīng yīnyuè.
电邮，又 能 照相、 听 音乐。

Zhēnde? Nàme jiàgé yídìng hěn guì ba? Cāozuò shì bú shì hěn nán?
3. 真的? 那么 价格 一定 很 贵 吧? 操作 是 不 是 很 难? →

Zhēnde? Nàme jiàgé yídìng bù piányi ba? Shì bú shì hěn nán cāozuò?
真的? 那么 价格 一定 不 便宜 吧? 是 不 是 很 难 操作?

Rúguǒ nín dàliàng dìnggòu zhè zhǒng shǒujī, wǒmen gōngsī jiù

4. 如果 您 大量 订购 这 种 手机，我们 公司 就

zèngsòng shǒujī tào.　Yàoshi nín dìnggòu hěn duō zhè zhǒng shǒujī,

赠送 手机套。→ 要是 您 订购 很 多 这 种 手机，

wǒmen gōngsī jiù zèngsòng shǒujī tào.

我们 公司 就 赠送 手机 套。

Bié de shǒujī shēngchǎnshāng dōu hé diànxìn gōngsī yǒu yōuhuì

5. 别 的 手机 生产商 都 和 电信 公司 有 优惠

xiéyì, nǐmen yǒu ma?　Qítā shǒujī shēngchǎnshāng dōu hé diànxìn

协议，你们 有 吗？→ 其他 手机 生产商 都 和 电信

gōngsī yǒu yōuhuì xiéyì, nǐmen yǒu ma?

公司 有 优惠 协议，你们 有 吗？

Tīng shàngqu búcuò. Háiyǒu bié de fúwù ma?　Tīng shàngqu hěn

6. 听 上去 不错。还有 别 的 服务 吗？→ 听 上去 很

hǎo. Háiyǒu qítā fúwù ma?

好。还有 其他 服务 吗？

Wǒ shì shǒujī dàilǐ shāng, yǐjīng dàilǐ le jǐ jiā gōngsī de shǒujī, yě hěn

7. 我 是 手机 代理 商，已经 代理了几家 公司 的 手机，也很

xiǎng chéngwéi nǐmen de dàilǐ.　Wǒ shì shǒujī dàilǐ shāng, yǐjīng

想 成为 你们 的 代理。→ 我 是 手机 代理 商，已经

zuò le jǐ jiā gōngsī de shǒujī dàilǐ, yě hěn xiǎng chéngwéi nǐmen

做了几家 公司 的 手机 代理，也 很 想 成为 你们

de dàilǐ.

的 代理。

Rúguǒ wǒmen duì nǐ gōngsī gǎn xìngqù, jiù huì yǒu rén hé nín liánxì de.

8. 如果 我们 对你 公司 感 兴趣，就会 有人 和 您联系的。→

Rúguǒ wǒmen gōngsī yǒu xìngqù, jiù huì yǒu rén liánxì nín de.

如果 我们 公司 有 兴趣，就会 有 人 联系 您 的。

Topic 18: 8D

Guānyú wǒmen gōngsī de shǒujī dàilǐ quán, xiànzài yóu Liú xiǎojiě lái
1. 关于 我们 公司 的 手机 代理 权，现在 由 刘 小姐 来

hé nǐmen tántan ba. Yǒuguān wǒmen gōngsī de shǒujī dàilǐ quán,
和 你们 谈谈 吧。→ 有关 我们 公司 的 手机 代理 权，

xiànzài ràng Liú xiǎojiě lái gěi nǐmen jièshào yíxià ba.
现在 让 刘 小姐 来 给 你们 介绍 一下 吧。

Wǒmen de zhè liǎng kuǎn shǒujī búdàn cāozuò jiǎndān, gōngnéng
2. 我们 的 这 两 款 手机 不但 操作 简单，功能

qíquán, érqiě bǐ mùqián shìchǎng shang de shǒujī dōu báo. Wǒmen
齐全，而且 比 目前 市场 上 的 手机 都 薄。→ 我们

de zhè liǎng zhǒng shǒujī búdàn róngyì shǐyòng, shénme gōngnéng
的 这 两 种 手机 不但 容易 使用，什么 功能

dōu yǒu, érqiě shì mùqián shìchǎng shang zuì báo de shǒujī.
都 有，而且 是 目前 市场 上 最 薄 的 手机。

Nǐmen de shǒujī shì zhēnduì nǎxiē kèhù de? Nǎxiē rén shì nǐmen
3. 你们 的 手机 是 针对 哪些 客户的？→ 哪些 人 是 你们

shǒujī de mùbiāo yònghù?
手机 的 目标 用户？

Zhēnduì zhèyàng de kèhù qún, nǐmen de língshòu jià shì bú shì huì
4. 针对 这样 的 客户群，你们 的 零售 价是不是 会

bǐ biérén gāo de duō? Zhēnduì zhèyàng de yònghù qún, nǐmen de
比 别人 高 得 多？ Zhēnduì 这样 的 用户 群，你们 的

língshòu jià huì bú huì bǐ biérén gāo de duō?
零售 价会 不 会 比 别人 高 得 多？

Wǒmen de bǎoxiū qīxiàn bǐ biérén de cháng, érqiě yǒu hěn duō miǎnfèi
5. 我们 的 保修 期限 比 别人 的 长，而且 有 很 多 免费

fúwù. Biérén de bǎoxiū qīxiàn dōu bǐ wǒmen de duǎn, wǒmen hái
服务。→ 别人 的 保修 期限 都 比 我们 的 短，我们 还

yǒu hěn duō miǎnfèi fúwù.
有 很 多 免费 服务。

Wǒ zhīdào jīntiān shì wǒmen de chūbù qiàtán, xiàyíbù wǒmen

6. 我 知道 今天 是 我们 的 初步 洽谈，下一步 我们

yīnggāi zuò shénme? Wǒ zhīdào jīntiān shì wǒmen de chūcì

应该 做 什么？ → 我 知道 今天 是 我们 的 初次

huìtán, xiàyíbù wǒmen gāi zuò shénme?

会谈，下一步 我们 该 做 什么？

Zuìhòu de zhōngbiāo dàilǐ shāng yóu shéi lái juédìng? Yóu shéi lái

7. 最后 的 中标 代理 商 由 谁来 决定？ → 由 谁来

juédìng zuìhòu de zhōngbiāorén?

决定 最后 的 中标人？

Wǒmen xīwàng néng zài yí gè yuè nèi luòshí dàilǐ shāng de míngdān.

8. 我们 希望 能 在 一个 月 内 落实 代理 商 的 名单。→

Wǒmen xīwàng néng zài yí gè yuè nèi gōngbù dàilǐ shāng míngdān.

我们 希望 能 在 一个 月 内 公布 代理 商 名单。

Topic 19: 11D

Zhènghǎo wǒmen gōngsī de Yīngfāng dàibiǎo Qióngsī xiānsheng yě zài.

1. 正好 我们 公司 的 英方 代表 琼斯 先生 也在。→

Wǒmen Yīngguó gōngsī de dàibiǎo Qióngsī xiānsheng qiàhǎo yě zàichǎng.

我们 英国 公司 的 代表 琼斯 先生 恰好 也 在场。

Guānyú jìshù shang de wèntí, nǐmen kěyǐ hé tā tǎolùn. Tā kěyǐ hé

2. 关于 技术 上 的 问题，你们 可以 和 他 讨论。→ 他 可以 和

nǐmen tǎolùn yǒuguān jìshù shang de wèntí.

你们 讨论 有关 技术 上 的 问题。

Yǒu shénme wèntí, qǐng jǐnguǎn wèn wǒ. Yǒu shénme xūyào wǒ

3. 有 什么 问题，请 尽管 问 我。→ 有 什么 需要 我

huídá de, qǐng jǐnguǎn tí chūlai.

回答 的，请 尽管 提 出来。

Wǒmen xiǎng quèrèn yíxià, guì gōngsī yào zhǎo de shì dújiā dàilǐ

4. 我们 想 确认 一下，贵 公司 要 找 的 是 独家 代理

háishì duōjiā dàilǐ?   Wǒmen xiǎng gǎo qīngchu guì gōngsī yào
还是 多家 代理? → 我们   想 搞   清楚 贵 公司 要

zhǎo de shì dújiā dàilǐ háishi duōjiā dàilǐ?
找 的 是 独家 代理 还是 多家 代理?

Yìbān shì chǎnpǐn língshòujià de bǎifēnzhī shí.   Tōngcháng shì
5. 一般 是 产品   零售价 的 百分之 十。→   通常 是

chǎnpǐn shòujià de yì chéng.
产品 售价 的 一 成。

Wǒmen háiyǒu yí xìliè de jiǎnglì bànfǎ hé shìchǎng cūxiāo shǒuduàn.
6. 我们   还有 一系列 的 奖励 办法 和 市场   促销 手段。→

Wǒmen háiyǒu duō zhǒng jiǎnglì fāngshì hé shìchǎng tuīguǎng shǒuduàn.
我们 还有 多 种 奖励 方式 和 市场 推广 手段。

Qióngsī xiānsheng, nǐmen huì gěi dàilǐ shāng tígōng shénmeyàng de
7. 琼斯 先生, 你们 会 给 代理 商 提供 什么样 的

jìshù zhīchí? Qióngsī xiānsheng, zài jìshù shang nǐmen gěi dàilǐ
技术 支持? → 琼斯   先生, 在 技术 上   你们 给 代理

shāng huì tígōng shénmeyàng de zhīchí?
商 会 提供 什么样 的 支持?

Wǒmen chúle wèi shēngchǎn shāng hé dàilǐ shāng tígōng jìshù péixùn,
8. 我们 除了 为 生产 商 和 代理 商 提供 技术 培训,

hái huì pài jìshù gùwèn dào xiànchǎng zhǐdǎo.   Wǒmen búdàn wèi
还会 派 技术 顾问 到 现场   指导。→ 我们 不但 为

shēngchǎn shāng hé dàilǐ shāng tígōng jìshù péixùn, érqiě huì pài jìshù
生产 商 和 代理 商 提供 技术 培训, 而且 会 派 技术

gùwèn dào xiànchǎng zhǐdǎo.
顾问 到 现场   指导。

Yǒu le zhèyàng de fúwù, wǒmen hé yònghù duì guì gōngsī de
9. 有 了 这样 的 服务, 我们 和 用户 对 贵 公司 的

chǎnpǐn jiù huì gèng yǒu xìnxīn.   Yǒu le zhèyàng de fúwù, wǒmen
产品 就会 更 有 信心。→ 有 了 这样 的 服务, 我们

hé yònghù jiù néng gèng fàngxīn de shǐyòng nǐmen gōngsī de chǎnpǐn.
和 用户 就 能 更 放心 地 使用 你们 公司 的 产品。

Wǒmen shénme shíhou néng zhīdào jìngbiāo jiéguǒ? Nǐmen shénme
10. 我们 什么 时候 能 知道 竞标 结果? → 你们 什么

shíhou tōngzhī wǒmen jìngbiāo jiéguǒ?
时候 通知 我们 竞标 结果?

Sān gè xīngqī yǐhòu, nǐmen jiù kěyǐ zhīdào. Sān xīngqī hòu,
11. 三 个 星期 以后, 你们 就 可以 知道。→ 三 星期 后,

nǐmen jiù kěyǐ dézhī jiéguǒ.
你们 就 可以 得知 结果。

Topic 20: 9D

Gǎnxiè Jiābǎo gōngsī gěi "Yìdá" zhège jīhuì. Gǎnxiè Jiābǎo
1. 感谢 嘉宝 公司 给"易达" 这个 机会。→ 感谢 嘉宝

gōngsī bǎ zhège jīhuì gěi le "Yìdá".
公司 把 这个 机会 给了"易达"。

Zhè shì yí fèn wéiqī sān nián de dújiā dàilǐ xiéyì, qǐng nín kàn yíxià.
2. 这 是 一 份 为期 三 年 的 独家 代理 协议, 请 您 看 一下。→

Zhè shì fèn yǒuxiàoqī sān nián de dújiā dàilǐ xiéyì, qǐng nín kàn yíxià.
这 是 份 有效期 三 年 的 独家 代理 协议, 请 您 看 一下。

Wǒ bú tài tóngyì zhè yì tiáokuǎn: měi nián xiāoshòu shǒujī wǔshí wàn
3. 我 不 太 同意 这一 条款: 每年 销售 手机 五十 万

tái, xiāoshòu tíchéng bǎifēnzhī shí. Wǒ bú tài tóngyì zhè yì tiáo-
台, 销售 提成 百分之 十。→ 我 不 太 同意 这 一 条

kuǎn: nián xiāoshòu shǒujī wǔshí wàn tái, yòngjīn bǎifēnzhī shí.
款: 年 销售 手机 五十 万 台, 佣金 百分之 十。

Xiāoliàng zài yì kāishǐ bù yīnggāi dìng de tài gāo. Xiāoliàng zuìhǎo
4. 销量 在一开始 不 应该 定 得 太 高。→ 销量 最好

yì kāishǐ bú yào dìng de tài gāo.
一开始 不 要 定 得 太 高。

5. Wǒ hái xiǎng zài tíchéng fāngmiàn jiā yì tiáo: chāoguò dìng'é hòu,
我 还 想 在 提成 方面 加 一 条: 超过 定额 后,

měi duō xiāoshòu wǔwàn tái, tíchéng jiù zēngjiā bǎifēnzhī yī. Wǒ hái
每 多 销售 五万 台, 提成 就 增加 百分之 一。→我 还

xiǎng zài yòngjīn fāngmiàn jiā yì tiáo: chāoguò dìng'é hòu, měi duō
想 在 佣金 方面 加 一 条: 超过 定额 后, 每 多

xiāo wǔwàn tái, yòngjīn jiù zēngjiā yí gè bǎifēndiǎn.
销 五万 台, 佣金 就 增加 一个 百分点。

6. Nǐmen gōngsī měi gé bàn nián tígōng yí fèn xiángxì de shìchǎng
你们 公司 每隔 半 年 提供 一份 详细 的 市场

bàogào hé yònghù fǎnkuì. Nǐmen gōngsī měi liù gè yuè bìxū
报告 和 用户 反馈。→ 你们 公司 每 六个 月 必须

tígōng yí fèn xiángxì de shìchǎng bàogào hé yònghù fǎnkuì.
提供 一份 详细 的 市场 报告 和 用户 反馈。

7. Zhè fèn xiéyì sān nián yǒuxiào, sān nián hòu wǒmen huì zài qiān yí
这 份 协议 三 年 有效, 三 年 后 我们 会 再 签 一

fèn xīn xiéyì. Zhè fèn xiéyì sān nián yǒuxiào, dàoqī hòu wǒmen zài
份 新 协议。→ 这份 协议 三 年 有效, 到期 后 我们 再

chóngqiān.
重签。

8. Yàoshi méiyǒu wèntí dehuà, qǐng zài zhèr qiānzì. Yàoshì nín tóngyì
要是 没有 问题 的话, 请 在 这儿 签字。→ 要是 您 同意

dehuà, qǐng zài zhèr qiānmíng.
的话, 请 在 这儿 签名。

9. Tài hǎo le! Zhùhè wǒmen yuánmǎn dáchéng jiāoyì! Tài hǎo le! zhùhè
太 好 了!祝贺 我们 圆满 达成 交易!→ 太 好 了! 祝贺

wǒmen de jiāoyì yuánmǎn dáchéng!
我们 的 交易 圆满 达成!

Answers for Match the Sentence

Topic 1:	1=B	2=A	3=C
Topic 2:	1=B	2=A	3=C
Topic 3:	1=B	2=C	3=A
Topic 4:	1=B	2=C	3=A
Topic 5:	1=A	2=C	3=B
Topic 6:	1=C	2=A	3=B
Topic 7:	1=C	2=A	3=B
Topic 8:	1=C	2=A	3=B
Topic 9:	1=C	2=A	3=B
Topic10:	1=B	2=C	3=A
Topic11:	1=B	2=C	3=A
Topic12:	1=A	2=C	3=B
Topic13:	1=C	2=B	3=A
Topic14:	1=B	2=C	3=A
Topic15:	1=C	2=B	3=A
Topic16:	1=B	2=C	3=A
Topic17:	1=C	2=A	3=B
Topic18:	1=C	2=A	3=B
Topic19:	1=B	2=C	3=A
Topic20:	1=A	2=C	3=B

English Translation for Dialogues

Topic 1: Greeting People

L: Hello, I'm Liu Lan.

J: Hello!

L: Are you Mr. Jones?

J: That's right, I'm Adam Jones.

H: Good morning, Liu Lan.

L: Good morning, Huang Ling.

H: Good morning, Manager Smith.

J: Sorry, I'm not Manager Smith, I'm Adam Jones.

H: Oh, I'm sorry, Mr. Jones. How are you?

J: I'm very well!

Topic 2: Getting to Know Each Other

J: Miss Liu, I come to see manager Zhang, this is my business card. Miss Huang, very pleased to meet you.

H: Thank you, Mr. Jones.

J: You're welcome, call me Adam.

L: OK Adam, this way please.

L: Manager, this is Mr. Jones from company JFY.

Z: How do you do! My surname is Zhang, full name Zhang Jing, very pleased to meet you.

J: I'm also very pleased to meet you, Manager Zhang.

Z: This is my Assistant, Liu Lan.

L&J: We've already been introduced.

Z: Excellent, please take seat!

Topic 3: Introducing Your Business

Z: There are 8 departments in Jiabao. This is marketing department and that is accounting department.

J: Do you have any company branch?

Z: We have two branches. One is in U.S.A, and the other one is in U.K.

J: Director Zhang, your company has many foreign staff, hasn't it?

Z: That's right. They all come from the company branch in U.S.A. and U.K.

J: Are they all American and British?

Z: Not all, there are also a French and a Swedish.

J: Do they all speak Chinese?

Z: Yes, their Chinese is very good!

Topic 4: Making a Business Appointment

Z: Hello everyone, let me introduce. This is Mr. Jones from U.K JFY.

C: Hello, hello, hello…

J: Very pleased to meet all of you. I'm going to give a presentation about JFY tomorrow afternoon, welcome everyone!

Z: The presentation will be in meeting room No. 3 on the third floor.

Z: Mr. Jones, What date is the Manager Smith coming to China?

J: On the 15th February.

Z: Great, how many days he plans to stay?

J: Approximately one week.

Z: I'd like to introduce 3 board members of Jiabao to both of you, do you have time to meet then?

J: Yes, we have.

Topic 5: Discussing a Business Schedule

J: Miss Huang, what time will my presentation start?

H: It'll start at half past one, the presentation is scheduled for one hour. You have another meeting at three o'clock with Director Zhang.

J: OK, thanks!

Z: Mr. Jones, your presentation is very good!

J: I'm flattered. You want to discuss Smith's schedule with me today, do you?

Z: That's right. What time will he arrive on the Wednesday 15th February?

J: A quarter past one in the afternoon.

Z: How about coming to Jiabao at four o'clock to meet a few board members?

J: That's fine! We then can have supper together after the meeting.

Z: Good idea!

Topic 6: Replying to a Business Invitation

R: We'd like to invite Mr. Smith attending an opening ceremony on the 17th February. Do you know if he is free?

J: I'm really sorry. He'll be very busy on that day, I'm afraid he can't.

R: Is it possible for him to attend the dinner banquet on the 18th then?

J: It shouldn't be a problem, but I need to confirm with him on this.

J: Mr Smith accepted your invitation. He'll definitely attend your dinner banquet on the 18th.

R: Great! Here is the dinner invitation.

J: Thanks. What time will the banquet start?

R: Seven o'clock, at Peace Hotel.

J: Good, we'll see you then!

Topic 7: Hosting a Dinner Banquet

Z: Welcome, welcome! Mr. Smith and Mr. Jones, what would you like to drink?

S: I heard the Chinese Maotai is very famous, I'd like to try it.

J: I like tea very much.

Z: Do you like to drink black tea or green tea?

J: Green tea. My favourite is Longjing tea.

Z: Very well, I'll treat you with the best Maotai and best Longjing tea today.

Z: I propose: let's drink for Mr. Smith's China trip, cheers!

S: I'd also like to drink for our cooperation, cheers!

J: Cheers!

Z: Mr. Jones, have you had this dish before?

J: I haven't. Is this beef?

Z: This is frog meat, give it a try, it's delicious.

J: The taste is not bad, but I prefer roast duck and fried prawns.

S: Director Zhang, thanks for your hospitality, we really enjoyed. Thanks very much!

J: Thank you!

Z: You're welcome, you're welcome.

Topic 8: Buying Business Gifts

Z: I want to give John some Chinese arts and crafts for gift.

L: Cloisonné is a very good gift since foreigners all like them.

Z: Silk is very good too.

L: What about Maotai? I know John really likes Maotai.

Z: OK, let's buy a bottle of Maotai and two arts and crafts things.

L: Miss, how much is this cloisonné vase?

A: One thousand eight hundred Yuan. That small one is a bit cheaper, one thousand two hundred fifty Yuan and six Jiao .

L: I'd like this big one. Do you have silk scarf?

A: Yes, we do. What colour would you like? How many do you want?

L: I want one in black, and one in red.

A: All right, what else would you like?

L: No, that's all. How much is it in total?

A: Totally one thousand nine hundred and fifty Yuan.

L: John, you're leaving. We'd like to give you a few Chinese gifts. Hope you like it.

S: Thank you very much.

Topic 9: Visiting Business Associates' Home

S: How many people are there in Mr. Chen's family?

Z: Three people. He, his wife and their daughter.

S: How old is his daughter this year?

Z: Ten years old. She is in primary school.

S: What does his wife do?

Z: She is a doctor, works at Xinhua Hospital.

S: Mr. Chen must worked in the company for long time.

Z: Nearly ten years, he's my best colleague.

C: Welcome, Welcome! Mr. Smith, please come on in! Director Zhang, please come on in!

S: I brought a couple of presents from the U.K, please take them.

C: You are too kind. Thank you! Please take seat, please have some tea.

S: Mr. Chen's house is very big and nice.

C: Not really, not really. Today's gathering is a farewell party for you, you must have a few more drinks.

S: Yes, of course.

Z: Chen Nan, where's your wife and daughter?

C: They're preparing dinner in the kitchen. Let me go to tell them you're here.

Topic 10: Congratulating Your Hosts on Special Occasions

C: Let me make some introductions, this is my wife, this is my daughter Qianqian.

S: Hello, Mrs. Chen! Hello, Qianqian! Thank you for inviting me today.

W: Our pleasure. It's great to have you here today as our guest.

S: The Spring Festival is coming, I wish all of you a very happy New Year!

W: Thank you.

C: Dinner is ready, please take seat.

C: Wishing Mr. Smith a smooth journey!

S: Thanks. And every prosperity in the Year of Pig to Jiabao!

Z: Here's to our successful cooperation too!

W: I wish Qianqian a happy birthday!

Z&S: Is today Qianqian's birthday? Sorry Qianqian, we didn't get you a present.

D: Never mind. My mum bought me a birthday cake.

Z&S: Qianqian, happy birthday!

D: Thanks two uncles.

Topic 11: Making a Business Phone Call

H: Hello! This is Jiabao.

J: Hello! Is Director Zhang there?

H: Director Zhang is in a meeting, who is calling?

J: This is Adam calling from U.K JFY.

H: Hello, Mr. Jones! This is Huang Ling. May I help you?

J: Can you ask Director Zhang to give me a call later? I'm at home.

H: No problem! What's your home telephone number please?

J: 02081926573, the UK country code is 0044.

H: Hello! Is that Mr. Jones?

J: Yes, Miss Huang.

H: I'm really sorry. Director Zhang is still in the meeting. Would you like to leave him a message?

J: That's fine. I want to talk to him about next month's staff training. Director Zhang must give me the training staff list today.

H: I might be able to help you with this. Let me ask Liu Lan, she might have the list.

J: Great. If you have the list, please call my office or my mobile.

H: OK, I'll go to ask right now.

Topic 12: Arranging Staff Training

L: Huang Ling, have you booked the airplane tickets to UK for the trainees?

H: Yes, I've booked five return tickets from Shanghai to London.

L: Which airline will they take?

H: China Eastern Airline, departing on the 3 June at half past twelve, arriving in London at three o'clock.

L: Did you book all the seats economy class?

H: No. They'll go in economy class and return in business class.

J: We have already booked a hotel for the trainees. The hotel is near our company.

H: What kind of room is it?

J: Two double rooms and one single room, breakfast included.

H: How do the trainees travel from the hotel to your company everyday?

J: We will send car to pick them up in the morning and take them back in the evening.

H: Where will they have their dinner?

J: In their hotel's restaurant. The restaurant has both Western food and Chinese food.

H: Wonderful! Thanks for your company's thoughtful arrangements, Adam.

J: We hope the trainees enjoy it.

Topic 13: Travelling for Business

W: So many queues, which one should we stand in?

J: We should stand in these middle queues. Where is your passport?

W: It's here.

J: Have you filled in an immigration entry card?

W: Yes, I did. I filled in customs claim form too.

W: Where do we reclaim our baggage? Is it far from here?

J: Not far. We need to walk straight ahead for a few minutes, turn left and then you'll see the sign for the baggage.

D: Where are you going, gentlemen?

W: We're going to Peace Hotel, near the Bund on the Nanjing East Road.

D: The Tunnel is often full of traffic. How about using Yangpu Bridge instead?

W: Is Yangpu Bridge far from Peace Hotel?

D: A bit far, but no traffic jam.

J: How long does it take?

D: Approximately one and a half hours.

J: OK, let's go. I heard it'll be very quick if we take the maglev train from airport to city centre.

D: That's right. You take the maglev train for ten minutes and then change to underground or taxi. You will be in the city centre in less than half hour.

Topic 14: Using Company Facilities

L: Stephen, this is your desk and your computer. That's your direct telephone line.

W: Thanks. How do I make an external phone call?

L: You need to dial 9 first and then dial the number you want to call. You can make both international and local calls.

W: Is that printer connected to my computer?

L: That's right. These are the files and paper you asked for.

W: Great. I need to send a fax to JFY later. Is there a fax machine?

L: No. The fax machine is in the administration office next door.

W: Huang Ling, Do you know where the fax machine is?

H: It's on the table next to the photocopier.

W: Yes, I saw it.

H: If fax paper is used up, there is more in the box under the table.

W: After I send the fax, I'd like to get some water. Is the staff common room at the end of the corridor?

H: The toilet is at the end of the corridor. The staff common room is downstairs, just opposite to Director Zhang's office.

W: I know where Director Zhang's office is. Right out of the lift, the second room on the left.

Topic 15: Searching Websites and Sending Emails

W: Liu Lan, what's the password to log onto this computer?

L: JB2008. After you log on, click Internet Explorer on the desk top to use the internet.

W: OK, I've already opened the Jiabao homepage. Oh, here is Google's link, I can directly search now.

L: Are you searching for UK information?

W: No, it's for a product by a Chinese company.

L: Why don't you use Baidu to search then?

W: Do Chinese all use Baidu?

L: Because Baidu has got more Chinese information, many Chinese like it.

L: Have you received the email John sent us yesterday?

W: Let me have a look now.

L: It's about next week's trade show.

W: No, I haven't received it.

L: Let me check my email. Your email address is on the receiver list.

W: I know. If it was a BT address, I wouldn't have received it. I'm not using that address any more, I'm using Yahoo now.

L: Yes, it was a BT address. Never mind, I'll forward the email to you right now.

W: Thanks, I'll also send an email to tell John my new address.

Topic 16: Preparing For a Trade Show

L: Although our stall at the trade show isn't big, there is a small meeting area in it.

W: Is there any socket or cable extension in the stall?

L: There are both, but no stand to display our products. Do you think we need one?

W: I think so. With a stand, we could display the new mobile phones as well as accessories.

L: Good idea! Anyone who is interested in our products can try it out.

W: You're right, let's order a stand. Don't forget to save the relevant product information onto a laptop and bring it to the show.

W: Is there any Ethernet connection in the stall?

L: I heard there's a wireless broadband facility, but I need to confirm.

W: Liu Lan, have the posters for the new mobile phone been delivered?

L: They're already here. The new brochure and price list are also here.

W: Do you think we should bring the market report for this product too?

L: Yes, better to bring it. We could also bring the outlines of both companies. Many Chinese retailers these days are more and more focused on manufacturers' reputation and productivity.

W: Exactly. When we participate in U.K trade shows, the material we need to prepare is getting more extensive as well.

L: The factory has just delivered 10 mobile phone sets. Do you want to take a look? It's in Director Zhang's office.

W: All right, I'll go to check them in a minute.

Topic 17: Introducing Products and Services

C: What are the features of your mobile phone?

W: This mobile phone is very light weight with many functions and a long lasting battery.

C: Do you have any statistics?

L: Yes, all in this brochure. Please take a look.

C: Oh, so many functions! Could you explain them to me?

W: Certainly. This type of mobile not only can browse the web and send emails, but also can take photos and listen to music.

C: Really? It must be very expensive then! Is it difficult to operate?

W: Our mobile phone is very reasonably priced and easy to use too.

L: If you place large order for this mobile phone, our company will give you free phone case.

C: Other mobile manufacturers all have special deals with telecommunications companies. Do you offer one?

L: Yes, we do. If you buy our mobile, the telecommunications company will not only give you 100 minutes free call every month for 2 years, but also give you half price text messaging.

C: Sounds very good. Are there any other services?

W: Our mobile phone has a 2 years warranty.

C: Great. I'm a mobile phone sales agent, and have been an agent for several phone companies. I'm very interested in being your agent. How can I apply?

L: Please fill in this form. Someone will contact you if we're interested in your application.

C: All right, thanks very much.

Topic 18: Preparing for Negotiation

Z: Thank you for coming today. Regarding your bid to be an agent for us, Miss Liu will give you a briefing now.

L: As you've seen at the trade show, these two types of mobile phone are not only easy to operate, but also have the greatest number of functions compared with other phones. It is also the thinnest phone on the market currently.

X: Who is your target market for your mobile phone?

L: Mainly business people who often need to use emails on business trips or corporate professionals.

F: Is your retail price much higher than others if you are targeting this type of customer?

Z: It's a bit higher, but reasonable.

L: Our ideal agent is one of those who can make Jiabao a famous brand.

X: I'm an agent for ten brands. I know from experience that to make a famous brand, you need to have good customer service. How is your customer service?

L: Very good! Our warranty is longer than others and we also provide many free services.

F: OK, how are your agent bidding and selection procedures?

L: This is our mobile phone agent bidder's handbook.

F: I know today is our initial negotiation. What should we do next?

L: You need to send us all your bidding material as soon as possible, we then will contact you within one week after receiving your forms.

X: Who'll make the final decision?

L: The board committee will make the final decision.

Z: We hope we can finalise the agent selection within one month.

F&X: OK, We'll send you our bidding material as soon as possible.

Topic 19: Working on Details

L: We invited you coming today to have a further discussion about being our agent.

Z: Our company UK representative Mr. Jones is also here. Any technical questions you can discuss with him.

J: Very pleased to have this opportunity to meet you. If you have any questions, please feel free to ask me.

X&F: Thank you!

X: We'd like to confirm if you are looking for a sole agent or multiple agents?

Z: Whichever. As long as the candidates can guarantee our sales volume, they can be our agent.

F: How much is the commission for being your sole agent?

L: Normally ten percent of the retail price.

X: Is the commission for multiple agents lower?

Z: Not necessarily.

F: Being a sole agent will be less competitive and therefore they will have an advantage.

X: That's obvious. If multiple agents have a good annual turnover, will their commission be increased?

L: Of course. We also have a series of reward schemes and market promotion plans.

X: Mr. Jones, what kind of technical support will you provide to an agent?

J: Apart from providing technical training for manufacturers and agents, we will also send technical consultants to shops to provide one to one support.

Z: We're preparing to open up a technical support hotline as well.

X: That's great! With such technical support and service, we and the customers will be more confident in your products.

F: Director Zhang, when will we know the results of the bidding process?

Z: You will know the result after three weeks.

F: Excellent! Hope we can have opportunity to work together.

Z: Good luck!

Topic 20: Concluding a Deal

Z: After discussing this at the board meeting, we decided to invite Yida Ltd. to be our sole agent. Congratulations Ms Fu!

F: I'm grateful for the opportunity Jiabao has given to Yida. We'll try the best we can to bring Jiabao mobiles to the market as soon as possible.

Z: I'd like to thank Mr. Xie at Duode Ltd. for the many suggestions he gave us.

X: Hopefully we would be able to cooperate with Jiabao on other business soon.

L: Ms Fu, this is a three year sole agency agreement. Please take a look.

F: All right...I'm not sure about this term: annual turnover, five hundred thousand mobile phone sets. The commission is ten percent.

Z: This annual turnover is based on the sales plan you sent to us.

F: Jiabao brand is a new brand. Our company will need to spend a lot of energy and resource to promote it. The annual turnover shouldn't be set too high in the beginning.

Z: What about an annual increase then?

F: That' fine! I'd propose three hundred thousand sets for the first year, four hundred thousand for the second year and five hundred thousand for the third year.

Z: Although this annual turnover for a sole agent is rather conservative, if you guarantee that you don't sell any other competing products in the same category, we will accept the annual turnover figures you proposed.

F: I promise! I'd also like to add one more term regarding the commission: for every fifty thousand sets sold in excess of the quota, the commission will increase one percent. What do you think, Director Zhang?

Z: You're a tough negotiator, Ms Fu. All right, it's a deal! But in return, you will provide us a detailed market report and customer feedback every six months.

F: Absolutely no problem!

Z: This agreement is valid for three years. We will need to sign a new one after three years.

L: Ms Fu, please check again these two sets of agreements. If everything is fine, please sign here.

F: OK…everything's fine! I'm ready to sign.

Z: Excellent! Congratulations to us for successfully concluding a deal!

Chinese – English Vocabulary

A

啊	a	modal particle	3
安排	ānpái	arrangement	5
安装	ānzhuāng	to install	*15
按	àn	to press	*14
按期交货	ànqī jiāohuò	(goods) on time delivery	*17

B

八	bā	eight	3
吧	bǎ	structural word	16
把	ba	modal particle	2
白酒	báijiǔ	Chinese spirit	*7
白领	báilǐng	white collar (office workers)	18
百	bǎi	hundred	8
百度	Bǎidù	Baidu (name of Chinese search engine)	15
百分点	bǎifēndiǎn	%	*20
百分之……	bǎifēnzhī …	percent	19
拜年	bàinián	to wish a happy New Year	10
办法	bànfǎ	ways and means	19
办公室	bàngōngshì	office	11
办公桌	bàngōng zhuō	desk	14
办事处	bànshì chù	branch office (usually located in a different city or country)	*3
半	bàn	half	5
半价	bànjià	half price	17
帮	bāng	to help	11
包	bāo	to include	12
包/盒	bāo/hé	package, box	*8
包装	bāozhuāng	package	*17
薄	báo	thin	*18
保守	bǎoshǒu	conservative	20
保修	bǎoxiū	warranty	17
保证	bǎozhèng	to guarantee	19

报告	bàogào	report	16
抱歉	bàoqiàn	sorry	*6
杯	bēi	glass of, cup of	9
比	bǐ	to compare with	18
必须	bìxū	must	*20
标记	biāojì	symbol, mark, sign	15
表	biǎo	form	17
别	bié	do not	16
别的	bié de	other ones, something else	8
别人	biérén	other people, someone else	18
拨	bō	to dial	14
不错	búcuò	pretty good	*1/5
不但⋯⋯ 而且⋯⋯	búdàn...érqiě...	not only...but also ...	17
不过	búguò	but	6
不要紧	bú yàojǐn	don't worry	*10
不	bù	no, not	1
不成(问题)	bù chéng (wèntí)	not in question (in no doubt)	*20
不好意思	bù hǎoyìsi	sorry	*1
不久	bùjiǔ	soon	20
不客气	bú kèqi	you're welcome	2
不少	bùshǎo	many (Lit.: not a few)	*3
部门	bùmén	department	3
部门经理	bùmén jīnglǐ	section manager, head of department	*2

C

财务部	cáiwù bù	accounting department	3
菜	cài	dish, vegetables	7
菜单	càidān	menu	15
参加	cānjiā	to attend	6
餐厅	cāntīng	restaurant, canteen	*4/12
操作	cāozuò	to operate (machine)	17
插线板	chāxiànbǎn	cable extension	16
茶	chá	tea	7
茶叶	cháyè	tea (leaves)	*8
差不多	chàbuduō	nearly, more or less	*4/9
产品	chǎnpǐn	product	15
产品介绍	chǎnpǐn jièshào	(product) brochure	16

长	cháng	long	9
长途	chángtú	long distance	14
尝	cháng	to taste, to sample (food or drink)	7
尝尝	chángchang	to try (food only)	*7
常务副总裁	chángwù fù zǒngcái	Executive Vice President	*5
抄送	chāosòng	to copy to	*15
超过	chāoguò	exceed	20
车	chē	car, vehicle	13
陈列	chénliè	to display	16
陈南	Chén Nán	Chen Nan	9
成功	chénggōng	successful, success	10
成为	chéngwéi	to become	17
橙汁	chéngzhī	orange juice	*7
吃	chī	to eat	5
抽奖活动	chōujiǎng huódòng	prize draw (activity)	*19
重（新）签（字）	chóng (xīn) qiān (zì)	to re-sign (a document)	*20
重新审阅	chóngxīn shěnyuè	to review (a contract, agreement etc.)	*20
重新协商	chóngxīn xiéshāng	to re-negotiate	*20
出	chū	to exit	*14
出差	chūchāi	to go on business trip	18
出来	chūlai	to come out	16
出名	chūmíng	famous	*7
出席	chūxí	to attend, to be present	*6
出租车	chūzūchē	taxi	13
初步	chūbù	initial step	18
初次	chūcì	first (as in first time)	*18
除了……还……	chúle…hái…	apart from … also	19
厨房	chúfáng	kitchen	9
传真	chuánzhēn	fax	14
传真机	chuánzhēn jī	fax machine	14
春节	Chūnjié	Spring Festival	10
磁浮列车	cífú lièchē	maglev train	13
从	cóng	from	12
促销	cùxiāo	to promote sales	19
促销活动	cùxiāo huódòng	sale promotion (activity)	*19

存	cún	to save	16

D

达成	dáchéng	to reach, to conclude	20
打电话	dǎ diànhuà	to make (a) phone call	11
打开	dǎkāi	to open up	15
打算	dǎsuàn	to plan, plan	4
打印机	dǎyìn jī	printer	14
大	dà	big	8
大包/大盒	dà bāo/dà hé	big sized package/box	*8
大概	dàgài	approximately	*13
大家	dàjiā	everyone	4
大量	dàliàng	large amount	17
大使馆	dàshǐguǎn	embassy	*12
呆	dāi	to stay	4
代表	dàibiǎo	representative	19
代理	dàilǐ	to deputize, agent	17
代理权	dàilǐ quán	agent eligibility	18
代理商	dàilǐ shāng	agent	17
带	dài	to fetch	9
单程票	dānchéng piào	single trip ticket	*12
单人间	dānrén jiān	single room	12
蛋糕	dàngāo	cake	10
当然	dāngrán	certainly	19
档案夹	dàng'ànjiā	file folder	14
到	dào	to arrive	5
到时见	dàoshí jiàn	see you then	6
得	děi	have to	6
得知	dézhī	to know	*19
得	de	grammatical marker	7
的	de	grammatical marker	2
登机口	dēngjī kǒu	boarding gate	*13
登记卡	dēngjì kǎ	registration card	13
登入	dēngrù	to log on	15
低	dī	low	19
地方	dìfang	place	13
地铁	dìtiě	underground, tube	13
地址	dìzhǐ	address	15
第	dì	prefix for ordinal numbers	14

点	diǎn	o'clock	5
点(儿)	diǎnr	a little bit	7
点击	diǎnjī	to click	15
电池	diànchí	battery	17
电话	diànhuà	telephone, phone call	11
电脑	diànnǎo	computer	14
电梯	diàntī	lift	14
电信	diànxìn	telecommunication	17
电邮	diànyóu	email	15
电源插座	diànyuán chāzuò	socket	16
电子	diànzǐ	electronic	15
电子显示屏	diànzǐ xiǎnshìpíng	interactive whiteboard	*16
订	dìng	to book, to reserve	12
订购	dìnggòu	to order (a facility)	*16/17
定额	dìng'é	quota	20
东/南/西/北（边）	dōng/nán/xī/běi（biān）	East/South/West/North (side)	*13
东航	Dōngháng	China Eastern Airline	12
东南亚	Dōngnányà	Southeast Asia	*3
董事	dǒngshì	board member	4
董事长	dǒngshìzhǎng	company president, chairman of the board	*2
董事会	dǒngshì huì	board, committee	18
都	dōu	all, both	3
独家代理	dújiā dàilǐ	sole agent	19
堵车	dǔchē	traffic jam	13
短	duǎn	short	*18
短信	duǎnxìn	text message	17
对	duì	yes, correct	1
对……感兴趣	duì...gǎn xìngqù	be interested in	17
对……来说	duì ... láishuō	speak on one's behalf	19
对不起	duìbuqǐ	sorry	1
对面	duìmiàn	opposite	14
多	duō	many, much	3
		more (repeating action)	9
多长	duō cháng	how long	13
多长时间	duōcháng shíjiān	how long (time)	*4
多大	duō dà	how old	9
多大的	duō dà de	how big	*8

多大年纪	duō dà niánjì	how old (respectful way of asking an older person's age)	*9
多德	Duōdé	Duode (company name)	20
多家代理	duōjiā dàilǐ	multiple agents	19
多久	duō jiǔ	how long (time)	*13
多少	duōshao	how much/many	8
多种	duō zhǒng	many kinds (of)	*19

E

儿子	érzi	son	*9
24小时服务热线	èrshísì xiǎoshí fúwù rèxiàn	24 hours service hotline	*17

F

发	fā	to send	14
法国	Fǎguó	France	3
反馈	fǎnkuì	feedback	20
饭店	fàndiàn	hotel	6
方面	fāngmiàn	aspect, area	20
方式	fāngshì	ways and means, style	18
房间	fángjiān	room	12
放心	fàngxīn	worry free	*19
飞机	fēijī	aeroplane	12
非常	fēicháng	extremely, very	*5
分公司	fēn gōngsī	company branch	3
分钟	fēnzhōng	minute	13
份	fèn	MW for documents, newspapers etc.	17
封	fēng	MW for mail	15
服务	fúwù	service	17
附件	fùjiàn	attachment	*15
附近	fùjìn	nearby	12
复印机	fùyìn jī	photocopier	14
覆盖面	fùgàimiàn	coverage	*17

G

干杯	gānbēi	cheers	7

感谢	gǎnxiè	to be grateful, to thank	20
感兴趣	gǎn xìngqù	be interested in	*16
刚	gāng	just now	16
刚好	gānghǎo	coincidently, happen to be	*16
高	gāo	high	18
高薪阶层	gāoxīn jiēcéng	high income group	*18
高兴	gāoxìng	happy, to be pleased	2
告诉	gàosu	to tell	15
隔壁	gébì	next door	14
个	gè	measure word	3
各位	gèwèi	everyone	4
给	gěi	to, for, to give	10
根据	gēnjù	according to	20
跟……见面	gēn …jiànmiàn	to meet with	5
更新	gēngxīn	to update	*15
更	gèng	more (than …)	*7/15
更多	gèng duō	more (something)	15
工厂	gōngchǎng	factory	16
工艺品	gōngyìpǐn	arts and crafts	8
工作	gōngzuò	to work, job	9
公布	gōngbù	to announce	*18
公车/巴士	gōngchē/ bāshì	bus	*13
公司	gōngsī	company	2
功能	gōngnéng	function	17
谷歌	Gǔgē	Google	15
顾问	gùwèn	consultant	19
拐	guǎi	to turn	*13
关闭	guānbì	to shut down	*15
关心	guānxīn	to care	16
关于	guānyú	about, regarding	*4/15
光盘/CD	guāngpán/CD	CD	*14
广	guǎng	wide, vast	*17
广告部	guǎnggào bù	advertising department	*3
规格/型号	guīgé/xínghào	model	*17
贵	guì	expensive	17
国际	guójì	international	14
国内	guónèi	domestic	14
过程	guòchéng	procedure	18
过奖了	guò jiǎng le	I'm flattered	5

过	guo	grammatical marker	7

H

海关	hǎiguān	customs	13
海鲜	hǎixiān	seafood	*7
汉语	Hànyǔ	Chinese language	3
航空公司	hángkōng gōngsī	airline	12
航站楼	hángzhàn lóu	terminal	*13
好	hǎo	good	1
好吃	hǎochī	delicious	7
好极了	hǎo jíle	excellent	19
好运	hǎo yùn	good luck	19
号	hào	number, date	4
号码	hàomǎ	number, code	11
喝	hē	to drink	7
合理	hélǐ	reasonable	17
合同	hétong	contract	*20
合作	hézuò	cooperation	7
和	hé	and, with	3
和平饭店	Hépíng Fàndiàn	Peace Hotel	6
核实	héshí	to confirm	*16
盒子	hézi	box	14
黑色	hēisè	black colour	8
很	hěn	very	1
红	hóng	red	7
红色	hóngsè	red colour	8
后（边）	hòu（biān）	behind, in the back	*13
互联网	hùliánwǎng	internet explorer	15
护照	hùzhào	passport	*12/13
花	huā	to spend	20
花瓶	huāpíng	vase	8
欢迎	huānyíng	to welcome	4
还	hái	also, still	3
还是	háishi	or, still	7
换	huàn	to change	13
换登机牌	huàn dēngjīpái	to check-in (at the airport)	*13
换钱	huàn qián	to change money	*12
黄玲	Huáng Líng	Huang Ling	1

回	huí	to return	11
回报	huíbào	return (a favour, help), reward	20
回来	huílai	to come back, to return	12
回去	huíqu	go back	12
会	huì	be able to, can	3
会谈	huìtán	(political, business) meeting	*18
会议室	huìyì shì	meeting room	4
火车	huǒchē	train	*13
或者	huòzhě	or	11

J

机场	jīchǎng	airport	13
机场建设费	jīchǎng jiànshè fèi	airport tax	*13
机会	jīhuì	opportunity	19
鸡肉	jīròu	chicken	*7
几	jǐ	which	4
几点	jǐ diǎn	what time	5
几岁了	jǐ suì le	how old (for children's age under 10)	*9
寄	jì	to send	18
计划	jìhuà	to plan, plan	*4/20
技术	jìshù	technology	19
技术部	jìshù bù	IT department	*3
既……又……	jì...yòu...	not only … but also…	*17
加	jiā	to add	20
家	jiā	home	9
嘉宝	Jiābǎo	Jiabao	3
价格	jiàgé	price	17
价格目录	jiàgé mùlù	price list	16
间	jiān	MW for room	12
简单	jiǎndān	simple	18
简介	jiǎnjiè	brief introduction/profile	16
见	jiàn	to meet, to see	2
件	jiàn	MW for gifts, luggage or clothing (upper body)	8
建议	jiànyì	suggestion, to suggest	20
奖励	jiǎnglì	rewarding, reward	19
交易	jiāoyì	deal	20

角/毛	jiǎo/máo	RMB unit	8
叫	jiào	call, to be called	2
接	jiē	to pick up	12
接待室	jiēdài shì	reception room	*4
接口	jiēkǒu	Ethernet connection	16
接受	jiēshòu	to accept	6
结果	jiéguǒ	result	19
她	tā	she, her	9
她们	tāmen	they, them (for female)	9
今年	jīnnián	this year	9
今天	jīntiān	today	5
尽管问	jǐnguǎn wèn	feel free to ask	19
尽快	jǐnkuài	as soon as possible	18
近	jìn	near, close	*13
进	jìn	to enter	9
尽头	jìntóu	the end (of)	14
尽兴	jìnxìng	to one's heart's content	*7
进入	jìnrù	to enter	*15
进一步	jìnyíbù	one more step forward (further)	19
经常	jīngcháng	often	13
经过	jīngguò	under a process, under discussion	20
经济舱	jīngjì cāng	economy class	12
经久耐用	jīngjiǔ nàiyòng	long lasting	*17
经理	jīnglǐ	manager	1
经营	jīngyíng	to manage, to run (a business)	20
精力	jīnglì	energy and time	20
景泰蓝	jǐngtàilán	cloisonné enamel	8
竞标	jìngbiāo	to compete for bids	18
竞争	jìngzhēng	competition	19
久	jiǔ	long (time)	*9
酒	jiǔ	alcohol	7
就	jiù	exactly, then	8
就……了	jiù...le	just	13
就这些	jiù zhèxiē	that's all	8
举办	jǔbàn	to hold (a game, campaign)	*19
具体	jùtǐ	detailed	17
决定	juédìng	to decide	18
绝对	juéduì	absolutely	20
觉得	juéde	to think, to feel	16

K

咖啡	kāfēi	coffee	*7
开车	kāi chē	drive a car	12
开会	kāihuì	to have a meeting	*5/11
开始	kāishǐ	to start	5
开通	kāitōng	to open and connect	19
开完	kāi wán	to finish (the meeting)	*11
开业典礼	kāiyè diǎnlǐ	opening ceremony	6
看	kàn	to look, to think	5
看到	kàn dào	to see	14
看见	kànjiàn	to see	13
烤鸭	kǎoyā	roast duck	7
可乐	kělè	coke	*7
可能	kěnéng	maybe, possible	11
可是	kěshì	but, however	*6/13
可以	kěyǐ	may, can, OK	*2/11
刻	kè	quarter (of an hour)	5
客户	kèhù	client	16
客户群	kèhù qún	customer group	18
恐怕	kǒngpà	I am afraid that…	6
空	kòng	spare/free time	*4/6
空白	kòngbái	blank	*14
口	kǒu	MW (for number of family members)	*9
快	kuài	quick, fast	13
快到了	kuài dào le	(a date/festival/person/time) is nearly here	10
快乐	kuàilè	happy (as in birthday/New Year)	10
款	kuǎn	type, style	18
款待	kuǎndài	treatment, hospitality	7
矿泉水	kuàngquánshuǐ	mineral water	*7

L

垃圾邮件	lājī yóujiàn	junk mail	*15
来	lái	to come	2
来自	láizì	come from	*3
离	lí	(distance) from	13
礼物	lǐwù	gift	8

理想	lǐxiǎng	ideal	18
厉害	lìhài	skilful	20
连接	liánjiē	to connect	*14
连锁店	liánsuǒ diàn	franchise	*18
联系	liánxì	to contact	17
链接	liànjiē	link	15
两/二	liǎng/èr	two	3
了	le	grammatical marker	2
零售价	língshòu jià	retail price	18
刘岚	Liú Lán	Liu Lan	1
留个言	liú gè yán	to leave a message	11
龙井	Lóngjǐng	brand name (of a well-known green tea)	7
楼	lóu	floor	4
楼下	lóuxià	downstairs	14
旅途顺利!	Lǚtú shùnlì!	A smooth/nice journey!	*10
绿	lǜ	green	7
伦敦	Lúndūn	London	12
落实	luòshí	to finalise	18

M

妈妈	māma	mother	10
马上	mǎshàng	immediately, at once	11
吗	ma	question word	1
买	mǎi	to buy	8
满意	mǎnyì	to be satisfied	12
满意度调查表	mǎnyìdù diàochá biǎo	satisfaction survey form	*16
忙	máng	busy	6
茅台	Máotái	brand name (of the No.1 alcohol in China)	7
贸易	màoyì	trade	15
没	méi	not have, there is not	6
没关系	méi guānxi	it doesn't matter, it's no problem	10
没事	méi shì	no worries	*15
没有	méiyǒu	not have, there is not	16
每	měi	every	17
每隔	měi gé	at an interval of	20
每隔多久	měi gé duō jiǔ	how often	*19
每天	měitiān	every day	12

美国	Měiguó	the United States	3
秘书	mìshū	secretary	*1
密码	mìmǎ	password	15
免费	miǎnfèi	free of charge	17
名单	míngdān	(name)list	11
名牌	míngpái	famous brand	18
名片	míngpiàn	business card	2
名字	míngzi	name	*2
明天	míngtiān	tomorrow	4
目标	mùbiāo	target	*18
目前	mùqián	at present	18

N

拿到	ná dào	to get, to obtain	*11
哪儿	nǎr	where	12
哪里	nǎli	where	9
哪里，哪里	nǎli, nǎli	I am flattered	*5
哪位	nǎ wèi	which gentleman/lady	11
哪些	nǎxiē	which	18
哪种	nǎ zhǒng	which kind of	*8
那	nà	that	3
那儿	nàr	there	*3/12
那么	nàme	then, in that case	6
那时	nà shí	then, at that time	*6
那天	nà tiān	that day	*6
南非	Nánfēi	South Africa	*3
南京东路	Nánjīng Dōnglù	East Nanjing Road	13
难	nán	difficult	17
呢	ne	modal particle	9
内	nèi	within	17
能	néng	can (for possibility)	6
能够	nénggòu	can, be capable of	19
你/您	nǐ/nín	you	1
你们	nǐmen	you (plural)	3
你早	nǐ zǎo	good morning	*1
年	nián	year	9
您气色不错！	Nín qìsè búcuò!	You look well! (being co-mplimentary to the older generation)	*10

您太客气了	nín tài kèqi le	that is very kind of you	*8
牛肉	niúròu	beef	7
努力	nǔlì	make efforts	20
女儿	nǚ'ér	daughter	9
女士	nǚshì	Ms, Madam	20

O

| 哦 | ò | oh (modal particle) | 1 |
| 欧洲 | Ōuzhōu | Europe | *3 |

P

排	pái	to queue	13
派	pài	to send	19
派人	pài rén	to send someone	12
旁边	pángbiān	side, beside	14
培训	péixùn	training, to train	11
培训人员	péixùn rényuán	trainee	12
配套	pèitào	necessary accessories	16
配套/兼容	pèitào/jiānróng	compatible	*16
啤酒	píjiǔ	beer	*7
便宜	piányi	cheap	8
漂亮	piàoliang	beautiful	9
票	piào	ticket	12
品牌	pǐnpái	brand	18
瓶	píng	bottle of (MW)	8
葡萄酒	pútaojiǔ	wine	*7
浦东	Pǔdōng	Pudong	13
普通老百姓	pǔtōng lǎobǎixìng	common people	*18

Q

七	qī	seven	6
期限	qīxiàn	duration	18
齐全	qíquán	complete	18
其他	qítā	other	*17
其它	qítā	other	20

起飞	qǐfēi	to take off	12
恰好	qiàhǎo	happen to be, coincidently	*19
洽谈	qiàtán	to negotiate	16
千	qiān	thousand	8
签(订)	qiān (dìng)	to sign (a document)	20
签字	qiānzì	to provide a signature	20
前	qián	front, ahead	13
钱	qián	money	8
茜茜	Qiànqian	person's name	10
轻	qīng	light	17
请	qǐng	please	2
请跟我来	qǐng gēn wǒ lái	please come with me, please follow me	*2
请柬	qǐngjiǎn	invitation card	*6
请帖	qǐngtiě	invitation letter/card	6
琼斯	Qióngsī	Jones	1
区	qū	area	16
区号	qūhào	area code	11
取	qǔ	to collect	13
取消	qǔxiāo	to cancel	15
去	qù	to go	*4/6
确认	quèrèn	to confirm	6

R

然后	ránhòu	afterwards, then	13
让	ràng	to ask, to let	*4/11
热线	rèxiàn	hotline	19
人	rén	person, people	3
人事部	rénshì bù	personnel department	*3
人员	rényuán	staff, task-assigned staff	*11
认识	rènshi	to know (a person)	2
日	rì	day	*4
日本	Rìběn	Japan	*3
日程	rìchéng	itinerary	5
日语	Rìyǔ	Japanese language	*3
如果	rúguǒ	if	*11/14
如果……就……	rúguǒ... jiù...	if...then...	15
入境	rùjìng	entry (to a country)	13

瑞典	Ruìdiǎn	Sweden	3

S

三	sān	three	4
删除	shānchú	to delete	*15
删选	shānxuǎn	to select	18
商务舱	shāngwù cāng	business class	12
上	shàng	to attend (school, class)	9
上传	shàngchuán	to upload	*15
上海	Shànghǎi	Shanghai	12
上网	shàngwǎng	to surf the Internet	15
少	shǎo	little, few	19
设定	shèdìng	to set up	*15
设施	shèshi	facility	16
申报单	shēnbào dān	claim form	13
申请	shēnqǐng	to apply	17
生产能力	shēngchǎn nénglì	productivity	16
生产商	shēngchǎn shāng	manufacturer	16
生日	shēngrì	birthday	10
生意人	shēngyì rén	businessman	18
十	shí	ten	9
十八	shíbā	eighteen	6
十七	shíqī	seventeen	6
十五	shíwǔ	fifteen	4
(是)从…… 来 (的)	(shì)cóng…lái(de)	come from…	3
什么	shénme	what	7
什么时候	shénme shíhou	when (Lit.: what moment)	*4/19
什么样的	shénmeyàng de	what kind of	12
时间	shíjiān	time	4
史密斯	Shǐmìsī	Smith	1
使用	shǐyòng	to use	17
市场	shìchǎng	market	16
市场部	shìchǎng bù	marketing department	3
市场调查表	shìchǎng diào-chá biǎo	market research form	*16
市中心	shì zhōngxīn	city centre	13
事情	shìqing	matters, things	15

试试	shìshi	to have a try	*15
试用	shìyòng	to try out	16
是	shì	is, am, are	1
收	shōu	to receive	15
收件人	shōujiànrén	receiver	15
收下	shōu xià	to receive, to take	9
手段	shǒuduàn	means, measure	19
手机	shǒujī	mobile phone	11
手机套	shǒujī tào	mobile phone case	17
手提电脑	shǒutí diànnǎo	lap top	16
首席财务官	shǒuxí cáiwù guān	CFO (Chief Financial Officer)	*5
首席执行官	shǒuxí zhíxíng guān	CEO (Chief Executive Officer)	*5
售后服务	shòuhòu fúwù	customer service	18
叔叔	shūshu	uncle	10
数据	shùjù	numbers, figures	17
数码幻灯	shùmǎ huàndēng	digital projector	*14
数码摄相机	shùmǎ shèxiàngjī	camcorder	*14
数码相机	shùmǎ xiàngjī	digital camera	*14
数字	shùzì	figure, number	*17
双人间	shuāngrén jiān	double room	12
谁	shéi	who, whom	18
水	shuǐ	water	14
说	shuō	to speak	3
丝绸	sīchóu	silk	8
四	sì	four	5
送	sòng	to give	8
送	sòng	to take … to (a destination)	12
送货到位	sònghuò dàowèi	correct delivery	*17
送行	sòngxíng	to see somebody off	9
搜索	sōusuǒ	to search	15
虽然……但是……	suīrán… dànshì…	although… (but)…	16
岁	suì	year old	9
隧道	suìdào	tunnel	13
所以	suǒyǐ	therefore	15

T

| 他不在。 | Tā búzài. | He is not in/available. | *11 |

他出差了。	Tā chūchāi le.	He is on business trip.	*11
他们	tāmen	they, them	3
他什么时候在?	Tā shénme shíhou zài?	When is he in/available?	*11
他在休假。	Tā zài xiūjià.	He is on holiday.	*11
它	tā	it	*8
台	tái	MW for electrical appliances that can "stand"	15
太好了	tài hǎo le	great	2
太客气了	tài kèqi le	you're too kind	9
太太	tàitai	wife, Mrs.	9
谈谈	tántan	to talk about, to discuss	11
讨论	tǎolùn	to discuss	5
特点	tèdiǎn	feature	17
提成	tíchéng	commission	19
提出来	tí chūlai	to raise (a question)	*19
提供	tígōng	to provide	*16/19
提议	tíyì	propose	7
天	tiān	day	4
添加	tiānjiā	to attach	*15
田鸡肉	tiánjī ròu	frog meat	7
填	tián	to fill in	13
条	tiáo	MW for long and narrow shaped things	8
条款	tiáokuǎn	terms and conditions	20
听	tīng	to listen	17
听上去	tīng shàngqu	(it) sounds	17
听说	tīngshuō	to be told, to hear that	7
停车场	tíngchē chǎng	car park	*13
通道	tōngdào	lane (for queuing), passage	13
通话	tōnghuà	talk	17
同类	tónglèi	in the same/similar category	20
同事	tóngshì	colleague	9
同意	tóngyì	to agree	20
投入……市场	tóurù ... shìchǎng	enter the ... market	*18
图片	túpiàn	picture	*15/16
推广	tuīguǎng	promotion, to promote	*19/20
推向	tuīxiàng	to push forward (to a new market/area etc.)	20

W

外币兑换处	wàibì duìhuàn chù	Bureau de Change	*12
外国	wàiguó	foreign (country)	3
外滩	Wàitān	The Bund	13
外线	wàixiàn	outside line	14
完	wán	to finish, to end	14
晚饭	wǎnfàn	dinner	5
晚上	wǎnshang	evening	12
晚宴	wǎnyàn	dinner banquet	6
万	wàn	ten thousand	20
网站	wǎngzhàn	website	*15
往	wǎng	toward, to	*13
往返票	wǎngfǎn piào	return ticket	12
忘	wàng	to forget	16
为期	wéiqī	for the duration of	20
为	wèi	for	7
为什么	wèishénme	why	15
围巾	wéijīn	scarf	8
位	wèi	measure word	2
味道	wèidào	taste	7
喂	wèi	hello	11
文档	wéndǎng	document	*15
文件柜	wénjiànguì	filing cabinet	*14
问	wèn	to ask	11
问题	wèntí	problem, question	6
我	wǒ	I, me	1
我的	wǒ de	my	2
我们	wǒmen	we, us	2
我找……	wǒ zhǎo …	I am looking for …	*11
无线宽带	wúxiàn kuāndài	Wireless broadband	16

X

西餐	xīcān	Western food	12
希望	xīwàng	to hope	8
洗手间	xǐshǒu jiān	toilet	14

喜欢	xǐhuan	to like, to prefer	7
下个月	xià gè yuè	next month	11
下午	xiàwǔ	afternoon	4
下一步	xiàyíbù	next step	18
下载	xiàzǎi	to download	*15
先	xiān	first, in advance	14
先生	xiānsheng	Mr.	1
现场	xiànchǎng	scene, site of	19
现在	xiànzài	now, presently	15
相关	xiāngguān	relevant	16
香港	Xiānggǎng	Hong Kong	*3
详细	xiángxì	detailed	*17/20
想	xiǎng	to want, would like	4
向	xiàng	towards, to	10
销量	xiāoliàng	sales volume	19
销售	xiāoshòu	sales	19
销售商	xiāoshòu shāng	retailer	16
小	xiǎo	small	8
小姐	xiǎojiě	Miss, young lady	2
小时	xiǎoshí	hour	5
小学	xiǎoxué	primary school	9
笑纳	xiàonà	to accept (gifts only)	*9
协议	xiéyì	agreement	17
写	xiě	to write	15
写进	xiě jìn	to write into	*20
谢谢	xièxie	thank you	2
新	xīn	new	14
新华医院	Xīnhuá Yīyuàn	Xinhua Hospital	9
新加坡	Xīnjiāpō	Singapore	*3
新年	Xīnnián	New Year	10
信封	xìnfēng	envelope	*14
信息	xìnxī	information	15
信心	xìnxīn	confidence	19
信誉	xìnyù	reputation of (product, company)	16
信纸	xìnzhǐ	headed paper	14
星期	xīngqī	week	4
行	xíng	ok, alright	5
行李	xíngli	luggage	13
姓	xìng	surname, to be surnamed	2

休息室	xiūxi shì	common room	14
修改	xiūgǎi	to revise, amendment	*20
需要	xūyào	to need, need	16
宣传	xuānchuán	to publicise, publicity	16

Y

压岁钱	yāsuì qián	Chinese New Year money (for young children)	*10
雅虎	Yǎhǔ	Yahoo	15
呀	ya	modal particle	15
颜色	yánsè	colour	8
演讲	yǎnjiǎng	presentation	4
羊肉	yángròu	lamb/goat's meat	*7
杨浦大桥	Yángpǔ Dàqiáo	Yangpu Bridge	13
样样	yàngyàng	every kind, all kinds	*12
邀请	yāoqǐng	to invite, invitation	6
要	yào	want	8
要……了	yào...le	going to, about to	8
要不了	yào bùliǎo	not even take (time) or not even cost (money)	*13
要是……的话	yàoshi ... dehuà	if	11
也	yě	also, too	2
业绩	yèjì	merit	19
一	yī	one	3
医生	yīshēng	doctor	9
一定	yídìng	must, definitely	6
一共	yígòng	in total	8
一会儿	yíhuìr	a moment	11
一路顺风	yílù shūnfēng	a smooth journey	10
一系列	yí xìliè	a series of	19
一下	yíxià	once, briefly	4
一样	yíyàng	the same, alike	16
已经	yǐjīng	already	2
以后	yǐhòu	after	5
一般	yìbān	normally, in general	19
一成	yì chéng	ten percent	*19
易达	Yìdá	Yida (company name)	20
一点	yìdiǎn	a little bit	8
一起	yìqǐ	altogether	5

一些	yìxiē	some, somewhat	8
因为	yīnwèi	because	15
音乐	yīnyuè	music	17
应该	yīnggāi	should, ought to	6
英方	Yīngfāng	British side	19
英国	Yīngguó	Britain	3
佣金	yōngjīn	commission	*20
用	yòng	to use	14
用户	yònghù	user, customer	17
用户名	yònghùmíng	user name, account name	*15
优惠	yōuhuì	discount	17
由	yóu	by	18
邮件	yóujiàn	mail	15
有	yǒu	to have, there is	3
有点	yǒudiǎn	a little bit	20
有关	yǒuguān	regarding, related to	*15/*19
有利	yǒulì	beneficial	19
有名	yǒumíng	famous	7
有效	yǒuxiào	valid, effective	20
有兴趣	yǒu xìngqù	interested	16
右（边）	yòu（biān）	right (side)	*13
鱼	yú	fish	*7
愉快	yúkuài	pleasant, happy	*10
元/块	yuán/kuài	RMB unit	8
员工	yuángōng	employee	3
员工休息室	yuángōng xiūxi shì	staff common room	*4
圆满	yuánmǎn	successful, satisfactory	20
远	yuǎn	far	13
愿意	yuànyì	be willing to, be ready to	*20
约翰	Yuēhàn	John	8
月	yuè	month	4
越来越	yuèláiyuè	more and more	16

Z

再	zài	again	12
在	zài	in, at, on	*3/4
在……里	zài … li	in	14
在……上	zài … shang	on	14

在……下	zài … xià	under	14
在新的一年	zài xīn de yì nián	in the year ahead	*10
早餐	zǎocān	breakfast	12
早上	zǎoshang	morning	1
怎么	zěnme	how	12
怎么样	zěnmeyàng	how	5
增加	zēngjiā	to increase	19
赠品	zèngpǐn	free samples	*16
赠送	zèngsòng	to give out for free	17
炸虾	zháxiā	deep fried prawn	7
展示台	zhǎnshì tái	stand	16
展位	zhǎnwèi	stall	16
展销会	zhǎnxiāo huì	exhibition for promoting products	15
站	zhàn	station, stop (on transport route)	*13
张	zhāng	MW for tickets	12
张京	Zhāng Jīng	Zhang Jing	2
招标	zhāobiāo	to invite tenders/bids	18
招标书	zhāobiāo shū	bid (prepared documents/pack)	18
招待	zhāodài	treatment, receiving guests	*7
找	zhǎo	to look for	19
找到	zhǎo dào	to find	*14
照相	zhàoxiàng	to take a photo	17
这	zhè	this	2
这边	zhè biān	this side, this way	2
这儿	zhèr	here	*3/13
这么	zhème	so, such	13
这些	zhèxiē	these	14
这样	zhèyàng	so, such	18
针对	zhēnduì	to target	18
真	zhēn	really	5
真丝	zhēnsī	pure silk	8
蒸蒸日上	zhēngzhēng rìshàng	to prosper (every day)	10
正好	zhènghǎo	just in time, happen to	19
正在	zhèngzài	grammatical marker	11
支持	zhīchí	support	19
知道	zhīdào	to know (facts/matters)	6
直拨	zhíbō	direct line	14
直飞	zhífēi	direct flight	*12

直接	zhíjiē	direct, directly	15
只要…… 就……	zhǐyào…jiù…	as long as…	15
纸	zhǐ	paper	14
指导	zhǐdǎo	to supervise	19
制定	zhìdìng	to make (a policy, plan)	20
中	zhōng	middle, medium	*8
中餐	zhōngcān	Chinese food	12
中国	Zhōngguó	China	4
中国之行	Zhōngguó zhī xíng	trip to China	7
中间	zhōngjiān	in the middle, amongst	13
中文	Zhōngwén	Chinese languge	*3/15
中午	zhōngwǔ	mid day	12
种	zhǒng	type	17
中标	zhōngbiāo	to win a bid	18
中标人	zhòngbiāo rén	bid winner(s)	*18
重量	zhōngliàng	weight	17
周到	zhōudào	thoughtful	12
猪年	zhū nián	year of pig	10
猪肉	zhūròu	pork	*7
逐年	zhúnián	year by year	20
主要	zhǔyào	main	18
主页	zhǔyè	home page	15
主意	zhǔyì	idea	5
助理	zhùlǐ	assistant	*1/2
注重	zhùzhòng	to pay attention to (quality, efficiency etc.)	*16
祝	zhù	to congratulate	10
祝贺	zhùhè	to congratulate	20
祝你们万事如意！	Zhù nǐmen wànshì rúyì!	May everything go well!	*10
祝你全家身体健康！	Zhù nǐ quánjiā shēntǐ jiànkāng!	Wishing your whole family good health!	*10
祝您长寿！	Zhù nín chángshòu!	Wishingyou longevity! (only used to the older generation)	*10
转	zhuǎn	to turn	13
转发	zhuǎnfā	to forward	15
转机	zhuǎnjī	to change flights	*12
准备	zhǔnbèi	to prepare	9
桌子	zhuōzi	table, desk	14

咨询	zīxún	to consult, consultation	19
资料	zīliào	material, information	16
资料室	zīliào shì	administration room	14
自然	zìrán	natural	*19
总裁	zǒngcái	President	*5
总经理	zǒng jīnglǐ	managing director	*1/*2
走	zǒu	to leave	8
走廊	zǒuláng	corridor	14
最	zuì	most	7
最后	zuìhòu	final, last	18
最晚	zuìwǎn	at the latest	*18
昨天	zuótiān	yesterday	15
左	zuǒ	left (direction)	13
左边	zuǒbiān	left, the left	14
左右	zuǒyòu	approximately, about	4
作为	zuòwéi	to act as	20
坐	zuò	to sit	2
做	zuò	to do, to cook	9
做成	zuò chéng	enable to become	18
做客	zuòkè	to be a guest	10
……的时候	...de shíhou	(the time) when …	12
……就要到了	... jiù yào dào le	(a date, festival) is approaching	*10
U盘	U pán	pen drive	*14

English – Chinese Vocabulary

A

a little bit	点(儿)	diǎnr	7
	一点	yìdiǎn	8
	有点	yǒudiǎn	20
a moment	一会儿	yíhuìr	11
a series of	一系列	yí xìliè	19
a smooth journey	一路顺风	yílù shūnfēng	10
A smooth/nice journey!	旅途顺利!	Lǔtú shùnlì!	*10
about, regarding	关于	guānyú	*4/15
absolutely	绝对	juéduì	20
according to	根据	gēnjù	20
accounting department	财务部	cáiwù bù	3
address	地址	dìzhǐ	15
administration room	资料室	zīliào shì	14
advertising department	广告部	guǎnggào bū	*3
aeroplane	飞机	fēijī	12
after	以后	yǐhòu	5
afternoon	下午	xiàwǔ	4
afterwards, then	然后	ránhòu	13
again	再	zài	12
agent	代理商	dàilǐ shāng	17
agent eligibility	代理权	dàilǐ quán	18
agreement	协议	xiéyì	17
airline	航空公司	hángkōng gōngsī	12
airport	机场	jīchǎng	13
airport tax	机场建设费	jīchǎng jiànshè fèi	*13
alcohol	酒	jiǔ	7
all, both	都	dōu	3
already	已经	yǐjīng	2
also, still	还	hái	3
also, too	也	yě	2
although... (but)...	虽然…… 但是……	suīrán... dànshì...	16
altogether	一起	yìqǐ	5
and, with	和	hé	3

apart from … also	除了……还……	chúle…hái…	19
approximately	大概	dàgài	*13
approximately, about	左右	zuǒyòu	4
area	区	qū	16
area code	区号	qūhào	11
arrangement	安排	ānpái	5
arts and crafts	工艺品	gōngyìpǐn	8
as long as…	只要……就……	zhǐyào…jiù…	15
as soon as possible	尽快	jǐnkuài	18
aspect, area	方面	fāngmiàn	20
assistant	助理	zhùlǐ	*1/2
at an interval of	每隔	měi gé	20
at present	目前	mùqián	18
at the latest	最晚	zuìwǎn	*18
attachment	附件	fùjiàn	*15

B

Baidu (name of Chinese search engine)	百度	Bǎidù	15
battery	电池	diànchí	17
be able to, can	会	huì	3
be interested in	感兴趣	gǎn xìngqù	*16
	对……感兴趣	duì…gǎn xìngqù	17
be willing to, be ready to	愿意	yuànyì	*20
beautiful	漂亮	piàoliang	9
because	因为	yīnwèi	15
beef	牛肉	niúròu	7
beer	啤酒	píjiǔ	*7
behind, in the back	后（边）	hòu（biān）	*13
beneficial	有利	yǒulì	19
bid (prepared documents/pack)	招标书	zhāobiāo shū	18
bid winner(s)	中标人	zhòngbiāo rén	*18
big	大	dà	8
big sized package/box	大包/大盒	dà bāo/dà hé	*8
birthday	生日	shēngrì	10
black colour	黑色	hēisè	8
blank	空白	kòngbái	*14
board member	董事	dǒngshì	4
board, committee	董事会	dǒngshì huì	18
boarding gate	登机口	dēngjī kǒu	*13

bottle of	瓶	píng	8
box	盒子	hézi	14
branch office	办事处	bànshì chù	*3
brand	品牌	pǐnpái	18
breakfast	早餐	zǎocān	12
brief introduction/profile	简介	jiǎnjiē	16
Britain	英国	Yīngguó	3
British side	英方	Yīngfāng	19
Bureau de Change	外币兑换处	wàibì duìhuàn chù	*12
bus	公车/巴士	gōngchē/ bāshì	*13
business card	名片	míngpiàn	2
business class	商务舱	shāngwù cāng	12
businessman	生意人	shēngyì rén	18
busy	忙	máng	6
but	不过	búguò	6
but, however	可是	kěshì	*6/13
by	由	yóu	18

C

cable extension	插线板	chāxiànbǎn	16
cake	蛋糕	dàngāo	10
call, to be called	叫	jiào	2
camcorder	数码摄相机	shūmǎ shè-xiāngjī	*14
can (for possibility) (see language reminder)	能	néng	6
can, be capable of	能够	nénggòu	19
car park	停车场	tíngchē chǎng	*13
car, vehicle	车	chē	13
CD	光盘/CD	guāngpán/CD	*14
CEO (Chief Executive Officer)	首席执行官	shǒuxí zhíxíng guān	*5
certainly	当然	dāngrán	19
CFO (Chief Financial Officer)	首席财务官	shǒuxí cáiwù guān	*5
cheap	便宜	piányi	8
cheers	干杯	gānbēi	7
chicken	鸡肉	jīròu	*7
China	中国	Zhōngguó	4
China Eastern Airline	东航	Dōngháng	12

Chinese food	中餐	zhōngcān	12
Chinese language	汉语	Hànyǔ	3
	中文	Zhōngwén	*3/15
Chinese New Year money (for young children)	压岁钱	yāsuì qián	*10
Chinese spirit	白酒	báijiǔ	*7
city centre	市中心	shì zhōngxīn	13
claim form	申报单	shēnbào dān	13
client	客户	kèhù	16
cloisonné enamel	景泰蓝	jǐngtàilán	8
coffee	咖啡	kāfēi	*7
coincidently, happen to be	刚好	gānghǎo	*16
coke	可乐	kělè	*7
colleague	同事	tóngshì	9
colour	颜色	yánsè	8
come from	来自	láizì	*3
	(是)从……来(的)	(shì)cóng...lái(de)	3
commission	提成	tíchéng	19
	佣金	yōngjīn	*20
common people	普通老百姓	pǔtōng lǎobǎixìng	*18
common room	休息室	xiūxi shì	14
company	公司	gōngsī	2
company branch	分公司	fēn gōngsī	3
company president, chairman of the board	董事长	dǒngshìzhǎng	*2
compatible	配套/兼容	pèitào/jiānróng	*16
competition	竞争	jìngzhēng	19
complete	齐全	qíquán	18
computer	电脑	diànnǎo	14
confidence	信心	xìnxīn	19
conservative	保守	bǎoshǒu	20
consultant	顾问	gùwèn	19
contract	合同	hétong	*20
cooperation	合作	hézuò	7
correct delivery	送货到位	sònghuò dàowèi	*17
corridor	走廊	zǒuláng	14
coverage	覆盖面	fùgàimiàn	*17
customer group	客户群	kèhù qún	18
customer service	售后服务	shòuhòu fúwù	18
customs	海关	hǎiguān	13

D

daughter	女儿	nǔ'ér	9
day	天	tiān	4
	日	rì	*4
deal	交易	jiāoyì	20
deep fried prawn	炸虾	zháxiā	7
delicious	好吃	hǎochī	7
department	部门	bùmén	3
desk	办公桌	bāngōng zhuō	14
detailed	具体	jùtǐ	17
	详细	xiángxì	*17/20
difficult	难	nán	17
digital camera	数码相机	shūmǎ xiāngjī	*14
digital projector	数码幻灯	shūmǎ huǎndēng	*14
dinner	晚饭	wǎnfān	5
dinner banquet	晚宴	wǎnyàn	6
direct flight	直飞	zhífēi	*12
direct line	直拨	zhíbō	14
direct, directly	直接	zhíjiē	15
discount	优惠	yōuhuì	17
(distance) from	离	lí	13
dish, vegetables	菜	cài	7
do not	别	bié	16
doctor	医生	yīshēng	9
document	文档	wéndǎng	*15
domestic	国内	guónèi	14
don't worry	不要紧	bú yàojǐn	*10
double room	双人间	shuāngrén jiān	12
downstairs	楼下	lóuxià	14
drive a car	开车	kāi chē	12
duration	期限	qīxiàn	18

E

East/South/West/North (side)	东/南/西/北（边）	dōng/nán/xī/běi（biān）	*13
economy class	经济舱	jīngjì cāng	12
eight	八	bā	3

eighteen	十八	shíbā	6
electronic	电子	diànzǐ	15
email	电邮	diànyóu	15
embassy	大使馆	dàshǐguǎn	*12
employee	员工	yuángōng	3
enable to become	做成	zuò chéng	18
energy and time	精力	jīnglì	20
enter the ... market	投入……市场	tóurù ... shìchǎng	*18
entry (to a country)	入境	rùjìng	13
envelope	信封	xìnfēng	*14
Ethernet connection	接口	jiēkǒu	16
Europe	欧洲	Ōuzhōu	*3
evening	晚上	wǎnshang	12
every	每	měi	17
every day	每天	měitiān	12
every kind, all kinds	样样	yàngyàng	*12
everyone	大家	dàjiā	4
	各位	gèwèi	4
exactly, then	就	jiù	8
exceed	超过	chāoguò	20
excellent	好极了	hǎo jíle	19
Executive Vice President	常务副总裁	chángwù fù zǒngcái	*5
exhibition for promoting products	展销会	zhǎnxiāo huì	15
expensive	贵	guì	17
extremely, very	非常	fēicháng	*5

F

facility	设施	shèshi	16
factory	工厂	gōngchǎng	16
famous	出名	chūmíng	*7
	有名	yǒumíng	7
famous brand	名牌	míngpái	18
far	远	yuǎn	13
fax	传真	chuánzhēn	14
fax machine	传真机	chuánzhēn jī	14
feature	特点	tèdiǎn	17
feedback	反馈	fǎnkuì	20
feel free to ask	尽管问	jǐnguǎn wèn	19

fifteen	十五	shíwǔ	4
figure, number	数字	shūzì	*17
file folder	档案夹	dàng'ànjiā	14
filing cabinet	文件柜	wénjiànguì	*14
final, last	最后	zuìhòu	18
first (as in first time)	初次	chūcì	*18
first, in advance	先	xiān	14
fish	鱼	yú	*7
floor	楼	lóu	4
for	为	wèi	7
for the duration of	为期	wéiqī	20
foreign (country)	外国	wàiguó	3
form	表	biǎo	17
four	四	sì	5
France	法国	Fǎguó	3
franchise	连锁店	liánsuǒ diàn	*18
free of charge	免费	miǎnfèi	17
free samples	赠品	zèngpǐn	*16
frog meat	田鸡肉	tiánjī ròu	7
from	从	cóng	12
front, ahead	前	qián	13
function	功能	gōngnéng	17

G

gift	礼物	lǐwù	8
glass of, cup of	杯	bēi	9
go back	回去	huíqu	12
going to, about to	要……了	yào...le	8
good	好	hǎo	1
good luck	好运	hǎo yùn	19
(goods) on time delivery	按期交货	ànqī jiāohuò	*17
good morning	你早	nǐ zǎo	*1
Google	谷歌	Gǔgē	15
great	太好了	tài hǎo le	2
green	绿	lǜ	7

H

half	半	bàn	5

half price	半价	bànjià	17
happen to be, coincidently	恰好	qiàhǎo	*19
happy (as in birthday/New Year)	快乐	kuàilè	10
happy, to be pleased	高兴	gāoxìng	2
have to	得	děi	6
He is not in/available.	他不在。	Tā búzài.	*11
He is on business trip.	他出差了。	Tā chūchāi le.	*11
He is on holiday.	他在休假。	Tā zài xiūjià.	*11
headed paper	信纸	xìnzhǐ	14
hello	喂	wèi	11
here	这儿	zhèr	*3/13
high	高	gāo	18
high income group	高薪阶层	gāoxīn jiēcéng	*18
home	家	jiā	9
home page	主页	zhǔyè	15
Hong Kong	香港	Xiānggǎng	*3
hotel	饭店	fàndiàn	6
hotline	热线	rèxiàn	19
hour	小时	xiǎoshí	5
how	怎么	zěnme	12
	怎么样	zěnmeyàng	5
how big	多大的	duō dà de	*8
how long	多长	duō cháng	13
how long (time)	多长时间	duōcháng shíjiān	*4
	多久	duō jiǔ	*13
how much/many	多少	duōshao	8
how often	每隔多久	měi gé duō jiǔ	*19
how old	多大	duō dà	9
how old (for children's age under 10)	几岁了	jǐ suì le	*9
how old (respectful way of asking an older person's age)	多大年纪	duō dà niánjì	*9
hundred	百	bǎi	8

I

I am afraid that…	恐怕	kǒngpà	6
	过奖了	guò jiǎng le	5
I am flattered	哪里，哪里	nǎli, nǎli	*5
I am looking for …	我找……	wǒ zhǎo …	*11
I, me	我	wǒ	1

idea	主意	zhǔyì	5
ideal	理想	lǐxiǎng	18
if	如果	rúguǒ	*11/14
	要是……的话	yàoshi … dehuà	11
if...then...	如果……就……	rúguǒ... jiù...	15
immediately, at once	马上	mǎshàng	11
in	在……里	zài … li	14
in the middle, amongst	中间	zhōngjiān	13
in the same/similar category	同类	tónglèi	20
in the year ahead	在新的一年	zài xīn de yì nián	*10
in total	一共	yígòng	8
in, at, on	在	zài	*3/4
information	信息	xìnxī	15
initial step	初步	chūbù	18
interactive whiteboard	电子显示屏	diǎnzǐ xiǎnshìpíng	*16
interested	有兴趣	yǒu xìngqù	16
international	国际	guójì	14
internet explorer	互联网	hùliánwǎng	15
invitation card	请柬	qǐngjiǎn	*6
invitation letter/card	请帖	qǐngtiě	6
(it) sounds	听上去	tīng shàngqu	17
is, am, are	是	shì	1
(a date, festival) is approaching	……就要到了	... jiù yào dào le	*10
(a date/festival/person/time) is nearly here	快到了	kuài dào le	10
it	它	tā	*8
IT department	技术部	jìshù bù	*3
it doesn't matter, it's no problem	没关系	méi guānxi	10
itinerary	日程	rìchéng	5

J

Japan	日本	Rìběn	*3
Japanese language	日语	Rìyǔ	*3
John	约翰	Yuēhàn	8
Jones	琼斯	Qióngsī	1
junk mail	垃圾邮件	lājī yóujiàn	*15
just	就……了	jiù...le	13
just in time, happen to	正好	zhènghǎo	19
just now	刚	gāng	16

K

kitchen	厨房	chúfáng	9

L

lamb/goat's meat	羊肉	yángròu	*7
lane (for queuing), passage	通道	tōngdào	13
lap top	手提电脑	shǒutí diànnǎo	16
large amount	大量	dàliàng	17
left (direction)	左	zuǒ	13
left, the left	左边	zuǒbiān	14
lift	电梯	diàntī	14
light	轻	qīng	17
link	链接	liànjiē	15
little, few	少	shǎo	19
London	伦敦	Lúndūn	12
long	长	cháng	9
long (time)	久	jiǔ	*9
long distance	长途	chángtú	14
long lasting	经久耐用	jīngjiǔ nàiyòng	*17
low	低	dī	19
luggage	行李	xíngli	13

M

maglev train	磁浮列车	cífú lièchē	13
mail	邮件	yóujiàn	15
main	主要	zhǔyào	18
make efforts	努力	nǔlì	20
manager	经理	jīnglǐ	1
managing director	总经理	zǒng jīnglǐ	*1/*2
manufacturer	生产商	shēngchǎn shāng	16
many	不少	bùshǎo	*3
many kinds (of)	多种	duō zhǒng	*19
many, much	多	duō	3
market	市场	shìchǎng	16

market research form	市场调查表	shìchǎng diàochá biǎo	*16
marketing department	市场部	shìchǎng bù	3
material, information	资料	zīliào	16
matters, things	事情	shìqing	15
May everything go well!	祝你们万事如意!	Zhù nǐmen wànshì rúyì!	*10
may, can, OK	可以	kěyǐ	*2/11
maybe, possible	可能	kěnéng	11
means, measure	手段	shǒuduàn	19
meeting room	会议室	huìyì shì	4
menu	菜单	càidān	15
merit	业绩	yèjì	19
mid day	中午	zhōngwǔ	12
middle, medium	中	zhōng	*8
mineral water	矿泉水	kuàngquánshuǐ	*7
minute	分钟	fēnzhōng	13
Miss, young lady	小姐	xiǎojiě	2
mobile phone	手机	shǒujī	11
mobile phone case	手机套	shǒujī tào	17
model	规格/型号	guīgé/xínghào	*17
money	钱	qián	8
month	月	yuè	4
more (repeating action)	多	duō	9
more (something)	更多	gèng duō	15
more (than …)	更	gèng	*7/15
more and more	越来越	yuèláiyuè	16
morning	早上	zǎoshang	1
most	最	zuì	7
mother	妈妈	māma	10
Mr.	先生	xiānsheng	1
Ms, Madam	女士	nǚshì	20
multiple agents	多家代理	duōjiā dàilǐ	19
music	音乐	yīnyuè	17
must	必须	bìxū	*20
must, definitely	一定	yídìng	6
my	我的	wǒ de	2

N

| name | 名字 | míngzi | *2 |

(name)list	名单	míngdān	11
natural	自然	zìrán	*19
near, close	近	jìn	*13
nearby	附近	fùjìn	12
nearly, more or less	差不多	chàbuduō	*4/9
necessary accessories	配套	pèitào	16
new	新	xīn	14
New Year	新年	Xīnnián	10
next door	隔壁	gébì	14
next month	下个月	xià gè yuè	11
next step	下一步	xiàyíbù	18
no worries	没事	méi shì	*15
no, not	不	bù	1
normally, in general	一般	yìbān	19
not even take (time) or not even cost (money)	要不了	yào bùliǎo	*13
not have, there is not	没	méi	6
not have, there is not	没有	méiyǒu	16
not in question (in no doubt)	不成(问题)	bù chéng (wèntí)	*20
not only … but also…	既……又……	jì…yòu…	*17
	不但……而且……	búdàn…érqiě…	17
now, presently	现在	xiànzài	15
number, code	号码	hàomǎ	11
number, date	号	hào	4
numbers, figures	数据	shùjù	17

O

o'clock	点	diǎn	5
office	办公室	bàngōngshì	11
often	经常	jīngcháng	13
oh	哦	ō	1
ok, alright	行	xíng	5
on	在……上	zài … shang	14
once, briefly	一下	yíxià	4
one	一	yī	3
one more step forward (further)	进一步	jìnyíbù	19
opening ceremony	开业典礼	kāiyè diǎnlǐ	6
opportunity	机会	jīhuì	19

opposite	对面	duìmiàn	14
or	或者	huòzhě	11
or, still	还是	háishi	7
orange juice	橙汁	chéngzhī	*7
other	其他	qítā	*17
	其它	qítā	20
other ones, something else	别的	bié de	8
other people, someone else	别人	biérén	18
outside line	外线	wàixiàn	14

P

package	包装	bāozhuāng	*17
package, box	包/盒	bāo/hé	*8
paper	纸	zhǐ	14
passport	护照	hùzhào	*12/13
password	密码	mìmǎ	15
Peace Hotel	和平饭店	Hépíng Fàndiàn	6
pen drive	U盘	U pán	*14
percent	百分之……	bǎifēnzhī …	19
	百分点	bǎifēndiǎn	*20
person, people	人	rén	3
person's name	茜茜	Qiànqian	10
personnel department	人事部	rénshì bù	*3
photocopier	复印机	fùyìnjī	14
picture	图片	túpiàn	*15/16
place	地方	dìfang	13
pleasant, happy	愉快	yúkuài	*10
please	请	qǐng	2
please come with me, please follow me	请跟我来	qǐng gēn wǒ lái	*2
pork	猪肉	zhūròu	*7
presentation	演讲	yǎnjiǎng	4
President	总裁	zǒngcái	*5
pretty good	不错	búcuò	*1/5
price	价格	jiàgé	17
price list	价格目录	jiàgé mùlù	16
primary school	小学	xiǎoxué	9
printer	打印机	dǎyìnjī	14
prize draw (activity)	抽奖活动	chōujiǎng huódòng	*19
problem, question	问题	wèntí	6

procedure	过程	guòchéng	18
product	产品	chǎnpǐn	15
productivity	生产能力	shēngchǎn nénglì	16
promotion, to promote	推广	tuīguǎng	*19/20
propose	提议	tíyì	7
Pudong	浦东	Pǔdōng	13
pure silk	真丝	zhēnsī	8
(political, business) meeting	会谈	huìtán	*18
(product) brochure	产品介绍	chǎnpǐn jièshāo	16

Q

quarter (of an hour)	刻	kè	5
question word	吗	ma	1
quick, fast	快	kuài	13
quota	定额	dìng'é	20

R

really	真	zhēn	5
reasonable	合理	hélǐ	17
receiver	收件人	shōujiànrén	15
reception room	接待室	jiēdài shì	*4
red	红	hóng	7
red colour	红色	hóngsè	8
regarding, related to	有关	yǒuguān	*15/*19
registration card	登记卡	dēngjì kǎ	13
relevant	相关	xiāngguān	16
report	报告	bàogào	16
representative	代表	dàibiǎo	19
reputation of (product, company)	信誉	xìnyù	16
restaurant, canteen	餐厅	cāntīng	*4/12
result	结果	jiéguǒ	19
retail price	零售价	língshòu jià	18
retailer	销售商	xiāoshòu shāng	16
return (a favour, help), reward	回报	huíbào	20
return ticket	往返票	wǎngfǎn piào	12
rewarding, reward	奖励	jiǎnglì	19
right (side)	右（边）	yòu（biān）	*13

roast duck	烤鸭	kǎoyā	7
room	房间	fángjiān	12

S

sale promotion (activity)	促销活动	cùxiāo huódòng	*19
sales	销售	xiāoshòu	19
sales volume	销量	xiāoliàng	19
satisfaction survey form	满意度调查表	mǎnyìdù diāochā biǎo	*16
scarf	围巾	wéijīn	8
scene, site of	现场	xiànchǎng	19
seafood	海鲜	hǎixiān	*7
secretary	秘书	mìshū	*1
section manager, head of department	部门经理	bùmén jīnglǐ	*2
see you then	到时见	dàoshí jiàn	6
service	服务	fúwù	17
seven	七	qī	6
seventeen	十七	shíqī	6
Shanghai	上海	Shànghǎi	12
she, her	她	tā	9
short	短	duǎn	*18
should, ought to	应该	yīnggāi	6
side, beside	旁边	pángbiān	14
silk	丝绸	sīchóu	8
simple	简单	jiǎndān	18
Singapore	新加坡	Xīnjiāpō	*3
single room	单人间	dānrén jiān	12
single trip ticket	单程票	dānchéng piào	*12
skilful	厉害	lìhài	20
small	小	xiǎo	8
Smith	史密斯	Shǐmìsī	1
so, such	这么	zhème	13
	这样	zhèyàng	18
socket	电源插座	diànyuán chāzuò	16
sole agent	独家代理	dújiā dàilǐ	19
some, somewhat	一些	yìxiē	8
son	儿子	érzi	*9
soon	不久	bùjiǔ	20
sorry	抱歉	bàoqiàn	*6

	不好意思	bù hǎoyìsi	*1
	对不起	duìbuqǐ	1
South Africa	南非	Nánfēi	*3
Southeast Asia	东南亚	Dōngnányà	*3
spare/free time	空	kòng	*4/6
speak on one's behalf	对……来说	duì … láishuō	19
Spring Festival	春节	Chūnjié	10
staff common room	员工休息室	yuángōng xiūxi shì	*4
staff, task-assigned staff	人员	rényuán	*11
stall	展位	zhǎnwèi	16
stand	展示台	zhǎnshì tái	16
station, stop (on transport route)	站	zhàn	*13
successful, satisfactory	圆满	yuánmǎn	20
successful, success	成功	chénggōng	10
suggestion, to suggest	建议	jiànyì	20
support	支持	zhīchí	19
surname, to be surnamed	姓	xìng	2
Sweden	瑞典	Ruìdiǎn	3
symbol, mark, sign	标记	biāojì	15

T

table, desk	桌子	zhuōzi	14
talk	通话	tōnghuà	17
target	目标	mùbiāo	*18
taste	味道	wèidào	7
taxi	出租车	chūzūchē	13
tea	茶	chá	7
tea (leaves)	茶叶	cháyè	*8
technology	技术	jìshù	19
telecommunication	电信	diànxìn	17
telephone, phone call	电话	diànhuà	11
ten	十	shí	9
ten percent	一成	yì chéng	*19
ten thousand	万	wàn	20
terminal	航站楼	hángzhàn lóu	*13
terms and conditions	条款	tiáokuǎn	20
text message	短信	duǎnxìn	17
thank you	谢谢	xièxie	2
that	那	nà	3

that day	那天	nǎ tiān	*6
that is very kind of you	您太客气了	nín tài kèqi le	*8
that's all	就这些	jiù zhèxiē	8
The Bund	外滩	Wàitān	13
the end (of)	尽头	jìntóu	14
the same, alike	一样	yíyàng	16
the United States	美国	Měiguó	3
then, at that time	那时	nǎ shí	*6
then, in that case	那么	nàme	6
there	那儿	nǎr	*3/12
therefore	所以	suǒyǐ	15
these	这些	zhèxiē	14
they, them	他们	tāmen	3
they, them (for female)	她们	tāmen	9
(the time) when …	……的时候	…de shíhou	12
thin	薄	báo	18
this	这	zhè	2
this side, this way	这边	zhè biān	2
this year	今年	jīnnián	9
thoughtful	周到	zhōudào	12
thousand	千	qiān	8
three	三	sān	4
ticket	票	piào	12
time	时间	shíjiān	4
to supervise	指导	zhǐdǎo	19
to accept	接受	jiēshòu	6
to accept (gifts only)	笑纳	xiàonà	*9
to act as	作为	zuòwéi	20
to add	加	jiā	20
to agree	同意	tóngyì	20
to announce	公布	gōngbù	*18
to apply	申请	shēnqǐng	17
to arrive	到	dào	5
to ask	问	wèn	11
to ask, to let	让	ràng	*4/11
to attach	添加	tiānjiā	*15
to attend	参加	cānjiā	6
to attend (school, class)	上	shàng	9
to attend, to be present	出席	chūxí	*6
to be a guest	做客	zuòkè	10
to be grateful, to thank	感谢	gǎnxiè	20
to be satisfied	满意	mǎnyì	12

to be told, to hear that	听说	tīngshuō	7
to become	成为	chéngwéi	17
to book, to reserve	订	dìng	12
to buy	买	mǎi	8
to cancel	取消	qǔxiāo	15
to care	关心	guānxīn	16
to change	换	huàn	13
to change flights	转机	zhuǎnjī	*12
to change money	换钱	huàn qián	*12
to check-in (at the airport)	换登机牌	huàn dēngjīpái	*13
to click	点击	diǎnjī	15
to collect	取	qǔ	13
to come	来	lái	2
to come back, to return	回来	huílai	12
to come out	出来	chūlai	16
to compare with	比	bǐ	18
to compete for bids	竞标	jìngbiāo	18
to confirm	核实	héshí	*16
	确认	quèrèn	6
to congratulate	祝贺	zhùhè	20
	祝	zhù	10
to connect	连接	liánjiē	*14
to consult, consultation	咨询	zīxún	19
to contact	联系	liánxì	17
to copy to	抄送	chāosòng	*15
to decide	决定	juédìng	18
to delete	删除	shānchú	*15
to deputize, agent	代理	dàilǐ	17
to dial	拨	bō	14
to discuss	讨论	tǎolùn	5
to display	陈列	chénliè	16
to do, to cook	做	zuò	9
to download	下载	xiàzǎi	*15
to drink	喝	hē	7
to eat	吃	chī	5
to enter	进	jìn	9
	进入	jìnrù	*15
to exit	出	chū	*14
to fetch	带	dài	9
to fill in	填	tián	13
to finalise	落实	luòshí	18
to find	找到	zhǎo dào	*14

to finish (the meeting)	开完	kāi wán	*11
to finish, to end	完	wán	14
to forget	忘	wàng	16
to forward	转发	zhuǎnfā	15
to get, to obtain	拿到	ná dào	*11
to give	送	sòng	8
to give out for free	赠送	zèngsòng	17
to go	去	qù	*4/16
to go on business trip	出差	chūchāi	18
to guarantee	保证	bǎozhèng	19
to have a meeting	开会	kāihuì	*5/11
to have a try	试试	shìshi	*15
to have, there is	有	yǒu	3
to help	帮	bāng	11
to hold (a game, campaign)	举办	jǔbàn	*19
to hope	希望	xīwàng	8
to include	包	bāo	12
to increase	增加	zēngjiā	19
to install	安装	ānzhuāng	*15
to invite tenders/bids	招标	zhāobiāo	18
to invite, invitation	邀请	yāoqǐng	6
to know	得知	dézhī	*19
to know (a person)	认识	rènshi	2
to know (facts/matters)	知道	zhīdào	6
to leave	走	zǒu	8
to leave a message	留个言	liú gè yán	11
to like, to prefer	喜欢	xǐhuan	7
to listen	听	tīng	17
to log on	登入	dēngrù	15
to look for	找	zhǎo	19
to look, to think	看	kàn	5
to make (a policy, plan)	制定	zhìdìng	20
to make (a) phone call	打电话	dǎ diànhuà	11
to manage, to run (a business)	经营	jīngyíng	20
to meet with	跟……见面	gēn …jiànmiàn	5
to meet, to see	见	jiàn	2
to need, need	需要	xūyào	16
to negotiate	洽谈	qiàtán	16
to one's heart's content	尽兴	jìnxìng	*7
to open and connect	开通	kāitōng	19
to open up	打开	dǎkāi	15
to operate (machine)	操作	cāozuò	17

to order (a facility)	订购	dìnggòu	*16/17
to pay attention to (quality, efficiency etc.)	注重	zhùzhòng	*16
to pick up	接	jiē	12
to plan, plan	打算	dǎsuàn	4
	计划	jìhuà	*4/20
to prepare	准备	zhǔnbèi	9
to press	按	àn	*14
to promote sales	促销	cùxiāo	19
to prosper (every day)	蒸蒸日上	zhēngzhēng rìshàng	10
to provide	提供	tígōng	*16/19
to provide a signature	签字	qiānzì	20
to publicise, publicity	宣传	xuānchuán	16
to push forward (to a new market/area etc.)	推向	tuīxiàng	20
to queue	排	pái	13
to raise (a question)	提出来	tí chūlai	*19
to reach, to conclude	达成	dáchéng	20
to receive	收	shōu	15
to receive, to take	收下	shōu xià	9
to re-negotiate	重新协商	chóngxīn xiéshāng	*20
to re-sign (a document)	重（新）签（字）	chóng (xīn) qiān (zì)	*20
to return	回	huí	11
to review (a contract, agreement etc.)	重新审阅	chóngxīn shěnyuè	*20
to revise, amendment	修改	xiūgǎi	*20
to save	存	cún	16
to search	搜索	sōusuǒ	15
to see	看见	kànjiàn	13
	看到	kàn dào	14
to see somebody off	送行	sòngxíng	9
to select	删选	shānxuǎn	18
to send	发	fā	14
	寄	jì	18
	派	pài	19
to send someone	派人	pài rén	12
to set up	设定	shèdìng	*15
to shut down	关闭	guānbì	*15
to sign (a document)	签(订)	qiān (dìng)	20
to sit	坐	zuò	2
to speak	说	shuō	3

to spend	花	huā	20
to start	开始	kāishǐ	5
to stay	呆	dāi	4
to surf the Internet	上网	shàngwǎng	15
to take … to (a destination)	送	sòng	12
to take a photo	照相	zhàoxiàng	17
to take off	起飞	qǐfēi	12
to talk about, to discuss	谈谈	tántan	11
to target	针对	zhēnduì	18
to taste, to sample (food or drink)	尝	cháng	7
to tell	告诉	gàosu	15
to think, to feel	觉得	juéde	16
to try (food only)	尝尝	chángchang	*7
to try out	试用	shìyòng	16
to turn	拐	guǎi	*13
	转	zhuǎn	13
to update	更新	gēngxīn	*15
to upload	上传	shàngchuán	*15
to use	使用	shǐyòng	17
to use	用	yòng	14
to want, would like	想	xiǎng	4
to welcome	欢迎	huānyíng	4
to win a bid	中标	zhòngbiāo	18
to wish a happy New Year	拜年	bàinián	10
to work, job	工作	gōngzuò	9
to write	写	xiě	15
to write into	写进	xiě jìn	*20
to, for, to give	给	gěi	10
today	今天	jīntiān	5
toilet	洗手间	xǐshǒu jiān	14
tomorrow	明天	míngtiān	4
towards, to	往	wǎng	*13
	向	xiàng	10
trade	贸易	màoyì	15
traffic jam	堵车	dǔchē	13
train	火车	huǒchē	*13
trainee	培训人员	péixùn rényuán	12
training, to train	培训	péixùn	11
treatment, hospitality	款待	kuǎndài	7
treatment, receiving guests	招待	zhāodài	*7
trip to China	中国之行	Zhōngguó zhī xíng	7

tunnel	隧道	suìdào	13
24 hours service hotline	24小时服务热线	ērshísì xiǎoshí fūwù rèxiàn	*17
two	两/二	liǎng/èr	3
type	种	zhǒng	17
type, style	款	kuǎn	18

U

uncle	叔叔	shūshu	10
under	在……下	zài … xià	14
under a process, under discussion (see language reminder)	经过	jīngguò	20
underground, tube	地铁	dìtiě	13
user name, account name	用户名	yònghùmíng	*15
users, customers	用户	yònghù	17

V

valid, effective	有效	yǒuxiào	20
vase	花瓶	huāpíng	8
very	很	hěn	1

W

want	要	yào	8
warranty	保修	bǎoxiū	17
water	水	shuǐ	14
ways and means	办法	bànfǎ	19
ways and means, style	方式	fāngshì	18
we, us	我们	wǒmen	2
website	网站	wǎngzhàn	*15
week	星期	xīngqī	4
weight	重量	zhòngliàng	17
Western food	西餐	xīcān	12
what	什么	shénme	7
what kind of	什么样的	shénmeyàng de	12
what time	几点	jǐ diǎn	5
when	什么时候	shénme shíhòu	*4/19

When is he in/available?	他什么时候在?	Tā shénme shíhou zài?	*11
where	哪儿	nǎr	12
	哪里	nǎli	9
which	哪些	nǎxiē	18
	几	jǐ	4
which gentleman/lady	哪位	nǎ wèi	11
which kind of	哪种	nǎ zhǒng	*8
white collar (office workers)	白领	báilǐng	18
who, whom	谁	shéi	18
why	为什么	wèishénme	15
wide, vast	广	guǎng	*17
wife, Mrs.	太太	tàitai	9
wine	葡萄酒	pútaojiǔ	*7
Wireless broadband	无线宽带	wúxiàn kuāndài	16
Wishing you longevity! (only used to the older generation)	祝您长寿!	Zhù nín chángshòu!	*10
Wishing your whole family good health!	祝你全家身体健康!	Zhù nǐ quánjiā shēntǐ jiànkāng!	*10
within	内	nèi	17
worry free	放心	fàngxīn	*19

Y

Yahoo	雅虎	Yǎhǔ	15
Yangpu Bridge	杨浦大桥	Yángpǔ Dàqiáo	13
year	年	nián	9
year by year	逐年	zhúnián	20
year of pig	猪年	zhū nián	10
year old	岁	suì	9
yes, correct	对	duì	1
yesterday	昨天	zuótiān	15
you (plural)	你们	nǐmen	3
you	你/您	nǐ/nín	1
You look well! (being co-mplimentary to the older generation)	您气色不错!	Nín qìsè búcuò!	*10
you're too kind	太客气了	tài kèqi le	9
you're welcome	不客气	bú kèqi	2